佐野眞一　責任編集

宮本常一

忘れられた日本人と民俗学

〈新装版〉

伊藤幸司撮影
タンザニア内陸の赤土の道を行く

河出書房新社

〈新装版〉　佐野眞一　責任編集

宮本常一

忘れられた日本人と民俗学

CONTENTS

宮本常一 傑作コレクション

宮本常一の継承 エッセイ

評論

もう一つの〈忘れられた日本人〉

装幀・本文デザイン……ステラ装幀室／山元伸子
カバー写真撮影…………芳賀日出男（昭和37年　鹿児島県佐多岬の灯台にて）
資料協力…………周防大島文化交流センター

姫新線、美作〜姫路の車窓から。庭先に筵を広げた藁葺屋根の農家。（1959.6.26）

オン・ザ・ロード

写真という「記憶の島」

構成　**平嶋彰彦**（毎日新聞社）

「車中できるだけ写真をとることにしたが、なかなかよいのがとれない」（一九五九年六月二十六日の日記、五十二歳）。上の写真はその時の1カットである。宮本常一は旅に出ると、歩きながらばかりでなく、汽車やバスの車窓あるいは船の上からでも、眼に止まったものがあれば、手当たり次第に写真を撮った。

晩年に宮本は、「ハッと思ったら撮れ、オヤッと思ったら撮れ」と言い聞かせて、若い人たちを民俗調査に送り出したという。既存の知識を鵜呑みにして追認するのではつまらない。眼前の出来事や景観に触発され、心が揺さぶられる。そこが大事である。被写体に衝き動かされて写真を撮る。それは宮本常一が七十三年の生涯を通じて、自ら実践した写真の方法論でもあった。

『宮本常一写真・日記集成』（上下巻・別巻1）
（毎日新聞社、2005年3月刊）から

広島県倉橋町横島の段畑。見事な地割（1959.8.30）

大阪府泉南郡岬町深日。はしけ（1959.10.13）

長崎県対馬市浅茅湾。馬とトラックを積んだ木造フェリー（1962.8.3）

佐賀県東松浦郡呼子町。港に面した三階建旅館（1962.8.9）

肥薩線、隼人～栗野。定期券の行商と晴れ着の婦人（1964.5.14）

奥羽本線、弘前～秋田。馬と藁葺屋根の集落（1966.8.29）

沖縄市。返還前のコザのメインストリート（1969.9.27-10.2）

芸備線、庄原〜東城。牛飼い（1970.11.7）

青森県下北半島。廃船（1978.5.14-15）

宮本常一はカメラを忘れたりすると、ためらわず旅先で新しいカメラを買い求めた。カメラは万年筆や鉛筆と同じように、旅の必需品であった。「旅の用意／てぬぐい、はみがき。ちりがみ。地図。カメラ、フィルム。時計、財布。原稿、仕事、ノート。時刻表」（1973年　日記の余白に書いたメモ、66歳）。見事な簡素さであり、小さな装備への志向が明快である。宮本常一の旅の姿勢、累積された経験に鍛えられた旅の思想が凝縮されている。

山口県柳井市〜周南市、国道188号線。山積みの廃車と供養塔（1979.3.16）

上越線、新潟平野。田植えを終ったばかりの水田とハサ木（1980.5.12）

佐野眞一　責任編集

宮本常一

忘れられた日本人と民俗学

〈新装版〉

巻頭言

知恵の宝庫の発掘作業

佐野眞一

Sano Shinichi

宮本常一は、ふつう民俗学者として紹介されている。しかし、宮本が日本列島の上に印したおびただしい業績を展望すれば、そんな狭苦しいくくりだけでは到底おさまりきれない男だったということが、すぐにわかる。

宮本は離島振興に情熱を傾け、そのための法律づくりに奔走した辺境のリーダーであり、各地のすぐれた農業技術、林業技術、漁業技術を精査し、それを全国に伝播指導して歩いた経世済民のオルガナイザーだった。地域芸能の発掘と育成を通して地域の活性化を図った巷のプロデューサーであり、既成概念にとらわれない手づくりの組織で若者たちに生きがいを与えた比類なき社会教育者でもあった。

民俗学者という呼称は、宮本の全体像のごく一面を指しているに過ぎない。当の民俗学のジャンルに限ってみても、その功績は広大である。

その守備範囲は、民話採訪、口承文芸の考察からはじまって、生活誌、農業技術史、農漁村経済、はては漁業史、林業史、塩業史、考古学、都市民俗、建築学、考現学、開拓史、日本文化論と果てしなく広がっていった。

生前の昭和四十一（一九七六）年から刊行がはじまった『宮本常一著作集』（未來社）は、刊行開始から約三十年経った現在、別巻を含めると四十六巻に達しているが、完結にはなおほど遠く、宮本の全業績を網羅するには、百巻は優に突破するだろう、といわれる。

佐野眞一『旅する巨人』
（文藝春秋）

その超人的な執筆量もさることながら、驚くべきは、それらのフィールドワークが一冊残らず、日本の村という村、島という島を歩き、ゆるぎなきまなざしでとらえた「小文字」だけで綴られていることである。

その記録精神は、宮本が残した十万点にものぼる写真にも色濃くにじんでいる。前記の業績以上に、私が宮本をすぐれたジャーナリストとして尊敬するのはそのためである。

十五の春、宮本が瀬戸内海に浮かぶ故郷の島を離れるとき、一介の庶民でしかなかった父親は、汽車に乗ったら窓からよく外を見よ、そして田や畑に何が植えられているか、育ちがよいか悪いかをよく見よ、村でも町でも新しく訪ねていったところは必ず高いところに上って見よ、という珠玉のような餞の言葉を贈った。

宮本はその言葉を忠実に守って、地球四周分に相当する十六万キロの行程を、日本列島の上に印していった。旅に暮らした日々は四千日を数え、泊まった民家は千軒を超えた。それは宮本が、父親につながる庶民の知恵を求めて歩いた行程であり、同時に、自分の足裏に、戦前、戦中、戦後の日本人の記憶と記録の等高線を刻みつけていったことを意味する。

宮本は晩年、「記憶されたものだけが、記録される」という言葉を残している。私はそれを「記録されたものだけが、記憶にとどめられる」と言い換えて、ノンフィクションを書くときの金科玉条としてきた。

宮本が七十三年の生涯で到達した「人間は伝承の森である」という心にしみる言葉にも、強く奮起させられる。

来年二〇〇六年は、宮本の生誕から「数え」でちょうど百年目にあたる。だが、生誕百年目を迎えてもなお、宮本の仕事の全貌が明らかになるかは疑問である。むしろそうしたところにこそ、宮本が残した巨大な足跡が深々と埋蔵されている。

宮本常一は、名もなき庶民の知恵を訪ねて、二十世紀の日本の隅々まで歩き、歩き去って、われわれに宮本学ともいうべき貴重な財産を残した。宮本学へのアプローチは、不透明さを増す二十一世紀の日本を勇気をもって生き抜くための、知恵の宝庫の発掘作業にも似ている。

（ノンフィクション作家）

エッセイ

座りながら立ち尽し

巨大な減速装置

石山修武
Ishiyama Osamu

二〇代の終りの頃だった。ある建築専門誌から鼎談の企画が持ち込まれた。不覚であった。簡単に引き受けてしまった。無知無教養しかも生意気だった私は生涯に何度も無いような大恥をかく事になってしまった。鼎談は宮本常一、川合健二、そして私という事になっていた。川合健二は丹下健三の初期の建築の幾つかをエンジニアとしてアシストしていた人物だ。日本には稀な天才であった。豊橋郊外、二川の丘の上に巨大なドラム管状の物体を作り、その赤錆びたノアの方船みたいな物体に住み、暮していた。楕円の円筒状の物体はゴロリと石の上に転がっていた。大きな砂利の山の上に乗っていて、基礎がなかった。基礎によって大地と結びついていないので、法的には建築にならず、当然住宅とは見なされなかった。「わたしは払いたくって仕方ないんだけれど、固定資産税とりに来てくれないんだナア。」天才は空を見上げて言うのが常であった。

イサム・ノグチ等との交友もあり、川合は字義通りのコスモポリタンであった。その川合が何故だか宮本常一の友人であり、それで鼎談とあいなった。

天才と大常民はそれこそ縦横無尽に語りあった。山の事、そこに植生する樹木の事、人間の暮しの事、エネルギーそして今で言う環境の問題。宮本の言葉は全て実体験から発せられ、実に平明極まった。川合も自身の天才故の孤立の生活から得ている考えで、それに応えた。青臭い観念しか持たなかった私は圧倒された。無知な人間でも本能はあるから、この会話に侵入してはならないと話が始まって瞬時に悟らされた。三時間も四時間も彼等はニコヤカに、しかも自在に語り合い続けた。私は茫然と、座談会であったから、座りながら、しかも立ち尽し続けた。

雑誌が出た。鼎談は大見出しで掲載され、私の名前もタイトルにはあった。しかし長い長い鼎談の発言は宮本と川合だけなのであった。私は数時間、余りの驚きで一言も発する事ができなかった。見事なものであった。私は完全に透明人間になっていた。常識で言えばやっぱりスタイルとしては鼎談であるのだから、年長の二人はそこはかとなく私に発言を促すのが普通だろう。それが一切無かった。冷たく無視されたわけではない。二人は自然におしゃべりに夢中になって、そこに居た筈の若い観念的な私の存在を忘れてしまったのだ。編集者も二人のおしゃべりに夢中で聞きほれて、私を忘れてしまった。

強烈な体験であった。

打ちのめされて、ノックアウトされたわけではない。勝ちや負けがあるのが現実の社会だけれども、幸運にも私はこの世に居ながら、勝ち負けの無い別世界に案内されていたのだ。

後年、度々、宮本常一にお目にかかった。聞き上手で、おしゃべりはもっと上手な人であるのを骨の髄まで知った。

川合は師となった。

「イワシの群になるなよ。孤立しても良いから、常に独人でいなさい。日本というのは自由に考えて、考える事で生きてゆくのには悪い場所だから、できるならここを出て生活の場を構えた方が良い。」と川合は私に説き続けた。晩年川合は夫人と共にオーストラリアへ脱出して農園経営を企てたが、果さなかった。

宮本から直接教えを受け続けた事はない。人の話を聞くに、あくまで柔和な笑みを絶やす事が無かった宮本に私は恐いものを感じていた。

川合とは好対照に宮本の廻りには多くの人が集まった。失礼な言い方で申し訳ないが、皆、川合の言い方をすればイワシの群であった。正確に言えば決して卑屈ではないイワシ達のように見えた。イワシ達に囲まれて宮本は良くその話を聞いた。

延々と聞いた。しかし、自分から話し出す時には、時に眼は決然として厳しい眼になった。それが恐かった。

勝手な想像に過ぎぬが、宮本と川合は気脈を通じていた。明らかに心を通わせていた。


イワシの群の話を良く聞き、その群が生活するのを見て、群の中を良く歩いた宮本が、イワシの群を嫌い抜いた川合を良く理解していたのは不思議と言えば不思議だが、宮本がイワシの群に語りかける時に、時折見せた厳しい表情を思い起せば、こんな考えもあるのではなかろうかと思う。

川合はスイス銀行の使い方まで知り抜いたコスモポリタンだった。それと比較すれば宮本が歩いた世界は狭い。要するに日本だけだ。宮本が生涯に行なった海外の旅は数少ない。その中で初めて訪れたのがアフリカである。アフリカの何処であったか定かではないが、宮本が原住民の子供を膝の上に抱きかかえ、笑っている写真を良く憶えている。日本の山村の街道沿いで、くつろいでいる様に自然だった。馬鹿な言い方をするけれど俗に言う達人の如き自然体であった。何の気負いも、てらいも一切合切見られなかった。

何故、宮本は生涯に最初の日本脱出先をアフリカに定めたのだろうか。日本常民、すなわちイワシの群に、近い生活文化の地を選ばなかったのだろうか。

フランスの民俗学者クロード・レヴィ＝ストロースの「悲しき熱帯」を読むと、宮本常一の民俗学が辿り着いてしまった世界が別の語り口で語られているのを実感する。宮本常一は余りにも沢山歩き、多くを見て、多くを聞いた。島国日本の、離島を含めて大半を歩き尽した。異常な程に記録し、体験した。常民の生活を通して日本の現実をイヤと言う程に見続けたのだ。どんなに普通の人間を信じようとしていても、宮本が見続けた日本人の生活の激変振りは宮本にレヴィ＝ストロースと同様に複雑極まる絶望感を与えたのではあるまいか。もう駄目だとは宮本は決して言わなかった。しかし自身の体験を語る宮本の厳しい自己の律し方に接するならば、それが恐らく深い懐疑から来ているだろう事は間違いない。

レヴィ＝ストロースは南米のジャングルの中で人間本来の裸の可能性に巡り合い、ヨーロッパ近代文明文化への深い疑いに迄辿り着いた。宮本常一のジャングルは日本の激しく変化し続ける風土であり、日本常民の生活であった。高度経済成長期を経て、宮本が見続けた日本の風景は地球上で恐らくは最悪レベルの荒廃振りに変貌した。宮本にはノスタルジィの気配が殆んど感じられぬ。前近代の風景への郷愁をベースに近代という現実を疑う事を赤裸々には決して述べなかった。それが宮本常一の真骨頂であった。民衆の現実を疑い、批評的立場をとることを宮本はしなかった。

イワシの群を嫌いぬいた川合への共振とも言うべきものはそれでは何処から生まれていたのだろうか。

町づくりという未体系化なままの運動のようなもの、それに参加している人間には宮本常一の弟子とは言わずとも、深く影響された者が非常に多い。何に、どのように影響されたのか論理的に明晰に言えぬところが膨大な宮本門下、宮本が直接会った事も無いだろう教え子達に共通する特徴だ。その誰もが急がず、早急な結論を出そうとしない。プランを立てる、つまり計画するという近代的な方法とは別な、先ず人々に聞いてみよう、現実を見続けてみようという、一見何の成果も得られぬような姿勢をとりたがる。しかし、その歯がゆいような姿勢が急激な変化、進歩という名の闇雲な変化の速力にブレーキをかける役割を果す事がある。

民俗学は哲学と同じに、現代では何かを作る側に加担する役割、機能を果すことはほとんど皆無に等しい。宮本常一が遺した余りにも膨大な記録の総体が示し続けている事の一つは、現代文明に対する巨大な減速装置としての役割でもあろう。

それを、恐らくは宮本常一は痛切に自覚し、しかも黙し続けた。

（建築家）

エッセイ

ぼくの宮本常一

高田宏
Takada Hiroshi

宮本常一さんに初めて会ったのは、一九六七年の晩秋か初冬のころだった。武蔵野美大の研究室で、ぼくが編集していた季刊企業誌ＥＮＥＲＧＹ（エナジー）の座談会に出席していただくおねがいをした。

宮本さんに依頼した座談会のタイトルは、「村の作法・都市の作法」というもので、翌六八年四月発行の特集『日本の人間関係――義理人情の研究』（監修＝松方三郎・加藤秀俊）の柱の一本となる予定だった。

お会いして内心おどろいた。座談会への出席はすぐに快諾してもらえたのだが、それからの話が長かった。どこかの山村の話がいつのまにか、どこかの漁村の話になる。宮本さんは当時六〇歳、ぼくの目には好々爺と見えていた。目を細めてにこにこ楽しげに、某村の某老人のことを話しつづけ、その関連で某島の某女の話がつづく。ごぼごぼ溢れつづける湧水のようなもので、尽きることのない話だった。それが面白い。まるでその場に居合わせているような気になる。どこでどう話を切り上げたのか覚えがないけれども、数時間にわたって、ぼくはひたすら聞き手だった。

宮本さんの話の楽しさ、その奥深さには、編集者として大満足だったし、こんな話を直接聞かせてもらえるのは編集者の役得で、これも大満足だった。しかし、編集者としての心配もあとから生まれてきた。本番の座談会でこの調子で話されたら、どうしよう。ほかの出席者とのバランスをとるのが難しくなりそうだ。それに紙面の限りもある。速記から座談会原稿をまとめるのが大仕事になりそうだった。

座談会は翌年二月五日に行なった。司会が加藤秀俊、出席は梅棹忠夫・松方三郎・宮本常一。宮本さんの話は研究室のときに比べれば短いのだが、それでも長い。だが面白い。原稿に仕上げるときに、宮本さんの発言分を極力短くして、なんとかバランスをとった。とはいえ今その号をとりだして見ると、宮本さんの発言の一回ごとが、他を圧して長い（後半部分では梅棹さんの発言量が多くなる）。

宮本さんにはその後、「漂流者の役割」（特集『日本人の海外紀行』所収、七一年）を書いてもらったり、座談会「季節と日本人」（川添登・筑波常治・宮本常一・宮脇昭、特集『生活文化と季節』所収、七一年）に出席してもらったりしたのだが、一九七二年から七三年にかけての半年あまりは、特集『日本の海洋民』（七三年四月刊、のちに未来社から同題の単行本としても刊）をつくるための濃いおつきあいをさせてもらった。

特集『日本の海洋民』は、ぼくにとって念願のテーマの一つだった。陸の民ではなく海の民に軸足を置いて日本文化を見てみたいものだと、つねづね思っていた。それが実現できたのであった。

監修を宮本常一・川添登におねがいした。ENERGYの監修というのは、たんに高名な方の名前を借りるというのではなくて、そのテーマを特集に仕上げるための企画から深くかかわってもらう役割だった。監修者の持っている人脈が生かされもする。多くの執筆者を紹介していただくのはもちろんだが、『日本の海洋民』では宮本門下の武蔵野美術大学生活文化研究会の総力を挙げて、「資料篇・日本の漁業――人と技術の分布・伝播」を作成してもらった。

この特集で宮本さんは、巻頭論文「海から来た人びと」と、随筆「海ゆかば」を執筆。巻頭論文のほうは四〇〇字詰三〇枚を超えるのだが、もっと長くなってしまったら雑誌の総ページを増やすつもりでいた。宮本さんの書くものは、話のときほどではなくても長くなりがちなのだった。

一方、随筆のほうは、五人の筆者にそれぞれ一ページ、約六枚でおねがいしていた。これが一〇枚とか一五枚になったら編集上困るので、宮本さんにはくどいくらいに念を押した。絶対に長く書かないでください、と。宮本さんは、わかったわかったと笑っておられたけれども、ぼくは内心おそれていた。その随筆「海ゆかば」が、なんと枚数を守って書かれていたのだ。びっくりもし、ほっともした。そして、読んでみて、うなった。

宮本さんが、かつて出会った二人の老漁師を描いたエッセーである。一人は若いころご一新（明治維新）で海が自由になったと知り、友達と二人で小船に乗り、玄界灘を渡り、朝鮮半島から中国北部沿岸まで旅漁に行ってきた。天竺《てんじく》（インド）まで行こうとしたが、その船では小さすぎると人に言われて引き返し、もう一度出直そうとしたのだが、「嫁をもらったり子供ができたりして天竺へ行く機会はなくなってしまった」という。もう一人の老漁師は、やはり若いころ朝鮮半島へ旅漁に出て、魚をとるのが面白くていつのまにか四〇年が過ぎていた。年をとり故郷が恋しくなって帰ってみると、仏壇に自分の位牌があった。陸の民、とくに農耕民には考えられない、海の民の心があざやかに描き出されているエッセーだ。簡潔に、いきいきと、ユーモアもたたえながら書かれている。

ぼくは後年、カルチャースクールのエッセー教室講師をしていたとき、受講生にかならず「海ゆかば」を読んでもらった。近現代日本の無数の随筆・エッセーのなかでも、屈指の名作として教材にしたのだ。

宮本さんは一九八一年一月三〇日、胃癌で亡くなられた。享年七三歳。数年後、ぼくは宮本さんの故郷周防大島へお墓参りに出かけた。アサ子夫人、次男の光さん一家に迎えられ、ご一緒に墓参をさせていただき、山の頂上からかつて宮本さんが日々目にしていた瀬戸内の海を眺望してきた。都会生まれで都会の大学に学んだ光さん夫妻が母と共に父の郷里に帰り、果樹・芋の栽培に取り組んでおられる姿が、実にさわやかであった。まだ小さなお子さんたちの目が、きらきら輝いていた。こういう素晴しい生き方の家族をのこされた宮本さんは、さぞや泉下でほほえんでいらっしゃることだろう、と思った。

そのころぼくは、三〇年近い編集者生活にピリオドを打って、文筆専業になっていた。当時持っていた連載の一つが、「海上の王国」と題する島紀行で、毎月一島か二島を訪ねていた。周防大島へは、宮本さんの墓参が主目的だったが、連載紀行の取材も兼ねていて、周防大島の属島である沖《おき》家室《かむろ》島にも泊まってきた。かつて北前船がさかんに往来していたころ、薪炭・飲用水の補給地として、また風待ち港として繁栄していた小島である。

周防大島と沖家室島で、ぼくは宮本常一という稀有な人物の土壌が少しわかった、という気がしたのだが、また、「離島振興法の父」と呼ばれるほど宮本さんが島世界への愛着を生涯持ちつづけた、その気持ちにも、ぼくなりに共感したものだった。

宮本さんは日本列島中の有人島約五〇〇のほとんどに行っておられる。ぼくが島紀行の旅で訪ねたあちこちの島でも、宮本先生の思い出をなつかしく語る人びとにしばしば出会った（ぼくはまだ五〇島あまりにしか行っていない）。

周防大島で宮本さんのお墓に詣でたあと、宮本家でアサ子夫人から一冊の本をもらった。山田常《つね》道《みち》著『火の島のうた――還住青ヶ島』（一九八一年九月刊）である。

山田氏は当時の青ヶ島村村長である。ぼくが墓参に行った少し前、山田氏が周防大島まで墓参に来ておられた。かつて宮本さんが青ヶ島を訪れ、山田氏と親交を結んでおられたのだ。青ヶ島は八丈島のさらに南六七キロメートルにある小さな島で、荒海に囲まれている。その島から周防大島への旅は遠い外国へ行くような厳しい旅なのだが、山田村長はぜひとも宮本さんの墓前にこの本を捧げたくてやってこられたのだった。

そのとき山田氏はこの本を数冊持参され、アサ子夫人にあずけられた。きっと読んでくださる人に差し上げてほしいとのこと。

アサ子夫人はその一人にぼくを選んでくださった。青ヶ島の天明五年（一七八五年）の大噴火と八丈島への脱出、そして五〇年後に帰島するまでを描いた小説である。

帰京の列車でこの本に読みふけり、胸を打たれた。その後ぼく自身での取材を経て書いたのが、歴史小説『島焼け』（一九九七年刊）だ。宮本さんとのご縁で生まれた、自分では代表作と自負している一冊である。

（作家）

エッセイ

アフリカの宮本常一

伊藤幸司（写真も）

Itô Kôji

　宮本先生の最初の海外旅行でのことだが、東アフリカのタンザニアで中古のオートバイの後ろに宮本先生を乗せて赤土の洗濯板道路をヨタヨタと走り、三度転んだというエピソードの若者が私である。いまから三〇年前のことになる。
　宮本先生はそのとき六八歳。当時、私はこう書いた。
「そこから谷すじのコーヒー園への下りは急坂だった。ブレーキをかけていた後輪がとうとうスリップして二度目の転倒。ふたりともピキピキ（オートバイ）の下敷きになって腕や脚に軽い負傷。私の運転ではしばしば危うい場面があるのだが、先生は右手にペンカメラを構えたまま、左右の畑を撮りつづけている。フィルム交換まで走りながらやってしまうのだからすごい。度胸があるとか肝がすわっているとか、そういう表現ではピタリとしない。運命というようなものに一切を任せているとしか考えられない磊落さだ。『怖い』と言ってくれないので、私はむしろいらだってしまう」（岩波現代文庫『宮本常一、アフリカとアジアを歩く』）
「先生」と呼んではいたが、私は弟子ではない。先生は日本ツーリスト（合併して近畿日本ツーリスト）の社長と意気投合して企業内研究所として日本観光文化研究所を設立していたが、その事務局長をしていた長男の宮本千晴さんが私の師匠であった。都立大山岳部ＯＢの宮本千晴さんは東京農大探検部創設者の向後元彦さんと海外の旅を考

ナイロビ到着の日に知り合った若いビジネスマンのお宅に招かれた探検学校メンバー

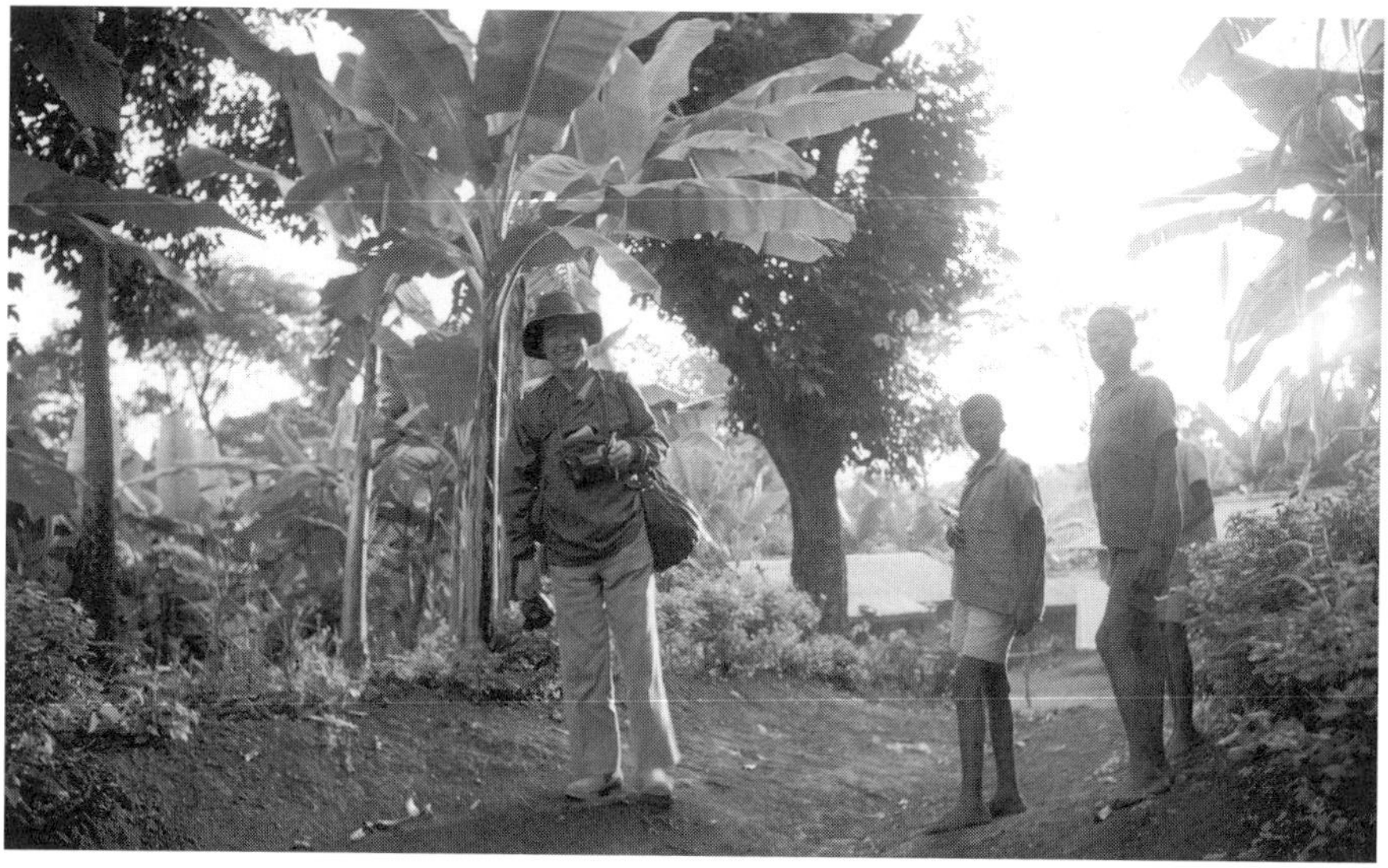

える若者たちの運動体を組織しようとしていた。

岩波新書『緑の冒険―沙漠にマングローブを育てる』の著者・向後さんは宮本さんと現在に至る活動を展開しているが、私は、その宮本・向後ラインによって一本釣りされた各大学の山岳部・探検部若手OBのひとりとして、日本観光文化研究所に出入りするようになった。

そして五年目ぐらいだったと思う。日本観光文化研究所一〇周年や月刊誌『あるくみるきく』の一〇〇号突破を記念して先生に「初めての海外旅行」をプレゼントしようという話が出た。その行き先が先生の希望で東アフリカとなったのだった。

私たちがそれまでにやってきた「しごと」のひとつに「探検学校」というのがあって、海外旅行未体験の人たちに山岳部・探検部流の海外遠征モデルを直接当てはめてみようという実験的ツアーを重ねていた。宮本先生はいわば格好のモルモットともいえた。「東アフリカ探検学校」を実施し、そのリーダーとして、私は先生と旅することになったのだった。

旅は昭和五〇年（一九七五）七月から八月にかけての三九日間として募集したが、飛行機のトラ

キリマンジャロ山麓／バイク二人旅で、先進的な農耕民族チャガ族の村を訪ねまわった

ブルで四四日間となった。

その結果は翌年一月号の『あるくみるきく』で特集した。先生の原稿はケニアのナイロビで足止めを食った四日間に書かれた。四〇〇字詰め原稿用紙で六二枚。それに添えた私の旅日記が約九〇枚。その文章（とおおかたの写真）は二〇〇一年三月に岩波現代文庫に収録された。

その旅のほとんどを先生と二人で過ごしたので、私は多くの時間、一対一の夏期講習みたいなかっこうになっていた。八月一五日（第二九日）の日記には「夕食のテーブルではじまった会話はベッドに入るまでつづく。毎日三時間以上、先生とじっくり話せる」とある。

この夜のテーマは「女」。「異民族のもたらした国神を日本はどう受けとめたか。そのポイントは中臣（藤原）氏が（天皇をださずに）皇后をだしつづけたところにある」などという話にもなった。

しかしこちらに受け皿がない。それなのに先生は話す、話す、話す……。というふうに毎夜それが続いた。

私は当時、『あるくみるきく』の編集者として宮本先生の原稿を扱うこともあったが、その融通

タンザニア内陸で。小さな村の食堂兼ホテルの夜。私はイスに寝た

無碍の宮本節が、じつはあまり好きではなかった。校正担当の仲間（今回、毎日新聞社から刊行される、昭和二〇年からの宮本先生の全日記を翻刻した中村鐵太郎さん）と徹底的に直してみたこともあったが、編集的にいじると壊れてしまうだけで、どうにもならない。先生に一瞬苦虫を嚙みつぶしたような顔をされたいじくりまわし原稿もいくつか印刷になっている。

東アフリカの原稿も、体験と思考の断片がこんなに自由に結合されていいのだろうか、と感じられた。文章が事実と違うというのではない。取り出されたエピソードを串刺しにしているものがあるはずなのにそれが見えにくいという私の勝手なイライラ感だった。

「そこには文化の長い停滞がありはしたが、他人を征服し支配する意欲も、他人の利を奪ってみずからの幸福を得ようとするような人も少ない。そのことはあるいていてよくわかる。実に親切であり、疑い深い眼でわれわれを見ることはほとんどない。しかしギブ・アンド・テイクの法則は確立している。そのことによって犯さず、犯されない世界が確立している」

カワサキの90ccバイクの脇でフィルム入れ替えをする先生。たまたまバスが通った

楽天的な文章とでも言おうか。先生は意識的に隙だらけの論理展開をしたりする。同時に、こういう文章もある。

「どうしても聞くことが断片的になるので、目についたもの、疑問に思うことをメモにとってそれについて関心を持つようにする。

私のノートには　黒人の美　表情　姿勢　履物　民族衣　洋服　歌好き　きれい好き　小学校　ラジオ　文字

というようなことがいたるところに書いてある。一つの地域で民族衣と洋服の割合がどうであるか、小学校がどんなに分布しているか、一般の人がどんなに文字を理解しているか、ラジオがどの程度普及しているか、そういうことに気をつけよう。そして気のついたときに簡単に書きとめておく。

草葺、土壁の小さい円形住宅の中からラジオの声が聞こえて来ると、この家にも新しい文化がラジオを通じて入りこみつつあると推定する。民族衣をつけている者の割合の中にも文化の進歩と変化を見ていくことができる。言葉は十分に通じなくてもその国の文化の動向を理解する方法はいくらでもある。それを簡単にメモしておく」

今になれば、そのメモを飛び石伝いに歩くように、原稿は書かれているとわかる。体験と思考とが、あまり束縛されずに自由にコラボレートしているというふうにも考えることができる。

初めて外国の地を歩き、そこがたまたま戦前の日本と日本人の社会を思い出させる土地であったという旅の素朴な印象が存分に散りばめられながら、民俗学者の眼が東アフリカの社会に多角的に切り込んでいく。読者はいつのまにか宮本節という波にのるサーファーになっている。

今回、ひょんなことから先生が残した約一〇万カットの写真を丸ごと相手にして編集するという仕事に携わった。昭和三〇年から二五年にわたる一〇万画像を先生は「記憶の島」、あるいは「記憶の飛び石」として大いに利用していたことが明らかになってきた。

卓越した記憶力と、それを活性化するメモとしての写真や日記が宮本節を支えてきたようなのだ。

アフリカで先生はこう書いている。

「これまでの旅で一ヵ月以上のものになると、うすい大学ノートがたいてい一〇冊から二〇冊の間必要になる。それほど聞取りをする。ところが今度は私自身相手と十分話せないために、聞取りはあまりふえず見取りの方が主で手帳は三冊半といったところ。それも目のあらいメモにすぎない。そのかわり写真の方は、オリンパスペンでフィルム七〇本、二五ミリのカメラで三〇本ほど、両方合わせると六〇〇〇枚ほどをカメラにおさめた。これは一九七五年七～八月のケニア、タンザニアの自然、人文景観を物語る一つの資料になるのではないかと思っている」

宮本節はそういう実体験をたどりながら語られる。そして膨大なメモから呼び起こされるはるかなる過去の体験や思考もまた、縦横に引き出されていく。

（写真編集者）

エッセイ

「宮本学」と私

司馬遼太郎
Shiba Ryôtarô

私事からいうと、私自身、宮本学に親しんだのは、よほど古いつもりでいる。ただし、先生の文章を通してで、面識を得たのは、先生の晩年になってからである。

私は、中国・朝鮮、それに日本の農村に関心をもっていた。中国の農村への関心は、兵隊で東北地方にいたころ、休みのたびに農家を訪ね、鍬、犂などの農具の名前を教えてもらい、単語帳をつくってからであった。動機は学校ですこし習った中国語を忘れまいと思っただけのことだが、しだいに農民の暮らしに関心をもつようになった。

同時に、日本の農村とひどくちがっていることに気ずいた。昭和二〇年代のなかごろ、日本共産党に山村工作という運動があって、京都の学生がよく八瀬あたりの農村に出かけてゆくのを見た。そのころ、「工作」にあたっている学生たちが、日本の農村について観念的にしか知らず、その概念も、中国共産党が農村をとらえきった先例をごく無造作にふまえているだけのように思われて、おどろいたことがある。

——せめて、宮本常一先生の文章でも読んだほうがいいのではないか。

と、知りあいの学生に言ってみたことがあるが、むろん、一笑に付された。

そのうち保守政権による高度成長時代がやってきて、江戸後期以来、本質的にはほぼ不変だった日本の農村の倫理とくらし、慣習が、音をたてるようにして崩壊した。大げさにいえば、弥生式農耕の渡来以来のなにごとかがくずれ去ったといっていい。

右のことは、日本の農村の実態というものが、どの政党からも理想と愛情をもって理解されていなかったということになるのではないか。

私の宮本学への尊敬は、昭和三〇年代の高度成長期から甚しくなる。さらにいえば、世間一般がこの人の存在に注目し、その文章を読むことによって「日本農村」という、かつておろそかにしていた自分自身というものを知るべくあせりはじめるのも、そのころからではなかったかとおもえる。

全二五巻の『宮本常一著作集』（未来社）が刊行されはじめるのも、農山漁村の伝統的なしんが崩壊しきってしまった昭和四三年からである。

そのころから、私は漁村に関心をもちはじめた。旅をして海岸にぶつかると、そのたびに漁村をさがして、漁師から雑談をきいた。私は、固門徒《かたもんと》の家系の末にうまれたせいか、魚肉ぎらいの祖父にも父にも真似たわけでもないのに、魚は食べず、魚釣りもせず、しようとも思わない。しかし道具をさわらせてもらうにつれて、漁撈の手順を想像することができるようになった。

漁業や漁師についての本はできるだけあつめた。しかしもっとも多く裨益されたのは宮本常一先生の著作であった。磯の香と浪の音のなかで人間がささやかに生きてきた営みの本質のようなものが、そこから嗅ぎとることができた。

私は先生の風姿を目のあたりに接することができたのは、私どもが先生をうしなう数年前のことである。先生が関係しておられた研究機関が私に用があり、そのスタッフが拙宅を訪ねてきた。先生はかれらの後見人といったかっこうで、わざわざ足を運ばれた。

そのときの用件については、私はすぐには応じかね、「むしろそれより、宮本学を世間の一部に伝えてゆくという方向のほうがよいのではないでしょうか」

と、スタッフの諸賢にいった。

私にはそういうことよりも、書物のなかでしか知らなかった先生の謦咳にじかに接することのよろこびのほうに心をうばわれてしまっていた。

「四国では、土佐だけが、民家の建て方があまり上手ではないですね」

と、きいてみた。私には、かねがね土佐人の風土のなかには、技術性が他国よりも薄かったのではないかという疑いがあったのである。

先生は、すぐさま、その主題について応じてくださった。土佐ではたとえば社寺の場合、遠く長州・周防（山口県）からきた旅しごとの大工によって建てられることがしばしばであった、という旨、実地調査にもとづいてくわしく話されるのである。

よく知られるよう、先生は、周防大島の産である。先生の少年のころの実見だが、村の農民が、農閑期にその田畑からいなくなってしまう。土佐へ行って大工仕事をする、という。そういう人を、周防大島では、

「土佐大工」

といった、といわれた。

そういう話が、そのまま文章になるような抑制のきいた話し方で、ゆっくりと先生の口から紡ぎ出されてくる。ほかに、きこりの鋸の話や、鎌の話もうかがった。

道具の地域的な特殊性、その系譜、その伝播の系路などが、行商人、旅の大工、山仕事のひとびとの撈音が背後にきこえてくるような話し方で話された。先生のお顔にわずかな疲労がうかんだことで、三時間以上もひきとめてしまっていることに気づかされた。

人の世には、まず住民がいた。つまり生産を中心とした人間の暮らしが最初にあって、さまざまな形態の国家はあとからきた。忍び足で、あるいは軍鼓とともにやってきた。国家には興亡があったが、住民の暮らしのしんは変らなかった。そのしんこそ「日本」というものであったろう。そのレベルの「日本」だけが、世界中のどの一角にいるひとびととも、じかに心を結びうるものであった。

そのしんが半ば以上ほろび、あたらしいしんがまだ芽ばえぬままに、日本社会という人間の棲《す》む箱は、こんにち混乱をつづけている。しんは半ば亡んだが、しかし宮本学は私どもに遺された。それだけでも望外な幸運として、私どもはよろこばねばならない。

（作家）

（『宮本常一――同時代の証言』観光文化研究所、81・5／マツノ書店、04・1）

エッセイ

下積みの世界に注がれた目

網野善彦
Amino Yoshihiko

日本民俗学の世界に、ひときわ強烈な輝きを放っていた巨星が落ちた。宮本常一氏の訃報《ふほう》に接し、大きな空洞ができたような虚脱感が私をとらえている。

もともと歴史を学んだ私が宮本氏を知ることができたのは、戦後まもなく、日本常民文化研究所に勤めたからである。そのころ漁村史料を蒐集《しゅうしゅう》・整理していた月島の分室に、真っ黒に日焼けした宮本氏はときどき姿を見せ、張りのある声と、なんともいえぬ明るい笑顔で、働く研究員たちを励ましてくれた。しかし氏と調査旅行をともにした友人たちから、その人間的魅力、驚くべき調査の力量について詳しく聞きながら、当時の私は、氏から直接、積極的に学ぶことを怠っていた。それ故、本当の意味で宮本氏にめぐり合ったのは、余儀ない事情で研究所のさきの仕事が中絶し、転職してから、専らその著作を通じてだったのである。

『忘れられた日本人』、とくにその中の名品「土佐源氏」を読んだときの強い感銘は、いまも忘れ難い。それ以来、私は氏の著書を漁り読んだ。民俗学の分野に私の目が多少とも開かれたのは、全く氏の魅力にひかれてのことといってよい。超人的ともいうべき精力的な調査、余人の追随を許さぬ鋭い観察力に裏づけられた、流れ出るような氏の文章は、生活する庶民の力強い息吹きを私の中に注ぎこんだ。そして、農民とその村落のなりたち、遍歴する多様な人々の生活、海の民、山の民の果たしてきたはかり知れない大きな役割、東と西の民俗の根深い違い等々、無数の知識と問題が、いつとはなしに私の心の底に深く根づき、刻みこまれていったのである。一〇年ほど前からときどきお目にかかるようになったが、いつか心ゆくまで直接教えをこいたいと思いつつ、ついに私はその機会を永遠に失ってしまった。

　宮本氏は渋沢敬三氏を心から敬愛してやまず、渋沢氏が創立し、宮本氏の若き日の生活の場であった常民文化研究所を、自らの分身のように大切にしていた。自伝的な名著『民俗学の旅』の中で宮本氏は渋沢氏の言葉を引いている。決して主流になろうとするな。傍流であればこそ状況がよく見える。主役になればかえって多くのものを見落す。その見落とされたものの中に大切なものがあるのだ。人の喜びを自らの喜びとできるような人となれ等々。宮本氏自身、なかなか実行できなかったと告白しているが、「進歩」の中で失われてゆきつつあるもの、その中に人間にとってかけがえのない大事なものがありうるとして、底辺の、下積みの世界に愛情深い目を注ぎつづけた宮本氏は、渋沢氏の最もよき継承者の一人であるとともに、その強い個性を通じて、間違いなく自らの独自な世界を広くひらいたのである。

　常民文化研究所は宮本氏の教えをうけた河岡武春氏の営々たる努力で維持され、いま神奈川大学に招致されようとしている。さきにふれたように突然中断され、そのため多大な迷惑を各方面におかけした漁村史料の整理、刊行等の仕事も、二五年ぶりにようやく明るい展望を持ちうるようになった。そのことを電話で報告したとき、「これで地獄からはい上がれる」と、心から喜んで下さった声、私の聞いた最後の宮本氏の肉声がいまも耳の奥にはっきりと残っている。この期待を決して裏切るまいと心に固く誓いつつ、拙ない追悼の文を終える。

（歴史学）

（『朝日新聞』81・2・3（夕）／『宮本常一――同時代の証言』観光文化研究所、81・5　マツノ書店、04・1）

宮本常一『民俗学の旅』
（講談社学術文庫）

エッセイ

宮本常一の雑談民俗学

内藤正敏
Naitô Masatoshi

私が宮本常一先生にお目にかかることができたのは、先生の最晩年の数年間で短かったが、日本観光文化研究所で、毎月一回おこなわれた先生の講義には、ほとんど毎回出席した。

特に最後の講義となった「日本文化形成史」は、まるで宇宙衛星から日本列島を眺めるみたいにダイナミックな展開に、毎回わくわくしながら聞いていた。日本列島への文化流入の経路には、中国大陸・朝鮮半島からのルート、台湾や沖縄からのルート、この他に、シベリア・カラフト・北海道への北からのルートがある。ソバは北からのルートで縄文時代には入っていたのではないかという。

宮本先生の講義を聞きながら、私は出羽湯殿山の即身仏（ミイラ信仰）を思い出していた。湯殿山の即身仏行者は、かならず穀物を断つ木食行《もくじきぎょう》をしなければならなかったが、その時、食べることが許されたのは、木ノ実とソバくらいであった。私が古老から聞いた話では、仏海上人という即身仏行者は、信者からヤマイモが寄進されると、山でとれたものは食べたが、畑で作ったものは食べなかったという。その理由は、田畑の作物は、人糞を肥としてまくので穢れているからというのである。

宮本先生の講義で、焼畑でソバを作ることをたびたび話されたが、即身仏信仰の二大本山・注連寺と大日坊がある湯殿山麓の朝日村でも、焼畑でソバをさかんに作っていた。木食行の時にソバが許されたのは、肥料を蒔かなくてもできる焼畑のソバではなかったか、そう思ったのである。

この地方の焼畑はカノといい、七月下旬から八月中旬のお盆の前に雑木を伐り倒し、雑草や芝を刈る。八月のお盆の頃、草木が乾燥したところで火をつけて焼く（カノヤキ）の後、種蒔き（カノブチ）をする。ふつう一年目はソバとカブ、二年目は小豆を作った。

焼畑に種を蒔くカノブチの頃、八月下旬は、ちょうど稲の開花期にあたっている。この時期に太陽が照らずに低温がつづく冷夏だと、稲は開花して授粉できず、籾粒の中で細胞分裂が起らないので、稲穂が実らず、凶作・飢饉になる。稲の開花期の天候で凶作が予想できるので、焼畑にソバを多く蒔いて凶作にそなえることができる。しかもシベリアから北方ルートで伝えられたソバなら寒さにも強い。

そもそも湯殿山の即身仏は、飢餓と重税にあえぐ社会を背景に本明海上人の即身仏が誕生して以後、宝暦や天明の大飢饉の年に即身仏が生れている。木食行の名前の由来ともなっている木ノ実も代表的な飢饉時の食料であり、即身仏行者が松の皮を食べたという伝承もあるが、これは救荒食の松皮餅である。即身仏行者たちは、飢餓にあえぐ人々のために、自らの肉体を飢饉化して祈ったのである。

こうして先生の講義を自分のテーマにひきつけて考えることで、さまざまに想像力をかきたてられた。楽しかったのは講義が終った後、コーヒーをごちそうになりながらの雑談の時間だった。話題は新しい学問の動向から、全国を歩かれた幅広い体験までいろいろで、それが先生独自の解釈で民俗学になるおもしろさだった。私は密かに「宮本常一の雑談民俗学」と名づけて楽しんでいた。帰りの電車がJR中央線で、途中まで先生とご一緒することになったので、さらに先生の雑談民俗学のつづきを聞くことができた。

ある時、出身地を尋ねられたので、「東京です」と答えると、「子供のころ、イタズラして家の外に放りだされたことがあるじゃろう」と言われ、子育ての話になった。

先生によると、関西では、子供が悪いことをしても、関東のように家の外に閉めだすことはない。もし外に放りだしても、子供が泣いていると、近所の人が同情して家の中に入れて、菓子など食べさせてしまうので躾にならない。このような子育ては、関西が母系社会だからといい、話題は関東大震災になった。

関東大震災で東京が壊滅的な打撃を受けた時、江戸からつづく東京の大商店は次々と潰れたが、関西から進出してきた三越とか白木屋、高島屋などはすべて立ち直った。その理由は、関東では長男に家を継がせるが、関西の商人は娘に家を継がせるからだという。

関西の商家では、幼い時から長女をしっかり教育して育てる。そして丁稚奉公から頭角をあらわして番頭に出世するような才覚ある男を選び、長女の婿養子にして店を継がせる。そのため関東大震災でも生き残ったのだという。

もし長男がアホで、事業にでも手を出して借財を背負って破産したら大変なことになる。それで長男には、しっかりした嫁さんと一緒にさせ、芸事でもさせておく。だから上方落語は、旦那の道楽芸をベースにしているので、奇想天外でおもしろい噺が多いというのである。

四人の男がエンマ大王に地獄に堕とされる。釜ゆでにされるが山伏が術で熱湯をぬるくしてしまう。針ノ山では軽業師が三人を背負って歩いてしまう。鬼に食われそうになると歯抜師が鬼の歯を抜いてしまう、鬼の腹の中に入ると医者が紐をひっぱってくしゃみをさせて困らせ、四人は無事生き還える……。

こんな地獄でエンマ大王を逆に亡者が困らせるといった噺や、大蛇が人間を呑んで苦しくなった時、なめると人間が溶けるという蛇含草《じゃがんそう》を、餅を食いすぎて苦しくなった男が、人間にも効くだろうとなめると自分が溶けてしまう……。こうした奇抜でおかしな落語が生れるのも、関西の母系社会からくる芸事の風土からというわけである。

そして先生は、「落語の民俗学があってもいい、テキヤや見世物などの民俗学があってもいい、そういう研究も必要なんじゃ」と言われた。この時、いままでのお仕事を通していただいていたイメージとは違った先生の一面に接し、強く印象に残っている。

このことを思いだしたのは、一九九九年に旅の文化研究所の落語研究プロジェクトにさそわれた時である。宮本先生の死後、日本観光文化研究所は、旅の文化研究所として再生し、宮田登さんが所長となっていた。この時の研究テーマは「落語にみる江戸の〝悪〟文化」だった。

落語に登場する悪人は、どこか憎めないお人好しが多いが、注意深く調べると、恐ろしい悪人も登場する。千住の女郎に乞食坊主が金をだましとられ、坊主がわら人形で呪う「わら人形」。娘を吉原に売った金を入れた包みを老人が居酒屋に忘れ、その店の夫婦が着服し老人は自殺する、死んだ老人にそっくりの顔の赤ん坊が生まれる「もう半分」……。

こんな恐ろしい悪が、落語の舞台として語られる場所を地図上にプロットしたところ、興味深いことを発見した。浅草から荒川の間に集中し、品川から多摩川（六郷川）の間などに点在する。ここには小塚原と鈴ヶ森の二大刑場、吉原（北廓）と品川（南廓）の二大遊里があり、それぞれ奥州街道と東海道の一ノ宿の千住と品川があり、荒川と多摩川は江戸の境界である。落語から浮かびあがってきたのは、江戸の都市構造であった。

落語の研究会は、毎月一回、秋葉原にある旅の文化研究所に集り、メンバーの一人が研究発表した後、お酒を飲みながら討論するという楽しい会で、日本観光文化研究所での宮本先生の講義の後の雑談民俗学の雰囲気に似ていた。しかし、この年の十月、宮田登さんが緊急入院され、翌年二月に永眠された。

その翌年、京都の国際日本文化研究センターで、私は「三遊亭円朝の怪談に隠された〝王権と幽霊〟の物語」という研究発表をおこなった。

三遊亭円朝をとりあげたのは、落語研究会の途中で亡くなられた宮田さんへの供養の気持からだったが、同時に「落語の民俗学があってもいい。そういう研究も必要なんじゃ」という宮本先生の言葉も、私の心の中で重ねられていた。

（写真家）

かなたの大陸を夢みた島

対馬・五島・種子島にみる離島問題

宮本常一
Miyamoto Tsuneichi

今までに四千日ばかり歩いている

きょうの私の話は、皆さんが今までにやっていらっしゃったことと、ちょっと縁がないようなものになるんじゃあないかと思いますけれども……

私はとにかく、国の外のことはいっこうに知らないで、国の内のことばかりやってきておったのです。そうしているうちに年を取ってしまった。まあ、二本の足で歩いて、日本という国を私なりに確かめてみたいと思い、きょうまでやってきました。ここ四、五年、学校の先生みたいなものになってしまったので、歩くのは減ってきたんですが、それでも今までに四千日ばかり歩いているのです。四千日というと、年数にすると十一年、それぐらいは歩いていたのです。その間にどれだけ歩けるかというと、旧村、古い村にして、だいたい約四千村、町村合併まえに日本全国で村は一万二千ありましたから、その三分の一ほどは、この足の裏で土を踏んでみたわけです。調査した個所は八百カ所、その中には、二十日間も滞在したのもあれば、片昼《かたひる》で通り過ぎたところもあります。

さて、テーマ（「離島問題」）になっている島のことですが、いま日本には、沖縄の南の端まで入れて、人が住んでおります島というのが、四百ばかりあるんです。そのうち私の歩いた島は三百、もう百ばかり残っている。それで、死ぬまでに四百の島全部はよう歩かんだろうと思っております。あんがい歩けないもんなんですね。まあ、できることなら、皆さんの中にも、そういうスットンキョウな人が出てきて、私みたいなことをやってくれるとありがたいなあと思っています。それをやらないと、島のこと一つにしても、本当のことが分らないような気がするんです。

京都・奈良あたりの日本人よりはるかに日本的

私は昭和二十五、二十六年の二回にわたって行なわれた九学会連合（宗教・社会・地理・民族・民俗・人類・考古・言語・心理）の対馬総合調査に参加しました。

その時、対馬を歩いてみまして、私が大変教えられたことがある。それは、対馬は朝鮮に近いのだから、住民の中には朝鮮人の血がうんとはいっておって、日本・朝鮮両方の混血状態がそこではみられるのではないか。朝鮮文化が非常にはいりこんできていて、独特な習俗がつくられているのではないか、と思っておったのです。ところが予想に反して、全然その逆だった。むしろ、私たちが想像していた以上に、そうだったのです。

たとえば、住民の血液型を調べてその結果を集めると、A型が非常に多い。朝鮮人にはB型あるいはAB型が多いのです。それで血液型からいえば、対馬の人たちは、いわば純粋の日本人だといってよいことになるんです。また頭の格好を調べてみると、朝鮮人は短頭が多く、日本人は中頭のほうの比重が大きくなってくる。ところで、対馬にはやはり中頭が多い。そういう体質の点からいえば、面白いことには、京都だとか奈良あたりの日本人より対馬の人たちのほうがはるかに日本的なんです。

それからもう一つ、私たちが驚いたことがある。広幅銅剣、銅鉾といわれるものがありますね。それが日本で一番たくさん出たのは、実は対馬なんです。ご承知でしょうけれども、銅剣、銅鉾の類は中国から渡ってきたものです。そして中国から渡ってきた時には、みな細身のもの、武器としてきた。それが日本にくると、鋳直されて、武器ではなく祭器、祭る道具になってくる。したがって非常に薄いものになり、ベロベロのものになってしまう。しかも、日本で武器が祭器に変化する際に、それは二つに分かれ、西日本のほうは今いった銅剣、銅鉾、広島から東へかけては銅鐸になるわけです。その広幅銅剣、銅鉾が対馬の西海岸から無数に出てくる。対馬にはたくさんの入江がありますが、入江の両側の尾根をずっと下った人も何も住んでいないところに、それが十なり二十なりまとまって埋ずめてあるんです。ですから、始めのうちは、そんな場所にあると誰も考えなかったので、発見がとても遅れている。まあ一カ所そういう場所が見つかると、同じような場所にも埋めてあるんじゃあないかということになって、次々に掘っていくと、たくさんの銅剣、銅鉾が出てきたのです。

このことは、何を意味するのかということになります。銅剣、銅鉾がつくられた時期は、日本においてまだ大和朝廷の基礎が充分に固まっていない頃であった、とみてよい。つまり弥生式の後期から古墳時代の初期にあたります。そうした時期に、銅剣などを埋ずめた人は、おそらく国の護りとして、祈願のためにそうしたとしか、今のところ考えようがない。すると、中央集権が完全にできあがり、中央政府の強力な命令で祭事が行われたのではなく、そうでない時期に、すでに日本人は朝鮮半島というものを、一つの敵対する地域と認めて、その民族的な国境を考えておったと思わざるをえないのです。さらに古墳時代をみてみますと、対馬には、朝鮮にみられる、たとえば上方が細くなっていく、そうした石の積み方をする古墳は全然なくて、すべてが北九州系統のものなんです。

そうなりますと、朝鮮からはいってきた文化は、対馬を経由したには違いないのですが、経由しながらそこには落着かないで、少なくとも九州まで行き、そこで一応定着した文化が、ふたたび対馬に帰ってきたということになる。そういう文化の伝播といった複雑な様相が、対馬には厳然として存在している。だから、一種の民族意識というか、国民意識とかいうものは、国家が形成せられる以前に、実は生まれてきているものではなかったのだろうか。このことは、私たちにとって非常に大きな問題として、これから考えていくべきことだと思います。

人間が溶けた水だから味がついている

古墳のことを少し話してみましょうか……対馬の場合には、古墳をつくることが今日《こんにち》まで続いておるんです。竪穴《たてあな》式石槨《しきせっかく》古墳なんていうものは、他の世界ではもうとっくになくなっている。それがごく最近まで対馬ではつくっていたんです。村によっては、今でもつくられているといってよい。私たちが調査に行きました時、古墳が見つかったというので、考古学班があわてて掘りにいったことがあります。私はそれまでに村々を歩き、事情をすっかり聞かされておったもんですから、発見された場所からみて、たぶんその古墳が古いものではなく、ごく最近つくったものだろうと思っていた。それで、考古学班の人たちは、古墳を掘ってみたところが何も出ない。事情を知らんから、いったいなんのためにこんなものをつくったのかと。何も出ないのは、死体を埋めなかったからだと思ってしまった。

実はそうではないんです。対馬の新しい古墳、江戸から明治につくられた石槨古墳には、ほとんど副葬品がない。埋葬された多くのものは百姓だから、無論、刀とかの副葬品などあるわけがない。そして対馬の土壌は酸性が強いので、埋められた死体は骨も髪もきれいに溶けてなくなってしまう。残りようがなかったんです。だから、中から何も出なかったら、その古墳は江戸時代以降のものと思えばよいわけです。ただ、女ですと副葬品がなくっても残るものがある。昔の女は髪を結う時にかもじというのを使った。あれは人間の髪の毛を使わなかったので、かもじだけが墓の中に残っておるんです。

それから、やや身分がよくなると、埋葬には甕棺《かめかん》を使っている。甕棺は九州だと弥生の中頃から後期にかけてたくさんつくられている。それが対馬では今でも使われておるんです。甕棺には、釉薬《うわぐすり》をかけた高級なものと、素焼きのものがある。素焼きの甕棺だと中に水がたまらないが、釉薬のだと中には水がたまっている。人間の身体は長い間たつと溶けるんです。骨まで溶けて、すごくきれいな水がたまるんだそうです。まあ、私は見たことはありませんから、甕棺を掘った人の話ですけれども、その完全にすきとおった水は、飲んでみると味がするという。人間が溶けたのだから味がついているんですね。死体が女ですと、古墳の場合と同じように、かもじやかんざしが水の中に残っている。男のほうは水だけだが、ただし酒飲みだけは分かる。盃ととっくりがあるからだそうです。その盃ととっくりでいつの人かも分かる。時代を調べることができますから……

つまり対馬というところは、それほど古い習俗を壊さないで残している。けれども、それらの残されたものの中には、朝鮮文化、いわゆる大陸文化を物語るものは意外なほど少ない。むしろ住民の生活からみていけば、その習俗は大陸文化から、ほとんど断ち切られたものとしてあるようです。

麦と米は朝鮮系統のものをつくっている

それでは、対馬が大陸の文化と完全に断ち切られておるのかというと、そうとばかりはいえない。別の面から見ていくと、つながっているんです。

対馬から帰って、植物学の中尾佐助さんに会った。あんたはなんでもよう気をつけるんだから、対馬の麦みただろうと聞かれた。ああ麦はみたよ。対馬は不思議なところだ。あそこの麦は裸麦ではなくて大麦のような気がするんだが、と答えたんです。ところが、中尾さんにきいてみると、この麦が朝鮮系の麦なんですね。朝鮮から渡来した麦が、そのまま対馬ではつくられている。麦が大陸からきたものであることは間違いないんですが、それが九州で改良されて裸麦になる。九州の古い文献をみてみると、麦やすという記載がある。これが裸麦のことなんです。近畿地方までは裸麦をつくっている。それから東へ行きますと大麦になる。

まあ食べるとすれば大麦のほうがおいしいが、実を取るための工程でいろいろとてまがかかる。裸麦はとにかく板でも棒でもいいから、たたきつければすぐに実が出てくるから労働が楽なんです。そのためしだいに裸麦が多くつくられるようになった。それなのに、対馬は改良された大麦さえつくってない。朝鮮から渡ってきたままの大麦をつくっているのです。

麦がそうなら、米もそうであっていいはずだと。事実その通りで、南の端の豆酘《つっ》というところでは、今でも赤米《あかごめ》をつくっている。そこにある多久頭魂神社（天道さんといっている）というお宮さんに供える米がそうなんです。九州の南でも赤米はつくっていますが、対馬のものとは違い、長い形のインディカという系統の米です。対馬のは丸く、明らかに朝鮮から渡ってきた系統のものとみてよいんです。

それで、他にも朝鮮文化が対馬へ来ていないだろうかと、いろいろ調べてみると、天道法師というのがやってきている。赤米の話にでた多久頭魂神社は、天道、天体を祭ったお宮さんに違いない。日本では天道信仰はほとんどない、天照皇大神があるぐらいです。そこで、太陽を祭った遺跡が、対馬にはあっていいはずだというわけで、この間お亡くなりになった文化人類学の泉靖一さんがお元気な頃でした。二人で一緒に、島中を精出して歩いた。そうすると、やはり遺跡が出てくる。対馬北部には天諸羽命神社というのがありますが、このお宮さんと、天神多久頭魂神社の位置関係を調べると、二つのお宮さんは、南北線の上に一直線に並んでいる。そういう太陽の祭祀遺跡というのが、子午線に沿うて、対馬には三カ所も出てくる。これは朝鮮から伝わった天体信仰が、この島では、たぶんそのままの形で行なわれたと考えられるのです。

ただ、麦とか、確かに朝鮮半島から渡来した文化は対馬にはありますが、それ以外のものになると、日本人であることを、むしろ意識的に誇示するようなものが、本土から逆にはねかえってきた形である。しかも、ある意味では、それを頑固なまでに守り抜いてきている。どうしてそうなるのか。今もって私には分かりません。やはり対馬自身が、日本のほうに属しておったほうが有利であった何ものかがあったのではないかと思います。

「おうせんの一ぴょうもの」と「人の生口」

一つの証明は対馬に残っておる古文書です。対馬の旧家には、中世文書、鎌倉の終り頃から室町の終り頃にかけての、約二百年間の古文書がたくさん残っておるんです。島の旧家のほとんどが持っています。その中で、とくに格式の高い家《うち》のものをみてみますと、かならず、対馬を通りあわせた船から、物品をとりたてた記録がある。「おうせんの一ぴょうもの」という記載、一だけが漢字で、あとは仮名使いでしるしてある。始めはなんだろうと思っていたのですが、おうせんは大きい船、一ぴょうは一俵なんです。このことは、まだ伝承が残っている。言い伝えを島の年寄りから聞くと、当時は、日本の船が朝鮮半島へ倭冦として、ずいぶんたくさん出ていった。その倭冦船が帰りに対馬による時に、一俵ずつの上前をはねる、つまり関料をとっていた。それが「おうせんの一ぴょうもの」なんですね。

その他に「人《ひと》の生口《いきくち》」という記載もある。これは奴隷のことです。『李朝実録』を調べると、日本の倭冦船が朝鮮半島をくりかえし襲った記録が出ている。襲撃の一番大きな目的は穀物を奪うことであった。貢送船という、年貢を積んで役所の所在地に物資を運ぶ朝鮮の船を襲う。それから食糧倉庫……初期の倭冦は例外なく食物を最重要の戦利品とみなしている。それが途中から人間もとってくるようになるんです。『李朝実録』と対馬の古文書を重ね合わせると、なるほど古いところでは「大船の一俵もの」はあっても、「人の生口」は出てこない。かなり時代があとになって、人間の掠奪が始まるわけです。

対馬というところは、あそこでじっと待っておりさえすれば、海賊に出かけていった連中が、朝鮮から奪ったものを持って戻ってくる。その上前をはねて充分暮していくことができたんです。こうした中間搾取のやり方は、ずっと明治まで続いているんです。

櫓に隠した朝鮮人参とべら棒と……

江戸時代の初期、寛文年間の記録によると、その頃、対馬におった上方の人は、たぶん大阪が一番多かったと思いますが、七千人を超えていたんです。この数字から、幕府の鎖国政策にもかかわらず、朝鮮へ密行し、さかんに密貿易をやっていた人たちが、対馬にはたくさんいたことが分かります。正徳年間に、陶山存《すやまぞん》という大変すぐれた行政官が出てきて、この上方人を対馬から立ち退かさなければ、密貿易は止められないと考えて、送り帰しというのを始める。ですから、それまでの間は、要するに密貿易を黙認していたといってもよいわけです。

それで、当時、朝鮮との密貿易の対象となったものは何かというと、朝鮮人参なんです。朝鮮人参は、ほんのわずかな品でもすごく高く売れる。密貿易にはまことに都合のよいものだった。古文書を読むと、密貿易が発覚してつかまった人たちの記録が、もう無数に出てくるんです。どうやって朝鮮人参を日本へ運んだかというと、たとえば、船の櫓の中へ隠す。櫓には水切りの部分と腕木の部分とがありますが、その二つが合わさるところに穴をあけて、朝鮮人参を隠しておく。そういうことも、古文書には書いてある。

対馬藩というのは、非常に巧みな行政組織をつくっていて、運びこまれた朝鮮人参を、一人一人が勝手に売るのを禁じている。島の中心地の厳原《いずはら》に問屋を集めて、そこだけで商売をさせ、厳原から大阪へ商品が流れるようにしている。流通過程を藩が直接握り、いわば、密貿易の上前をはねる万全の体制を布いておったのです。そのうちに、幕府の鎖国政策がさらに進んで、密貿易の取締りがきびしくなってくる。対馬でも、密貿易をやる連中は、けしからんということになり、実はかたっぱしから打首や、はりつけにしたんです。そのはりつけになった人たちの塚が今でも残っている。厳原の南のほうに処刑場があったんです。

私は現地へ行ってみたんです。処刑にあたった人たちの村というのがあるんですが、そういう暗い過去のことは、村人は誰にも話したがらないし、見せたがらない。私の仲間がその村へ調査に行き、はりつけ塚のあることは確かめてあったんですが、どうしても話してくれないというので、私に来てほしいといってきた。そこで仲間を一緒に村へ行き、訪ねていった家《うち》で寝ころんで、しばらく休み、いろいろと話しておるうちに、そんなら案内しましょうかということになってくれた。村はずれまでくると、非常にきれいな水が流れているところがあった。ここが首洗い池ですというんです。ああ、そうですかといって、私は口つけて水を飲んだ。私はどこへいっても水を飲むことにしています。水の味というのは、その土地土地によってみんな違いますから……そして、これはいい水だといったんです。そうしたら、案内してくれた村人の態度がガラッと変わったんです。つまり、いくらきれいな水が流れていても、生首を洗う池というのは、けがれているという考え方があるわけでしょう。そこで手を洗ったり、顔を洗ったり、水を飲んだりすることは絶対ないんですね。私はそんなことは知らないから水を飲んだんです。それで、これは〝話せる〟ということになったんでしょう。それからは、明るく自由に話してくれるようになった。もっとも、その時には、案内の人がなんで急にそうなったか、私にも仲間にも分からなかった。おかしいなあなんて気持だったんですけど……

やがて、山の中へズーッとはいっていくと、大きな松の木が繁ったところがある。その下にある石塚を数えると、どうしても百近くはありました。塚の一つ一つには、首のない死体が埋ずまっていたはずです。無論、酸性土壌ですから、今は溶けて何もなくなっていると思います。処刑場ではりつけにして、首を切り、切った首は厳原の城下へ持っていき、さらしものにする。その首を途中で洗ったのが、さっきの首洗い池なわけです。残りの胴体はここに埋ずめた。石塚をみていて、これだけの人が殺されたのかと、私はびっくりしました。その時に、案内してくれた村人から教えられたんだけれども、はりつけにする十字架、あれをべら棒というんだそうです。ベラボーメという言葉はそこから出たんだと……・村人の言葉が本当かどうかと思って、そういう処刑をした場所の人たちに、方々で聞いてみると、やはりべら棒といっている。十字架なんていっちゃあいないんです。

三匹を残してイノシシを絶滅する

まあ、密貿易をやった人たちが、相次いで処刑されたその当時というのは、実に陰惨たるものだったろうと思います。そうした悲劇をなくそう、なんとか処刑なしですまさなければいけないと考えたのが、さきほどいった陶山存なんです。そして、対馬におったすべての上方商人の送り帰しをどんどん始めた。しかし、そこには大きな問題があった。上方人の送り帰しをやって、密貿易を全面的に禁じると、今度は対馬の生産力全体が落ちてしまって藩の財政がどうしようもなくなってしまうんです。

そこで、イノシシ狩りというのを考えるんです。対馬には、昔はイノシシがたくさんいた。それが畑を荒らすから、生産力が低いのだと考えたのです。記録が残っておりますし、その時のイノシシ狩りの様子を憶えている人もいる。親から子、子から孫へと語り継がれてきた伝承者がまだいるんですね。私は現地をずっと歩いてみて、ずいぶんえらいことをやったものだと感心しました。とにかく、村人が総出で、島の北の端からイノシシを追い始める。追っていって、イノシシがここの場所まではいなくなったとなると、竹でもって柵を組むんです。その柵も、深い入江があるところに組めば、距離が短かくてすむのに、そうすると、イノシシが岬から岬へ泳ぎ渡るからダメだといって、岬のはなから岬のはなへと、一番広いところに柵をつくっている。そうやって、とうとう南の端まで追っていき、イノシシのすべてを海へ追い落としてしまうんです。

ただし、三匹のイノシシだけは記念のために残して、朝鮮の絶影島へ持っていった。始めはこの三匹のイノシシを、対馬以外のどこの島に放そうかといろいろ考えるのですが、けっきょく、朝鮮へ持っていこうということになった。けれども、イノシシが朝鮮の人たちに被害を与えてはいけないんだから、大きな島へ持ってっちゃあいかん、小さな島へ持っていこうと。さらに、対馬が近いと、イノシシが海を泳いで渡ってしまう危険がある。そうした理由で、絶影島を選んだというんです。ちょっとつけ加えますと、イノシシ狩りはしたがシカは追い立てなかった。シカは作物にあまり害を与えない。それにシカ狩りができなくなるから残したのだそうです。

孝行イモと日本一重かった運上金

イノシシを絶滅させたあと、対馬は貝原益軒に相談して、サツマイモを入れている。九州では、その頃すでにサツマイモがつくられていた。対馬では、あまり手がかからずに収穫できるというので、サツマイモを孝行イモと名付けてつくり始める。そうすると、密貿易のテラ銭をあてにしなくても、どうやら島民は喰うていけることになるんです。その後、サツマイモはどんどん増えていくんですが、それでは生活が安定したかというと、やはりダメなのです。貿易がないとどうしてもうまくいかない。

そこで次に考えたのが、他国から漁船を対馬の海に呼んで、運上金をとるというやり方です。この運上金がものすごく重い、三分の一税をかけている。これは、日本にも他に例がないのです。それまで日本で一番重かったのが、淡路島の四分一《しぶいち》といわれるものであり、普通は五分一《ごぶいち》、獲れた魚の二割を運上金として取りたてるというのが、たいていの漁村の共通した税率だったんです。対馬は三分の一という、そんな重い税をかけ、藩の財政資金にあてている。それがまた、村々をうるおすというやり方をしたわけです。そういうことを調べていくと、対馬が朝鮮との密貿易をやめて生きていこうとするためには、どれだけの手続きが必要であったか、ということが分かってくるんです。

対馬はそれでも喰いつないでいくことができなかった。なぜかというと、米がないからなんです。現在のような経済状態であれば、あるいは、それはなんでもない問題なのかも知れませんが、あの時代にあっては、米は絶対に必要なもの、麦とイモだけではやっていけなかった。だから、対馬藩は肥前の国、佐賀県に一万石ほどの領地をもらっていたんです。ただ、実際はそれでもまだ足らなかった。もちろん、倭冦の時代、中世にも対馬には米がなかったんですが、当時は近江の国、滋賀県に飛び地を持っておって、そこから米をいれていたわけです。日本はよく〝米つかい経済〟といいますが、米が単に貨幣として使われただけでなく、晴れの日とか、何かの仕事始めの時などに、腹持ちのある食べ物といえば、日本で一番いい食べ物は米だった。米以外にはなかったんです。米喰わなきゃあ角力取れなかった、と昔からいいますが、そのくらい米は大切なものだった。今の皆さんの感覚では分かりようがないことなんですが……

島というのは、そういう点で、なんともなさけないものなのです。このことは、日本の島で、本当に独立した政権が成立したところがあるかどうかを調べればすぐに分かってくる。江戸時代に、島で独立の藩であったのは、対馬藩と五島藩だけです。佐渡のような大きい島でも、淡路島でさえ独立していく力はなかった。対馬藩がやっと藩としての体面を保てたのは、肥前の国に一万石の領地があったからこそ、かろうじて可能だったわけです。それでは五島藩はどうかというと、五島は対馬にくらべればたくさんの米がとれた。実高で一万石という産出高があった。それから、五島の漁場は、対馬の海より魚がもう少し多く獲れたためです。

対馬の三分の一税というのも、対馬が独立経済を営むのに、どれだけの無理があったかということなんです。その反動はやはりあって、対馬の海に来ていた約一千隻の漁船が、全部申し合わせをして、西風の吹く日に、獲った魚を直接博多《はかた》で売ってしまうという、一種の抗議行動も起こっている。対馬藩では、その一千隻の船に、今後対馬の海への出入りを禁止すると申し渡した。漁師たちは困って、あとで詫びを入れて、以後そういうことはしないという約束をしている。まあ、重税に一応抵抗はしてみたが、税以上に対馬藩の漁場は、漁師にとって魅力のある海だったんですね。

大陸へ向ったのは大阪あたりの人たち

次に五島について話してみましょう。五島は対馬と違って、大陸は見えない。大陸ははるか海の向こうにあるわけです。ですから、五島には五島独自の、また別の面白さがあります。

ところで、五島には古墳がない。縄文土器はたくさん出土しているから、縄文文化はあったのだが、次の時代、つまり、本土に中央政権が成立した影響が、五島には何ほども及んでいないということになる。遣唐使船は五島を経由しているんですが、そういうものの影響を大して受けていなかったようにみられるのです。そうすると、実際に内地の力が五島に及び始めたのは、いつ頃だったのかと。それは、ずっと時代が下って、おそらく十二世紀の頃からではなかったかと思う。その頃から、海を越えて、かなたの中国大陸というものが、五島の人たちの脳裡に映り始めてきたのだと考えられる。

中国は宋の時代ですが、その時分に、宋の商船が多数日本へやってくるようになったのです。宋船は朝鮮経由のものもありますが、五島を経由してもいるのです。そのことが分かるのは、五島の北に小値賀島《おじかじま》という島がある。島には古文書がいくつか残っていて、読んでみると、宋船後家《そうせんのごけ》という言葉が載っている。また島には古い大般若経がありますが、経文を書いた人の中に、明国の何某《なにがし》という記載がでてくる。大陸から五島に渡ってきた人たちが、小値賀島あたりに住みついて、大般若経作成に協力なんかしているんですね。どうも、日本から向こうへ出かけていったというよりは、大陸からいろいろな人がやってきた。そういう刺激があって、五島の人たちは海のかなたを意識するようになり、さらに内地の日本人が五島を媒介にして、大陸へ渡ろうというふうになっていったんじゃあないかと、私は思います。

それでは、大陸へ向かった人たちは、どこの人であったろうか。誰でもすぐに北九州の人を考えるわけですが、そうではないらしい。やはり大阪あたりを中心にした人たちだったようなんです。なぜかというと、永正年間（一五〇四〜二〇）に、玉之浦納《たまのうらおさみ》なる男が乱を起こし、五島家を奪おうとしたことがある。その乱の中で、五島氏を助けて活躍したのが、佐野の漁船《りようせん》ということになっているんです。大阪の南に佐野という町がありますが、佐野の漁船はそこの船なんです。とすれば、その時にはもう、佐野の人たちは五島に進出していたことが分かる。現在でも佐野のあたりにある苗字が、五島の方々にあるんです。そして、いつ頃から上方の人たちが住みついたかといえば、どの程度まで正確かは分かりませんが、私が五島へ行って聞きとった限りでは、いずれも室町の始めの頃、大体十五世紀とみてよい。そういう言い伝えを住民たちが持っておるわけです。その人たちは、みんな漁師なんですが、この漁師が大変曲者《くせもの》であって、表面は漁師だったけれども、内実は海賊ではなかったかと思われるのです。

倭寇の正体は武士ではなかった?

このことは、対馬についても同じことがいえます。対馬のずっと北のほうに泉《いずみ》という地名がありますが、そこは大阪の和泉と関係があるらしい。対馬の泉にある木寺とか辻という苗字は、いずれも大阪の和泉にある苗字なんです。ですから、対馬へ進出した最初の上方の連中というのも、どうやら、和泉のあたりの漁師であったということになりそうなんです。いま厳原に残っておる一番古い問屋は佐野屋という家《うち》ですが、大阪の佐野から来たといわれている。そうなると、大阪沿岸の漁師は、同時に商人であったことがだんだん分かってくる。

さて、大阪と対馬の間を商品を持って往復した船に、佐野船というのがある。江戸時代にはいると、佐野船が大阪から運ぶ品物の多くは瓦《かわら》なんです。これが佐野瓦といわれるものです。対馬に行って誰でも気付くことは、対馬には藁葺《わらぶ》き、草葺きの屋根が一軒もない。あるのは瓦葺きだけということです。その上、旧家だと思われる家《うち》の瓦といえば、すべて佐野瓦で葺いている。それほど佐野の瓦が対馬へいっておるんです。

それならば、漁船兼商船といわれるものの実態は、はたしてどういうものだったかということになります。その場合、問題になってくるのが瀬戸内海です。淡路島を調べると、そのことが分かってくる。淡路の北のはずれに岩屋《いわや》というところがある。そこは岩屋船《いわやぶね》の出た場所です。岩屋船はイワシ網船だった。岩屋にはイワシ網が二十統ある。イワシ網は二隻で引くから、岩屋には四十隻のイワシ漁の船があったことになる。この船は、イワシが獲れる内はイワシ網を引いておる。それがイワシの獲れない季節にはいると、たちまち早替りして商船になる。商品を積み、東瀬戸内海をずっと商売して回っていたのです。だから、商船というものと漁船というものは、本来は一つのものであったことがはっきりしてくる。そこですぐに連想されるのがエビス様です。漁師が祭っているのはエビス様だが、商売人が祭るのも同じエビス様なわけでしょう。日本において、漁業が商業というものの中に、いかに大きな意味を秘めていたかということが、理解できると思います。

大阪の佐野は、もとはイワシ網がたくさんあったところです。ある時期には、対馬の六十二カ浦の漁業権を持っていた。一浦に一網ずつがきまりですから、対馬に出向いておった佐野のイワシ網だけでも、船数にして百二十隻を超えていたことになる。かつての漁船の持っていた力は、まことに強大なものだったのです。漁期には漁業をやり、そうでない時には商船に変わる。そうして時にはその船が東シナ海を越えて、大陸まで出て行き悪いことをしたのだと……そういうように、道順を追っていくと、始めて倭寇といわれたものの正体が鮮明になってくる。今まで私たちが考えておった倭寇なるものは、武士《さむらい》が勇ましい姿をして、日本刀で切り込みをかけるといった像になりがちですが、これまでに述べてきたように、商売をかねながら魚を獲っておった、そういう連中が倭寇であったことが明らかになってくる。その連中の一つの拠点として、対馬があり、五島があったんだと言い直してもよいわけです。

ところが、江戸時代になると、完全な鎖国形体がとられる。その連中は大陸へは行けなくなる。そこで単に漁業だけをやるか、あるいは商船だけという、分化の過程が起こってくるのです。江戸時代に五島へどれだけの商船が寄港したかというと、富江《とみえ》藩(五島氏の分家)の資料によれば、一年間に約四百隻、一日平均一隻はかならず五島に行っていたことが分かります。私たちが想像していたよりはるかにたくさんの船が、その頃までは五島にも行ったし、対馬にも行ったのです。

島外へ逃げていく漁業資本

話を少し変えて、江戸時代の五島藩の財政政策をみてみますと、五島の場合は、本土から来た力のあるもの、資力のあるものを、強制的に五島に住まわせている。定住させ、資本が外へ逃げないようにして、税の取り立てをやる。これはなかなか巧みなやり方だったと思います。だから対馬とは違って、五島では漁業資本家が成立してくる。事実、大きな漁業資本家がいくらでもおったんです。ただ、小さな島ですから、再投資ができなくなり、資本家たちはやむをえず他へ資本投下をするようになっていく。

たとえば、小値賀島に小田《おだ》という旧家がありますが、小田家は五島きっての漁業資本家だった。クジラ組で大変金を儲けた家です。小田家は最初、無人島であったごく近くの野崎島《のざきじま》に投資して、約百ヘクタールの土地を拓き、そこに部落が一つできている。次いで、平戸の紐差にやはり百ヘクタールほどの土地へ拓いて、酒屋を始める。それでもまだ足らなくて、佐世保のそばにある針尾島に二百ヘクタールの土地を拓き、そこでも酒屋をかねて商売をする。そのようにして、しだいに五島を出ていき、財産を大きくしていった漁業資本家の例が、五島にはいくつもある。

要するに、五島藩はうんと税金を取り立てようとして、漁業資本家を定住させ、育てていったけれども、島内では投資が限られてしまうので、最終的には、島で得た資本が、島外へ逃げていくのを防ぐことができなかった。五島の例をみても分かるように、そうした資本の逃げていく過程が、島というものを、いやおうなく貧しくさせる根本の原因になっているのではないかと、私は思っているのです。

明治以後の二重構造ゆえの悲劇

それにしても、明治になるまでの外海の島は、今とは違って、もう少し活気に溢れていました。明治にはいってそれがガラッと変わってしまう。なぜかといえば、昔は大きな船がほとんど大阪から直航した。つまり、五島なり対馬は、中央へそのまま結びついていたのです。明治以降、県ができ、県庁所在地が一つの中心になると、島はそこに結びつけられていく。五島なら、長崎から一番多く船が行くようになる。長崎の経済圏にはいったわけです。その時に対馬は非常に不幸な目に会うことになった。というのは、対馬は長崎県の一部であっても、船の出るのは福岡県の博多なんです。対馬に渡ってみると、その矛盾がとてもよく分かります。属したのがもし福岡県であったなら、もう少し対馬というところは、明治になって暗い道筋をたどらなくてすんだろうと思います。行政的には長崎県の命令を受け、しかも経済的には博多につながっておる。いわゆる二重構造なんですね。

五島の場合にしても、長崎県と結びついたことが、どんな不幸をもたらしてくるかといいますと、次の例をあげるとはっきり分かります。明治まで五島は獲った魚のほとんどを、大阪へ送っていた。そのコースが切られて、今度は長崎へ運ばなければならなくなった。長崎を経由しない魚はみな闇物資になる。そのために、いわゆる詳しい調査資料、漁獲高のデータといったものは、どの村にいっても、昭和三十年頃まではなかったんです。詳しいデータを明らかにすると、統制経済に引っかかってしまうからです。これも二重構造の生んだ悲劇なんですが、昭和二十四年に漁業法の改正があって、新漁業法が布かれます。すると漁業証券というものが各県に出ることになった。その時に、長崎県の漁業補償金は三億七千万円だったんです。同じ時の山口県がもらう額は十億を超えていた。それならば、どちらの県が漁業が盛んかっていうと、もちろん、長崎県の漁業のほうが盛んなんです。なぜそんな不合理が生じたかというと、長崎県は表向きの数字、統制経済のわく内にある数字によって、漁獲高を出したからです。その数字によって長崎県に補償金を与えようとすれば、三億七千万円になり、日本で二十何番目という低額のものとなる。表向きの数字以外のものは闇物資で流していたので、資料として提出することはできなかった。こういうことが、島をいっそう不幸にさせていく。開発を遅れさせることになってしまうのです。

私はその当時、長崎県に行って、とにかく一刻も早く、現実の漁獲高を示すデータをこしらえるように、話して回ったんですが、その場ではなかなか分かってもらえず、いよいよ補償金が出る段になって、びっくりしてしまったといった状態だった。その後いろいろ操作して、それでも八億円ぐらいは長崎県に補償金が出るようになったのです。昭和二十九年に離島振興法ができますが、それを推進するのに力を尽したのは、長崎県です。離島問題は長崎県がかかえている、大きすぎて、いわば手に負えない問題だったからです。その時に、私たちは壱岐、対馬は、福岡県に合併するようにしてもらいたいと、国のほうへも、長崎県へも陳情しました。地元の人もそうなることを希望したんですがダメでした。壱岐、対馬を取ってしまうと、長崎県は実に小さな県になり、県として成り立たなくなるというのが反対の理由だった。しかし、そのひずみが今もって、あの両島にはみられるのです。

鎌倉時代にいるのではないかという気持になる

それでは、南の島々はどうなのだろうか。すると〝道の島〟ということが問題になってくる。鹿児島からずっと沖縄までつながった島々、ここでも、やはり大陸との関連を考えていかないと、何も分かってこないわけです。

最初に薩南十二島から話していきます。島の一つ一つに渡ってみると分かるんですが、面白いことに、人が住めるってことになれば、ほとんどの島には人が住んだんですね。たとえば、現在では三人の島民しか残っていない臥蛇島《がじゃとう》ですが、あの島でも、四十軒ぐらいの家があり、一村を形成していた時期があった。それから悪石島《あくせきとう》についても、古い言い伝えによれば、百軒を超える住民が住んでいたことがあるといいます。十二島の南端にある宝島《たからじま》には、今七十軒ほど家がありますが、かつては二百軒を超える活気のある時代もあった。どうして、こんな辺鄙な小島に、それほどの人数の人びとが住んだんだろうかといえば、これらの島々をつたって、南へ出かけて行く人たちがあったからなんです。

それで、どこまで行ったかといえば、奄美、沖縄を通って、もう大陸まで行ったとみてよい。いつ頃、そういう人たちの往来が始まったかというと、その歴史は古かったと思うのです。宝島には洞窟があって、中に経文を石に書きつけた経石がある。書体をみると、私などでさえ、それが江戸時代のものでないことははっきり分かります。非常な達筆で、気迫のこもった奔放な書き方なんです。室町でもない。たぶん鎌倉時代のものではないかと推定されます。石の経文は洞窟内にうず高くあった。私が宝島に行ったのは戦前ですが、今はあらかたなくなってしまったそうです。誰かが持っていってしまったらしい。

また、宝島にはネイシと呼ばれる巫女があるんです。巫女の祈禱の道具に、金の輪をいくつかつけて、ジャラン、ジャラン鳴らす鈴のようなものがある。その握るところに丸い金がついている。よくみると菊花紋の鏡なんです。菊花紋の鏡でふちが厚ければ、これは鎌倉期のものとみてよい。巫女の鏡のふちは厚いものです。そうしたことから、おそらく、鎌倉の始めから薩南の島々に人が住み着いて、鎌倉の終り頃に、今度は大陸との貿易が盛んになって、さらに多くの人たちが移り住んだ一時期があったんじゃあないかと。その頃に、宝島にあったという二百軒の家数《いえかず》を支えた背景が考えられてくる。

これが宝島の南の奄美諸島へ行きますと、雰囲気がたちまち変わってくるわけです。第一言葉が違ってくる。宝島までは言葉が実によく分かります。鹿児島の言葉は分かりにくいのですが……いわゆる標準語に近い。近いといっても、かなり文語脈がはいるんですね。きょうはよきお日になりました、という言い方をする。〝よい〟とはいわないで、〝よき〟といいます。島民と話をしていると、おなつかしゅうございます、なんていわれる。といっても、私たちが今使っている〝なつかしい〟とは違う。島では〝心よい〟も〝なつかしい〟というんです。うまいものを食べた時、ただうまいじゃあなくて、まあ〝あんばいがよい〟というふうにいう。に行きますと、宝島でも、それと同じような意味で〝なつかしい味〟などといっておるのです。

その他に〝あらたし〟という言葉があります。私たちが使っている〝新しい〟と同じ意味です。〝あたらしい〟もありますが、それは〝かなしい〟とか〝気の毒だ〟という言葉として使っている。ご承知でしょうが、〝あたら〟は惜しむべし・可惜と書きます。今では〝あたらしい〟が新品の意味で語られるが、古い時代の〝あたらしい〟はその〝惜しむべし〟のほうだった。今の〝新しい〟が昔は〝あらた〟だったわけです。宝島では、こうした昔の言葉使いがちゃんと生き続けているのです。だから、そういう言葉にぶつかると、これはひょっとしたら、私は鎌倉時代にいるのではないか、といった気持になってしまうのです。

明の影響が非常に強く加わっている

奄美大島にはいると、言葉がもう少し古くなる。平安を飛びこえちゃって、奈良時代の言葉に変わってくるわけでしょう。それがずっと沖縄までつながっている。どうして奄美大島のところで境ができるのだろうか。宝島から奄美大島は見えるのです。それほど近い距離にあるのに、宝島までにある、鎌倉時代の古い習俗なり、言葉が、向こう側にはいったとたんに、パッと消えてしまうんです。九州からの文化の波が、おそらく鎌倉時代にあって、トカラ群島まではその波が達したが、それから南へは行かなかった。それが差をつけたのか、今のところ私にはまだ分かりません。とにかく、截然と一本の線が布かれている。それならば、奄美以南の特徴は何かというと、奈良時代以前に日本文化がはいり、後に明の影響が非常に大きく加わってきている。宝島以北には、私が調べた限りでは明の影響は大してはいってきていません。

沖縄に平仮名がはいるのは室町時代ですから、すでに明の強い影響があったところへ、本土からの文化がはいっていったことになる。その二つが合流する中で、琉球王朝というものが成立してくるわけです。そうした面からみても、九州から文化が波及する際には、一種の外からの誘発が働いたように思う。どうもそれは、本土側から積極的になされたものではないらしい。先ほどの五島のことでも分かるように、宋の商船が五島に来るようになって、始めて本土側からも出かけていくといった……同じような状況が沖縄の場合にもあったのではないか。いいかえると、沖縄に明の船がたくさんやって来る。それに誘発されて九州の文化が、文化というより本土の人たちが、沖縄へ出かけていったのではないか。日本の場合は、押し出す力というのが、いつも誘発するものによって引き起こされる。ああ、向こうに島があったのか、人がおったのかといった形で、いわば受身の形から出発しているという感じが強くします。

沖縄でよく問題になるのは、文化が南から来たのか、北から行ったのかということですが、なかなか一筋縄ではいかないのです。そのことに関連して、話がちょと飛びますが、最近新聞に、一万八千三百年前の非常に古い人骨が六体、沖縄の具志頭村で発掘されたという記事が出ていましたね（『中国新聞』一九七一・一・一六）。私はとてもびっくりしているんです。そこからいろいろな問題が出てくる。

京都文化と沖縄文化が分かれたのは、基礎語の比較によって約二千年前頃といわれています。二千年前には本土も沖縄も同じ言葉を話していたのだと。すると、その頃に、九州から島づたいに南下していった人がいて、沖縄に定住するようになった。そういう説が一方にはあるわけです。そうなると、出土した古い人骨はどうなるのかということになってくる。また、二千年前ならば、九州は弥生式文化の時代ですが、沖縄から縄文中期頃の土器は出土しているが、弥生式土器はまだ発掘されていないのです。けれども、言葉はというと、弥生式時代に使われたとみられる古い日本語が、今でも話されている。ところが柳田先生のように『海上の道』という逆の考え方、北上を主張するものもあるわけです。これからも論争が続くと思いますが、いずれにせよ〝道の島〟に押し寄せた文化の波は、やはり北の力のほうが大きかったのではないかと、私は思っておるんです。それは一つには、沖縄では北を西と呼んでいることによって推定される。西は〝いにし〟、つまりやってきた方という意味なんです。

航洋船をつくるためには大量の鉄が必要だった

ある時期に北から南へ人が移動していった。逆に南から北へ移動した人たちもあった。しかし、その流れには、かならずとぎれた期間があったのではないか、それも非常に長い歳月……とぎれさせた重要な原因の一つは、船の問題だったろうと思います。

大洋を乗り越えるだけの船を持たない限り、人は海を行くことはできないわけでしょう。それは船の大きさにかならずしもよらない。船がどれだけ波に耐えるかによってきまってくるんです。宝島には板付け船というのがある。その北の悪石島から口之島へかけて木を二つに合わせた、たらいみたいな丸木船があります。この船では荒海を越えていく力はありません。潮流の早い南海の海を、自由に往来する船ではとうていなかったのです。

沖縄にはサバニと呼ぶ船がある。これならば小さい船ですが、船中に水がはいりさえしなければ、荒海を乗り切ることができます。それで、浸水を防ぐためには上にシートを張ればよいわけです。サバニは前向きに座って、櫂で漕ぐ船ですが、この漕ぎ方は南方のほうまでずっと拡がっているやり方です。このことだけに限っていえば、サバニの漕ぎ方を伝えた人たちは、南から来たと考えざるをえないのですが……確かにサバニは荒海を行くことができますが、なにしろ小さい船ですから、活動はおのずから限界があります。スケールの大きい航海を行なうためには、構造船をつくらなければならなかった。

そこで、沖縄と大陸との交通ということになるんです。沖縄は中国からの技術によって、大きな航洋船をつくり始めていく。沖縄本島北の国頭《くんじゃん》、そこには琉球松がたくさん生えている。それを切って船をつくっている。それから、構造船をつくるためには、大量の鉄が必要なんです。板と板をつなぐたくさんの鉄釘を使うからです。だから、そういう船を持った時は、同時に鉄を持った時だともいえるのです。沖縄にそれだけの鉄がはいるのは、十五世紀の中頃からさきになる。鉄を持ったことによって、琉球の統一が起こってくる。鉄がなければ大きな戦争というものはできないんです。始めて鉄を所有した中山王が、まず沖縄本島を征圧し、しだいに外辺の島々を征服するためには、サバニではダメで、やはり多数の人間を乗せることができる、航洋船を持つことが条件だったのです。そうした手順を経て、奄美から沖縄までの、独自の文化圏といったものが形成されてきた、とみられるのです。

鉄砲がなければ日本の戦国時代はまだまだ続いた

今度は、北からの文化のほうでみていくと、丸木船では南へいくことはできないわけだから、北のほうの構造船というものを考えていかなくてはならない。それでは、いったい船はどこでつくられたかというと、私は種子島《たねがしま》の存在をとても大きくみてるんです。種子島には鉄があった。砂鉄をとっておるんです。したがって、種子島は大きい航洋船をつくる条件を持っていた。宝島までの統一は、この種子島を中心に、比較的早い時期にできあがったと思っています。このことは、実は次の時代につながっていく大事な問題なんです。天文十二年にポルトガル船が種子島に漂着します。その翌年には、種子島で鉄砲がつくられている。ポルトガル船は東洋の方々の港へ来ている。もちろん鉄砲も持参している。それにもかかわらず、鉄砲をつくったというところがない。日本でも、その後に豊後《ぶんご》（大分）に漂着船があったが、豊後では鉄砲をつくれなかった。そこには鉄がなかったからです。

当時つくった鉄砲というのが、種子島には今でも残っている。ポルトガル人の持ってきた鉄砲に較べれば、一目で日本でつくったものと分かるほど、劣ったものだけれども、とにかく、射てるものをちゃんとこしらえているんです。種子島に鉄砲が伝わったからこそ、その技術が堺に行き、すぐに日本全国に鉄砲が拡がっていくことができた。種子島と堺の交通は、遣明貿易の航路の一つ、南海路のコース上にあるわけです。鉄砲がなければ、日本の戦国時代はまだまだ続いたでしょう。鉄砲が秘める強大な力を見抜いたのが信長であり、戦国時代を終結に導いていくわけですね。

種子島自体についてみていくと、種子島氏が非常な勢力を持つのは、鎌倉の中頃なんです。その頃に、南方の島々を統一した形跡がある。薩南十二島の島主にするという許しを、源頼朝から受けているんですが、実際の征服はずっとのちになっている。というのは、種子島氏が島主になった時に居住していたのは、大隅半島の根占《ねじめ》というところなんです。鎌倉の中頃に、種子島に移っている。それは、鉄が精錬できる時期と一致するように思われる。精錬した鉄によって、大きな船をつくり、南へ進出したが、勢力限界は宝島までということになった。

一隻の船をつくるには四、五年はかかった

航洋船のことで、もう少しつけ加えておきます。昔は一隻の船を建造するために、私たちが想像するよりはるかに長い時間がかかったのです。船をつくろうとすれば、第一に木を見定めて切らなければならない。切ってみたところが、中がうつろだったという場合、その木は無論使えない。そういう無駄が多かった。たとえば、東大寺をつくった時の記録をみると、五十尺、六十尺もある棟木や柱になる木材をとるために、三百何本という大木を伐り倒している。それだけ木を倒さないと、中がからっぽだったり、ひびがはいっているかどうかが分からない。大体五倍以上の木を切らなければならなかったのです。

ですから、船材を得ようとすると、大変な努力がいった。木の選定はともかくとして、板にする際に、昔はたて引き

ののこぎりはなかったので、すべて、くさびを打って割ったもんなんです。そうして、五十人乗りなり、六十人乗りなりの航洋船の船材がそろうと、次は雨のかからない場所で、材木を充分に枯らさなければならない。船材に使えるぐらい枯れ切るにはどのくらい期間がかかるかというと、三年かかるといわれている。そうしますと、一隻の船をつくるのに、どうしても四、五年はかかるとみてよい。遣唐使船は一番少ない時で、四隻が一緒に出航してますから、一度船隊を送ると、十年、二十年なりの年数をおかなければ、二回目の船隊は組めなかったのです。だから、出航の機会はたくさんあったはずがない。航洋船に乗り、海を越えて、しかも無事航海に成功するのは、実に難事だったことが分かります。

航海がそれでも安全になってくるのは、中国の新しい造船技術が日本にはいってからです。平清盛の時にあたります。以前の船とどこが違うかというと、中国のジャンクは帆柱が二本になってくる。それまでは一本だった。帆柱が二本になって、始めて向かい風でも船を進めることができるようになったのです。こうして南北朝頃から二本マストの航洋船が多数つくられるようになり、大洋を横切って大陸までどんどん行ける日が来たのです。

そうした船の歴史を考えてみると、種子島氏が、たとえ十二島を征服するのはわりあい早い時期にやってのけたのかもしれないが、それから、さらに南へ足をのばすことは、大変難しい条件があったんだろうと思う。あるいは誘発する何ものもなかった。沖縄のほうである停滞が続いていたのではないか。それで南へは行かなかった。ところが、ちょうど南北朝頃に、南のほうからの誘発が起こってきて、もう一辺南下しようとした時には、すでに琉球王朝ができあがっていて、奄美がその前哨線になっていたのではなかろうか。もちろん、これはまったくの推定にしかすぎませんが、奄美大島と宝島の間に引かれた文化圏の差といったものを私なりに考えてみたわけなんです。

昔の民衆は大陸との往来の自由をすでに持っていた

南の島についても同じことがいえますが、最初に話した五島や対馬が背負わされている問題、どうして暗い袋小路に追いつめられた形になっておるのかということですね。一言にしていえば、大陸との道が開けていないからだと、それでカタがつくと私は思います。大陸との間に交通があれば、対馬は長崎県だの、福岡県だのいわなくてすむのではないか。中世には対馬の場合、自由に大陸へ、朝鮮へ行くことができたのです。そのために、島外から来た上方人が七千人も、対馬に住み、暮していけるような島でありえたのです。五島の場合にしても、もっと大陸との往来が自由であれば、闇物資がどうのこうのといった嘆きは味わわなくてすんだろうし、明、宋の人たちとの交流、それがそのまま、ずっと続いてきたのではないかと思います。

それでは、民衆はどうかというと、民衆はそうした大陸との往来の自由をすでに持っておったのです。大洋の危険など、昔の民衆は苦にしてなかった。逆に利用していたとさえいえるんです。

〝一本ガサで日本中歩ける〟ことになった

話が少し脱線しますが、私は佐野の南にある波有手《はうで》で一人の老人に会うたのです。私が会ったのは昭和二十四年ですが、もう八十なんぼの、まったくしわくちゃのおじいさんで、明治の初年から生きておった人です。明治八年に古い漁業法がなくなり、藩の境というものが取り払われてしまう。そうなると、漁師はどこへでもいける。おじいさんの表現によると、〝一本ガサで日本中歩ける〟ことになったんだと。なるほどこれはいい、それじゃあ一つ好きなとこまで行ってみよう。というわけで、おじいちゃんは小さな漁船に乗り、仲間と二人で出かけたと。行ってみると、海の上に赤い線は引っぱってなかったというんですね。村で庄屋から示される海図には、地先《じさき》が割られてあって、赤い線が書かれていたわけでしょう。

赤い線などないから、おじいさんはどんどん行った。とうとう玄界灘まで出たんです、博多のそばまで行った。すると向こうに島がみえる。あれはなんという島だ。壱岐の島だという。じゃああの島へ行ってみようというんで、壱岐に渡る。また向こうに島がみえる。あれはなんだ、対馬だ。よし、そんなら対馬まで行こうと、対馬へ渡る。ところがその先にまだ島がある。あれはどこだ、朝鮮だ。よし行こうというので、朝鮮へ渡った。これは、明治十年すぎの話なんですよ。それからもさらに、おじいさんは行くんです。言葉は通じないけれども、魚を獲っては売り、獲っては売りして、ついに遼東半島まで行っちゃった。半島をぐるりと回ると深い入江があったという。なお進むと、大きな河にぶつかった。ここはどこだろう。どうも感じが違ってるじゃあないか、そう思ったんだそうです。そこまで行くのに一年半かかったという。とにかく白河の河口の附近まで行ったんですね。

そこで、おじいさんは一人の日本人に出会った。この河の奥には都の北京てとこがあると教えられる。だけれども、許可証がなければ先へは行けないと。ここまではいいから、あんたらはここから帰れといわれた。それじゃあ河はのぼらないが、海岸をこのままつとうていったら、どういうことになるのかなとたずねる。そりゃあインドに行く。よしインドへ行ってみよう。いや、その船ではダメだ。それでは今度はもっと大きい船に乗って出直そうということになり、そこから帰ったというんです。本当の話なんですよ。

字も何もしらない赤ふんどしのおじいちゃんが、もっとも、行った時はまだ二十《はたち》にならなかったわけですが……わしゃあ、とにかく支那の北京の河口《かわぐち》まで行ってきたって、話してくれたんです。境はなかった、自然に行けたと。言葉は知らなかったが、用件はみんな通じたと。魚を持っていけば喰い物をくれたから、そのまま行けたんだと……実にいい話でしょう。

私はこの話を聞いていて、昔の大陸との往来は、これだったんだなあと思ったんです。五島の男女群島というところへいきますと、山中には無数の墓があります。こんなところまで出かけてきて、淋しく死んでいった人があったのだ。墓は自然石で、それも風が強いから、すべて横にねせてある。山中をさがしてみると、墓はもう数えきれないほどある。おそらく、赤ふんどしの八十なんぼのおじいちゃんと同じような連中だったろうと思います。その渡り者たちの墓を眺めていると、往時の日本人の、大陸との交流は、こんなふうにして起こっていたのだと……私は現地を歩いてみて、その時、しみじみ分かったような気がしたのです。

以上は中国の会の一月の研究会（一月二十日夜、東京市ケ谷・私学会館）で、『離島問題』をテーマに宮本常一さんに話していただいた録音テープをおこしたものです。

（中国の会編『中国』71・4月号、徳間書店）

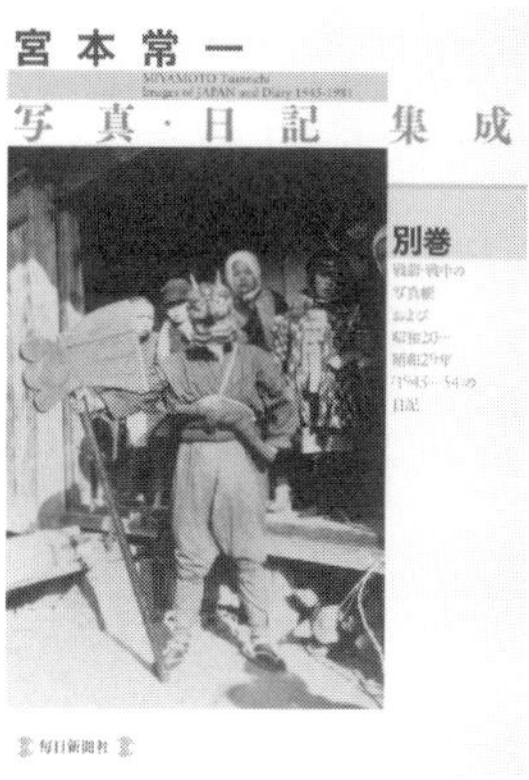

『宮本常一 写真・日記 集成』
（全2巻・別巻1、
毎日新聞社，05.3）
＊揃定価¥60,000（税込）

特別対談

旅する民俗学者

今なぜ宮本常一なのか

佐野眞一氏

●取れたての昆布を浜にずらっと並べるような、水々しい話し方

佐野　宮本常一さんという人に「ブーム」という言葉は似合いませんが、ここにきて時代の閉塞状況のせいでしょうか、宮本常一に対する伏流水のような、せせらぎのような注目がはじまっているような気がします。さまざまな媒体で取り上げられたり、相変わらず岩波文庫の『忘れられた日本人』ももう七六刷とかで大変なロングセラーです。もちろん柳田国男、折口信夫に比べてまだまだ知る人ぞ知る存在ではあるけれど、今なぜ宮本常一が注目されているのかということをもう一回、ここで振り返ってもいいかなと思い、宮本常一の「第一発見者」といってもいい、谷川さんとの対談を企画した次第です。谷川さんと宮本さんが最初に会われたのは、宮本さんの居候先、三田の渋沢敬三邸だったんでしょうか。

谷川　いえ、三田ではありません、本郷の「能勢《のせ》」という旅館です。

佐野　そうでしたか。そのあたりからお願いします。

佐野眞一
谷川健一

Sano Shinichi
Tanigawa Kenichi

谷川健一氏

谷川　一九五〇年代のはじめぐらいだったと思いますが、私は豪徳寺に住んでおりまして、土方久功という、パラオとかサテワヌとかの南洋の離島で七年間も暮らしたという絵描きさんがいたんです。その絵描きさんの奥さんが小児科医で、当時私が住んでいたアパートの近くだったものだから、私も風邪などで小児科医の奥さんの方にお世話になっているときにその旦那さんとも知り合いましてね。何かの会合があったときに、柳田先生の秘書の鎌田久子さんがみえました。久功さん自身が、パラオとかサテワヌの民俗誌や神話、伝説の研究もされていたので、土方さんは柳田邸に出入りしていて、その関係で鎌田さんも土方さんとお知り合いになって、それで土方さんのお宅の会合に鎌田さんも出られたんです。

ちょうど私はそのころに平凡社におりましたが、会社が新しい企画を社員から募集していて、私は日本の伝統とか歴史を地域別に分けて考えてみたいという企画を持っていたわけです。というのは当時、児童百科事典の編集部にいたのですが、それをやっているとどうも民俗項目の部分がおもしろかったので、民俗学につながるような仕事をしたいと思い、鎌田さんに相談したんです。すると鎌田さんの先輩で、柳田先生の番頭格だった大藤時彦さんを推薦されて、大藤時彦さんが「では宮本君を入れよう」ということで三人に編者になってもらい、会社の許可を得て『風土記日本』がスタートしたわけです。

佐野 それは子供向けだったわけですか。宮本さんには、子供向けに書いた本もたくさんあります。

谷川 最初は子供向けだったんです。平凡社は『綴方風土記』という現代ものを出していたことがあったので、それを歴史的にやったらどうかということでした。しかし子供向けにしてやったら、中学生までは読めるけれど、どうも『風土記日本』の中身が子供向きには合わないものですから、大人が読めるものにしたいと思ったんです。

その企画をやるきっかけになったのは、私は豪徳寺生活のあと喜多見に住んでいたのですが、通勤の電車の中で何か読む本がないかと思い、前から買ってあった柳田国男の『桃太郎の誕生』(角川文庫版)を何気なしに本棚からとり出して電車の中で読みはじめたんですが、そこで目から鱗が落ちたというのでしょうか、そこに今までの考えとまったく違う世界があったんです。

左翼の方ではよく人民とか民衆と言いますね。しかしそこにはどこか人民や民衆を下に見て、自分たちは前衛で民衆は後衛だというような意識がありますが、それがないわけです。庶民の創造の可能性というのでしょうか、日本の庶民が想像力を駆使して、新しい民話をつくっていくクリエイティヴなところに驚嘆しました。それからしばらくしたある日、家から喜多見の駅まで、あのころは田舎でずっと麦畑だったんですが、その黄色く熟れた麦畑の中の道を歩いていくと、後頭部にひやっとするものがかかってきたんです。空を見ると五月晴れでしょう。そのときに「俺にも人生の成熟の最初のひとしずくが落ちてきたのかな」という印象があって、それがきっかけなんです。

佐野 そのひやっとしたものは、現実には何だったか、いまだにわからないんですか。

谷川 それはわかりません。やっぱりひやっとしたしずくのような思いなんですな。成熟という観念は、コミュニストや左翼の進歩的な人たちの観念にはないですよね。ところが柳田さんの『桃太郎の誕生』を読んで一〇日か二週間してから、なにかが効きはじめたのか、そういうことがあったわけです。それがきっかけで鎌田さんに会ったときに、『風土記日本』をやりたいということで、大藤さんが宮本さんを推薦してくれたわけです。

それで、いろいろな出版社が共同出資して仕事や飲食の会合に使っていたのが、本郷にあるさきほどの能勢という京風のしゃれた旅館で、そこに宮本さんが来たのが最初の出会いでした。

佐野 そのとき、宮本さんはどんな格好でしたか?

谷川 その格好がなんとも珍妙なんです(笑)。洋服って言ったって、着物を黒く染め上げたような感じで、あれで洋服ができるんですかね。それからズックの靴ですよ。それで登山帽みたいなのをかぶって、にこにこしているんですよ。だから能勢の女中さんが、これは執筆者の先生なのかそうではないのかというので戸惑っているんです。チョロチョロッと小走りに来て挨拶されまして、それからのお付き合いです。

佐野　ズック靴に和服を仕立て直した洋服ですか（笑）。いかにも宮本常一らしい。宮本さんの旅のスタイルは、汚れたリュックの背負い革にコウモリ傘を吊り下げ、脚にはゲートルを巻いて、というものですが、いつも富山の薬売りと間違えられたそうです。僕はよく冗談で、柳田国男は白足袋、宮本常一は地下足袋、と言っているんですが（笑）。

谷川　それでお付き合いしてみると、話がすごいんです。それまで鎌田さんや大藤さんとは、「この企画はうまくいくかな」と首をかしげるような案配でした。大藤さんなんかは日本史の年表を開きながら項目を拾い上げていくようなことをしていたんですが、宮本さんは断然違っていて、話はすごいし、また私たちのように民俗学に親しんでいない人間でも感性的にハッとするような話がひきもきらず出てきて、それは驚きました。最初は企画の段階で月に一回とか二回やっていたんですが、朝一一時ごろ来て昼食をとってさらに夕食をとるまでの間、宮本さんが独壇場で喋り続けなんです。私はあまり体が丈夫でないものですから、午後一時か二時になると疲れるので昼寝しようかなと思って、「じゃあ先生方でどうぞ」と言って、私が一時間ぐらい横になって起き上がると、傍らでずーっと宮本さんが話しているんです。

佐野　まるで『忘れられた日本人』の「対馬にて」のバイタリティーさながらですね。宮本民俗学の戦後の出発点は、昭和二五年夏の八学会連合による対馬調査にあります。そのとき同行した人の話によると、宮本さんは結核の特効薬と言われていたパスをのみながら、ものすごい強行軍の日程をこなしていたそうです。

あのとき対馬では、遠くから艦砲射撃の音が聞こえ、夜空には曳光弾の明かりが見えた。朝鮮戦争まっ盛りのときですから、朝鮮と指呼の距離にある対馬では、そんな光景が当たり前だった。宮本さんはそんな中を、リュックサックに食糧の米を詰め、懐中電灯ひとつだけもって、暗い峠の山道を越えて行ったそうです。

対馬で宮本さんに会った古老は、宮本さんは古文書を書き写しながら、人の話を正確に聞きとるばかりか、各地で聞いてきた面白い話を延々としてくれた、まるで聖徳太子のような人だと思った、と言ってました。

谷川　そうそう。それから夕食後になっても話しているからすごいですよね。あれは単なる民俗学の話をしているというよりはもっと人間的な話をしている。何かにちょっと書いたかもしれませんが、海底に海女が潜って切り取ってきたばかりの潮に濡れている昆布やワカメのような海草を浜辺で並べるような、そんな話し方をするんですよ、事実の提示の仕方が他の学者のような乾からびた標本のような話ではないんです。

佐野　なるほど、カラカラではなくて、まだ潮でつやつやと濡れているような話なんですね。宮本さんの文章って、非常に色っぽいですよね。

谷川　私も多少文学的な傾向があるものですから、それに反応したわけです。こちらは全身吸い取り紙のようになりましたね、それまで知らないような世界を宮本さんが出してくれるわけですから。

●鯉幟の蒲団カバーに寝ている姿に感動

谷川　あの人は胃が弱かったのですね。

佐野　そうですね、何度も胃潰瘍になっています。膨大な著作から頑健なイメージを抱きがちですが、じつは病弱な人だった。若いころは結核で二年近い長期療養もしています。

谷川　あるとき宮本さんが胃病になって寝込んでいると聞いて、『風土記日本』の第一巻が出る前ですが、食客先の渋沢敬三さんのお宅までお見舞いに行ったことがあるんです。あそこのお屋敷の玄関横の、二畳か三畳だかの部屋に宮本さんが寝ていました。部屋の隅には本棚に倒れかからんばかりに本が詰まっていて、その下で宮本さんは煎餅蒲団に寝ていたんですが、その蒲団のカバーが五月の端午の節句の幟を再生し、利用したようなものなんですよ（笑）。それを見て、私は「この企画は絶対成功する」と確信しました。

佐野　その姿を見たときにね（笑）。それは編集者の直観のようなものですね。

谷川　私は柳田さんの手引きで民俗学に紛れ込んだ人間で、柳田さんの世界はそれなりに敬服しましたが、もう一つ何か踏み切れなかったのは、民俗学を生涯の仕事としていいかどうかということへの確信が得られなかったんです。それが宮本さんに会って、はじめて「この学問は間違いない」と確信しました。宮本さんの姿に感動したのです。柳田さんにはダルマをつくってもらい、宮本さんに目を入れてもらったようなことで、いくらつらくても、いろいろなことがあっても、民俗学の仕事をやることに後悔しないという覚悟を決めたのは、宮本さんのあの生き生きした世界に触れてからでしょうね。

佐野　なるほど。宮本常一が、渋沢敬三が主宰する東京・三田のアチック・ミューゼアム（屋根裏博物館、後の日本常民文化研究所）に入ったのは、戦前の昭和一四年のことですが、戦後も三田の渋沢邸でしばらく、食客というか居候をつづけていた。谷川さんはその渋沢邸に行かれて、渋沢敬三さんご本人にはお会いになったことはあるんですか。

谷川　私も会いたかったんですが、渋沢さんが忙しかったせいもあるのでしょうが、書斎には通されたことがありましたがお目にかかったことはありません。

そのすぐあと、私は新宿駅の地下道で宮本さんとバッタリ会ったことがあるんです。そのとき宮本さんはいきなり「私はあなたに発見された」と言いました。宮本さんも嬉しかったでしょうが、私も嬉しく、今でも覚えています。

佐野　その『風土記』の仕事から、いよいよ『日本残酷物語』の仕事に移っていくわけですが、山本周五郎や楫西光速とか山代巴とかも監修者になっていますね。別巻の現代篇を入れると七巻ぐらいになりますか。

谷川　ええ。

佐野　あの本の執筆はほとんど宮本さんですか。

谷川　いえ、そうではないんです。まず監修者について言うと、宮本さんは実質的に中身にタッチした人ですが、あとの方々は名前だけなんです。だから後世の人が間違うわけで、山本周五郎さんは名前をいただきにお宅におうかがいしましたが、そのときには「私はシャイだから」と山本さんが言ってね。シャイなことは私もわかっていますけれど、周五郎さんがどうしてとりたてて自分のことをシャイと言うのかなと考えたりしていたわけです。だから本当にシャイなのかもしれないと思ったんです。なぜかというと、シャイな人間はすましていてもシャイだと思われる可能性があるからで、それが耐えられないんです。人から「あの人はシャイなんだ」って思われるのがね。だからそこで気が弱いから自分から言って先手を打つわけです。でもそれだけだったんですよ。楫西さんも挨拶に行っただけだし、山代巴さんも一度か二度会っただけなんですが、当時は監修に著名人を並べるというのが流行っていたんですよ。宮本さん一人でもよかったのですけれどもね。

佐野　筆頭監修者は宮本常一になってますね。

谷川　『日本残酷物語』のきっかけということでは、『風土記日本』の第一巻をやったときに、すでに次の企画はこの題でいこうと決めていたんです。『風土記日本』の第一巻の九州・沖縄編をやったときに、庶民が希望を持って、何とか地べたからはい上がろうとしている、それを追求した。ところがそれを打ち砕くものがあって、そうすると庶民はまたそこから落ちて追い詰められるでしょう。九州編には筑豊の炭鉱のことはあまり取り上げていませんが、沖縄の西表炭鉱の話なんかを載せていました。収奪されてどん底に追い詰められたら逆に収奪してもかまわない、収奪者を収奪する。向こうが殺しに来ればこっちも殺していいという考えにしたがって、第一巻のときに次の仕事はそれをやろうと思っていたんです。それで『風土記日本』が終わり、『日本残酷物語』を出すときに、当時の社長の下中邦彦の親父さんの下中彌三郎に会長室に呼ばれたのですが、「この『日本残酷物語』という名前はひどいから、君、何か考えろ」と言われたわけです。けれども、リラダンの「コント・クリュエル（残酷物語）」に「日本」をつけただけですから、何もそれは私の発明ではないわけですが、そう言われていい題がなくて困っていたんです。そうしたら彌三郎が「日本泥沼物語にしよう」って言うので……。

佐野　それは逆にあまりにひどいな（笑）。

谷川　ひどいんですよ。それで結局は向こうにもいい考えがないものですからもとのままでいくことにしたわけで、第一巻がちょうど六〇年安保闘争の時代で、第一巻の題が「貧しき人々のむれ」でした。今からは考えられないですよね。これは中条（宮本）百合子の『貧しき人々の群』から取ったものですが、そのぐらいまだ六〇年安保のころの日本は貧しかったんだなと思いますね。それであれが爆発的に売れたんです。

それで宮本さんには第一巻はずいぶん書いてもらいました。特に「土佐檮原の乞食」を入れたことが成功の要因なんです。

佐野　のちの「土佐源氏」。

谷川　はい。あのころはみんなあの話を読んで感動したわけですよ。だから読者カードにも、高校生が「私が密かに読んでいると、母親が後ろからのぞきこむような気がして仕方がありません。恐る恐る読みふけっています」というようなことが書いてあったり、あのころの日本はまだ純真でしたよね。あれにみんな感動するわけですから。だから半年ぐらいで二〇何版までいきました。

佐野　半年で？　あの本は結構高かったですよね、函入りで布貼りのきちっとした本で。やはり中心になって執筆したのは宮本さんということになるのでしょうか。

谷川　ええ、そうでした。ただ『風土記日本』もそうですが、たとえば北海道だとか関東だとか中国四国以外は、ずいぶんたくさんの人が書いているんです。宮本さんは『風土記日本』でも『日本残酷物語』でも北海道をテーマにした文章は一切書いていませんから。それでも宮本さんがいなければ『風土記日本』も『日本残酷物語』もできなかったでしょうね。それははっきりしています。ただ宮本さんだけの力ではないわけで、多くの人が参加しているわけです。それから宮本さんの天才的な企画力というのは認めざるを得ないのですが、ただそのときの構成とかフレームづくりは編集の仕事でもあったし、いろいろな執筆者の仕事でもありましたから、宮本さんだけでできたかというと、けっしてそういうことはないですね。私と宮本さんの関係がだんだん微妙になっていく最初はそういうことで、お互いの自負心が摩擦の種になったのです。宮本さんには頭を下げるわけだけれど、宮本さんが全部書いているわけではないということで、ご覧になればわかるように、『風土記日本』も『日本残酷物語』も署名原稿ではなくて、巻頭に執筆協力者の名前を挙げていますよね。

佐野　ずらっと並んでますね。森崎和江さんとか、谷川さんの弟の谷川雁さんとか。

谷川　はじめ宮本さんは署名原稿と思い込んでいたのですが、私はそれはしたくないと思って署名をはずしたんです。そうしたら宮本さんは最初はだいぶ抵抗していましたが、鎌田久子さんが中に立って話をつけて、それで署名スタイルをはずしました。宮本さんの原稿もそのままではなくずいぶん切りました。というのは宮本さんは調子に乗るとずーっと書くんですよ。長わらじみたいにね。

佐野　本当に長わらじですよね。宮本常一の物心両面に亘るパトロン的存在だった渋沢敬三から「君はキャラメルみたいな男だな」って言われたそうですよ、いつまでもクチャクチャとしゃべっているから（笑）。

谷川　一つのテーマをずっと書いているんですが、構成の枠ではどうしてもあるところで収めなければいけないから削らざるを得ないわけで、「谷川は自分に書け書けと言うが、俺の原稿をバサバサ切る。そうやっておいてまた書けと言う」って言われてね（笑）。ですから宮本さんのいいところをみんな頂戴して、コラージュみたいな形でやったというところはあるんです。

●ピュアモルト、ポルノ版「土佐源氏」は文学だ

佐野　「土佐源氏」は亡くなった網野善彦さんも言っていたし、僕もずいぶん調べましたけれど、われわれが今言う「土佐源氏」と、そうではない、いわゆるポルノ版と言われているものがありますよ

ね。これは谷川さんは実際にご覧になったことはありますか。

谷川　岩田書院から出版した本が送られてきたことがあるんです。

佐野　あれは高知大学の先生の研究論文の中に収められているものですね。

谷川　誰がやったのか覚えてませんでしたが、とにかくすばらしいと思いました。

佐野　あれはもう超一級のポルノですよね。宮本常一じゃないとたぶん書けないでしょう。

谷川　あれは荷風作と言われる『四畳半襖の下張』なんかよりはるかにすばらしいですよ。いわば原酒《モルト》で、水で割ってないんです。あれからすれば『日本残酷物語』の「土佐檮原の乞食」は、私は薄いと思います。

佐野　たしかにそうです。ポルノ版「土佐源氏」に比べると、間違いなく水割りになっている。

谷川　岩波文庫の『忘れられた日本人』に入っているのは『日本残酷物語』よりさらに水割りですからね。

佐野　あれは雑誌の『民話』がもともとのテキストになっています。

谷川　その宮本さんのあのうまさっていうのがどこから来たのか、僕はわからない。だけどあれはいやらしさがまったくないんですよ。モルトですよ。

佐野　悲しいほど美しいですよね。

谷川　やはりそう思われますか。

佐野　僕はあれの現物をずいぶん探したことがあるんですよ。復刻されたものは、ポルノ本のコレクターとして知られる青木信光が編纂した「好いおんな」というシリーズの中に入っていたんですが、青木氏に聞いたら、もともとはゾッキ本屋というか、夜店のようなところで売ってたものを手に入れて復刻出版したそうです。原本はガリ版刷りで、黒い紐綴じだったそうです。僕は宮本さんの筆跡はわかりますから、その原本を見つけたら大発見だと思いましていろいろ探したんですが、結局見つからなかった。でもあれは一〇〇パーセント宮本さんの筆ですよね。余人には絶対書けない。

谷川　それは間違いないですね。あれは、最初高橋鐵の「あるす・あまとりあ」の一連のシリーズに宮本さんが応じたのではないかと思います。

佐野　高橋鐵との交流はたしかにあったんです。それで高橋鐵の門下生にもずいぶん当たったんですが、高橋鐵の求めに応じて書いたというところまでは、結局突きとめられなかった。宮本さんが「土佐源氏」の舞台となった高知県の山中の檮原を訪ねたのは昭和一七年のことです。だから書いたのは戦前だったと思います。それが世の中に出るのは昭和三五年ですからね。だからなおすごいんです。取材時点から数えると一八年ぐらい経っている。それだけ、発酵に時間がかかっている。

　ポルノ版「土佐源氏」については、宮本さんの長男の千晴さんにも確かめたんですが、あれは間違いなく親父が書いたものだと、おっしゃってました。公刊された作品の表現が弱まっているのは、あの当時はまだ取材した方の遺族が生きていらっしゃるので、それを気にしたからではないか、とも言ってましたね。

谷川　あの美しさと内容の深さは、誰と比較できるかといえば、川端康成だったら……。

佐野　ああ、「片腕」みたいな。宮本さんの文学的素養の源泉というのはいくつもあると思うけれど、一つはやっぱり万葉体験とかそういうものだと思います。『万葉集』をとにかく読みふけっています。自分でも俳句とか短歌をやっていますけれど、なかなかいいですね。宮本常一には短詩系文芸という一面もあった。

谷川 僕に言わせると、わりと穏やかで平凡な短歌ですね。とにかく宮本さんがあれを書いたということは、特筆してもいいことだと思います。『四畳半襖の下張』なんて、手練手管の芸者が肉体的にどう反応するかということを試していくわけですよね、ああいうように相手を征服しようとか、玄人筋の女を悦ばせようとか、そういう詐術がまったくないですからね。

佐野 「げす」ではないんですね。泥中の蓮といった趣きがある。

谷川 素人ですから、それが純粋なわけです。私の感想はどうですか、間違っていませんか。

佐野 いや、間違っていませんよ。まったくそう思います。ほかにも亡くなった男の子のことを書いた「萩の花」とか、ひじょうに哀切きわまりないものもありますが、本当にあの一篇で宮本さんは残ると思います。

谷川 すごい話になってきましたね(笑)。文学者っていうのはものを書く知恵がついているでしょう、ああいう知恵がついた文章ではないんですよ。

佐野 もう肉体でしか書けないっていう感じがしますね、肉体の記憶でしか書けないみたいな。しかも一冊だけそういう作品を残した。

●庶民を見すえた「もの」の民俗学

佐野 ところで谷川さんは宮本さんと徐々に距離がとられていくわけで、ポルノ版「土佐源氏」は別格中の別格の話として、宮本民俗学ではいわゆるスピリチュアルというか情念の世界というものはかなり薄いですよね。宮本さんの書いたものは膨大にありますが、さきほど「長わらじ」と表現されましたが、ちょっとくどいな、というものもありますね。

谷川 それはそうですね。

佐野 地べたをベタベタッと行くんだけれど、飛んでくれないというところがあって。

谷川 そうそう、おもしろい人でね、飛ばないんですよ。

佐野 飛ばないでベタベタ歩きますよね。書き方もひじょうに即物的です。

谷川 柳田さんや折口さんは日本人の潜在意識とか、古い時代の魂の構造を信仰の面から書いていますが、宮本さんにはそれがありませんからね。神秘的なものが少ないのが私には飽き足りなかったのですが、といってそれがマイナスかというと、それがマイナスにならない美しさがあるわけですよね。

佐野 それはよくわかります。

谷川 下手に信仰的なものに行かないで、きちんと庶民の世界だけで終始したということで、庶民というものを真正面に見つめて、庶民を美化するわけではないが、一方でまた庶民を信じるというか、庶民の中にもいろいろありますけれども、それにもかかわらず庶民をしっかり見すえていく力が、宮本さんにはあったということですね。信仰とか神とか仏とか来世だとか他界とかの助けを借りないで、目の前の庶民そのものを見ていくわけです。

佐野　そうなんです、ありのままをね。宮本さんはあくまで目の前の現実をみて、そこからそこに生きた人間の営みと意思だけを読みとっている。

谷川　それは、ミスティックなところがない方が、かえっていいと言いたいぐらいによかったと、私は思います。

佐野　なるほど。宮本常一の半かじりだと、そこのベタベタ感でもう引き下がっちゃうんだけど、実はそうではない、ということですよね。

谷川　そうなんです。

佐野　谷川さんが編纂された『女の民俗誌』の中で、宮本常一というのは本当の意味の唯物論者だったと書かれていますよね。たとえば釣り針の変化ひとつで世の中の革命以上のことが起きるわけで、そういうところをあの人はしっかり見ていますね。

谷川　そうですね。筑摩書房の『海を開いた人々』を『風土記日本』をやるちょっと前に手に入れまして、小学生向けに書いた本ですが、それを半日抜書きしたんですが、実に楽しかったですね。夏に海のそよ風が吹いてくるような楽しさがありました。釣り糸のテグス、あれは中国から来ているんですね。中国から送ってきた薬品の箱を巻くひもをテグスに使って、あれが透明なものだから魚には見えなくて、それで釣れ高が増えたということですが、あの見方というのは本当に唯物的な見方だと思います。そういう発想がすぐ社会に結びつけたがるコミュニズムの人にはないんですよね。あれは本当に感動しました。

佐野　九州の「サークル村」で活動していた石牟礼道子さんも、筑摩の文庫サイズの文学全集の宮本さんの巻で解説を書いていますが、「サークル村」とか「暗《くら》河《ごう》」といったグループでは、谷川さんの弟の雁さんをはじめ、すごく宮本常一を評価していますね。

谷川　そうです。今のテグスや釣り針の話なんかも雁の好きそうな発想ですからね。唯物弁証法ではない唯物論というか、雁の臥蛇島の紀行文「びろう樹の下の死時計」の「ある民俗学者」というのは宮本さんのことで、集落が五〇戸を切るとそこはもう立ち行かなくなるけれど、五〇戸でとどまれば生き延びてまた増えていくという、動物の種の問題とちょっと似ているような感じですが、ある民俗学者が五〇戸と言う、あれは宮本さんですよね。

佐野　だから、それこそ左翼運動真っ盛りのころに、宮本民俗学というのは非常に保守的であるとか天皇主義であるとかいう批判があったわけだけど、それに対して谷川雁さんが、宮本常一は赤旗を振ってストライキなんかやったことないに決まっている、しかし宮本常一は事実をもって工作しているんだ、という文章を残していますよね。宮本常一の本質をひじょうによく言い当てていると思います。

谷川　戦前に宮本さんが書いた『家郷の訓』（女性叢書）という本を持って水俣の家に帰ったら雁が来ていて、私は『風土記日本』をやっていましたから、ああいうものは雁にけなされるかと思っていたんですよ、そうしたら「これはいいね」なんて言って（笑）。宮本さんと雁が親しくなったのは、東京に雁が上京してからですよね。それまでは交渉も何もなかったんです。

佐野　九州時代の交流はないんですか。

谷川　ないんです。ただ雁が臥蛇島にいく前に一度だけ、引き合わせたことがあります。短かい時間でしたが、雁が宮本さんと付き合ったのは東京でラボか何かをやりはじめてからですね。宮本さんもそのときにはもう大学の先生だったから、あのころから宮本さんと接触したようです。ところが私はあのころから離れてしまってね。あまり宮本さんの取り巻きが多いものだから（笑）。

佐野　そうですね。大学の先生になってから、独特の空気が漂いはじめましたよね。

谷川　あのときに全共闘の落ちこぼれというか、全共闘の政治運動には飽き足らないような若者が宮本さんのところへわんさと流れましたから。

佐野　どっと行きましたよね。

谷川　宮本さんが武蔵野美大なんかで講演すると、七〇〇人ぐらい集まったと宮本さんご本人から聞いたことがあります。宮本さんは「僕は大学の先生をしているときには三日しか休まなかった」って言うんですからすごい人ですよね、それだけ忠実に授業をしていたんですから。宮本さんは本当に几帳面なところがあって、たとえば旅行すると全部記録をつけるんです。一回十円で電話をかけると、その電話料まで記帳する。川添登氏が言うには、宮本さんはAという出版社とBという出版社の両方に頼まれたときには、まずAの出版社から金をもらって旅行に行って、それが終わると東京に帰って、それからまたBの方からもらってまた行くそうなんです。それは僕は確かめてはいないんですが、Aの旅行先からBの旅行先に枝移りすれば旅費は多少浮くし楽だけれど、宮本さんは一回木の上に登って地上に降りて、また違う木に登るんだ、ということを川添さんは言っていました。

臥蛇島遠望

佐野　僕も小遣い帳とかを見ましたが、本当に細かいですね。キャラメル五円とか、電車賃十円とか、細かい字で書いてある。宮本常一の旅は本当に貧乏な旅だったことがよくわかる。

谷川　だからあの几帳面さもあるし、それからまた書くのがすごく速いですよね。ひと晩で四〇〇字詰原稿用紙で四〇枚や五〇枚は書いてくるんで、一晩に石段を一〇〇段つくる役行者《えんのぎょうじゃ》みたいですよ（笑）。そういう超人的なところを持っていましたね。

佐野　しかも几帳面な字で、誰にでも読める字ですよね。宮本さんが民俗学に目覚めるのは、大阪で小学校の教師をやっていた時代ですが、あの時代、同人たちに配ったガリ版の調査記録が残っている。宮本さんの字の読みやすさは、あのガリ切り、謄写版時代に培われたんだと思いますね。

谷川　なるほど。それで調査も宮本さんはたしかですね。

佐野　それは圧倒的です。

私は宮本さんの足跡を追って今でも日本全国を歩いています。ついこの前も、司馬遼太郎の〈街道をゆく〉をもう一度紀行しなおすという朝日新聞社の企画で佐渡に行ってきたばかりです。そこで感じたのは、司馬遼太郎と宮本常一の視点の違いです。司馬さんの〈街道をゆく〉は、どうしても高いところから風景を眺めている。一方宮本さんの〈私の日本地図〉は、圧倒的に視点が低い。文字通り地べたを這うような視点です。

もう一つ、佐渡で実感したのは、佐渡一島が佐渡市になっていた。それから対馬も六町あったのが一つになって対馬市になってしまった。宮本さんの故郷の周防大島でも、四町が合併され、周防大島町というひどい名前に変わりました。もうめちゃくちゃですね。

谷川　そういうふうに、もう日本はむちゃくちゃですよ。佐野さんなどはまだお若いからお元気だけど、もう僕のように人生が煮詰まってすきやきの残りのような境涯になると、もうわびしいかぎりですよ（笑）。

佐野　煮詰まったすきやきというのはなんだかおいしそうでもありますが（笑）。

谷川　司馬遼太郎の最後の心境とも似ていますね。司馬さんも土地を売買の対象にしたと憤慨しているでしょう。

佐野　『土地と日本人』ですね。

谷川　あれと似ていますね。そのあたりはわれわれ日本地名研究所がしかるべき抗議文を書いて何とか動かそうと思います。

佐野　ひどいものですよ、相川も両津もなにもかも全部佐渡市ですからね。

佐野　宮本さんが生きていたらどういう顔をするでしょうね。草葉の陰で泣いているとも思えるし、ワシはいいときに死んだと、案外、笑っているかもしれない（笑）。

〈街道をゆく〉（朝日新聞社）

●圧倒的な足跡・調査・ディテール

谷川　柳田さんは一九六二年に亡くなったし、折口さんはもっと前ですし、渋沢敬三さんも六〇年ぐらいに亡くなっているでしょう。宮本さんだけが一九八〇年ぐらいまでですか。

佐野　もちろん高度成長を経過していますよね。バブル直前ぐらいに亡くなっています。

谷川　ところが宮本さんの晩年のころの心境が生前にはあまり出ていないと思うんです。三島由紀夫は七〇年に「このままでは今に日本はだめになる」と言って腹を切っているけれど、宮本さんはあれほど「ここは真珠を養殖しなさい」「ここにはミカンを植えなさい」と言ってやっていって、二宮尊徳流の指導をしてやっていった人でしょう。あれが高度成長で地方が崩壊してできなくなるんですよ。減反政策が一九七〇年にははじまりますが、そういうときに宮本さんはどう感じたのか、宮本さんもがっかりしたに違いありませんが、何も書いていない。そこがなにか気になるんです。

佐野　たしかにその部分については『民俗学の旅』かな、最後の方でちょっと書いていますが、具体的にはあまり書かれていないですね。

谷川　フランスなんかはそういうことが全然ないでしょう。ヨーロッパでは国内の農業基盤がガチッとしていますよね。ああいう農村の崩壊がない国では、僕は宮本さんのあの実際的な知恵はすごく生かされただろうと思います。

佐野　たしかにヨーロッパなら、宮本さんの業績は正当に評価されたでしょうね。僕はじつはチェコのプラハから帰ってきたばかりなんですが、プラハは千年の都と言われるように、歴史が街の中に分厚く降り積もっている。歴史をないがしろにして、地名を思いつきでコロコロ変えるどこかの国とは大違いです（笑）。

谷川　日本はそれができないんです。日本は農村が崩壊していくし、またそれを生かそうという知恵もないしね。

佐野　たしかに宮本常一があれだけ歩いて、たとえばブルゴーニュ地方に入って「ここでワインをつくりなさい」と言ったら、今でも生きているでしょうね。その感じはすごくわかります。

宮本常一『民俗学の旅』
（講談社学術文庫）

谷川　向こうのアナール派的なものと共鳴する何かを宮本さんは持っていたに違いないけれど、それが発揮されていませんね。

佐野　なるほど。晩年は故郷の島に閉じこもったというのは変な言い方だけど、たしかに郷土大学という地域社会の社会教育者としての一面も出ましたが、やはり宮本さんの舞台としてはちょっと小さい感じはしますね。

谷川　フランスならば思想的な知識人が宮本さんのすぐれた才能を見抜くわけですよ、哲学とかああいう部門でもね。ところが日本人はそういう宮本さんの思想的な面とか文芸作家としてのよさを引き出す力がないですね。向こうでは地中海を一つにというブローデルの発想がありますが、こちらでは瀬戸内を一つにというのが宮本的世界ですよね。あれも宮本さんがいなくなったら誰も引き継げない。

たとえば北前船が日本海から下関を通って入って来るでしょう。それをまず姫島で見ていて、北前船が何を積んで来たかを調べるんです。そうやって見て得た情報を元にしてこんどは大坂あたりの船が北前船に接触して舟が大坂に着く前に買い付けちゃうんですね。これは宮本さんが書いているのですが、宮本さんはどこでこういう話を仕入れたのかと思って驚嘆します。

佐野　たしかにとにかくおびただしい数の人間に会っていますよ。僕はよく言うんだけれど、渋沢敬三の「宮本君の足跡を日本列島の白地図の上に赤で記していくと、日本列島は真っ赤になる」という有名なセリフがあって、それは非常にわかりやすい比喩だけれども、もう少し正確に言うと、宮本常一の足の裏というのは赤一色ではなくてグラデーションがあるんです。だから文化的な偏差を刻み込みながら歩いているわけで、それがあの人の絶対的な強味になっているんですね。
谷川　そうですね。私は民俗学には二つの流れあると思うんです。一つは柳田・折口の系統で、もう一つは渋沢敬三の次に宮本、歴史家で言えば網野善彦ですが、渋沢―宮本―網野というのは民具とかそういう「もの」を評価してまた研究もしていますが、柳田・折口はあまり民具なんかは関係なくて、霊魂とか魂とか信仰とか、目に見えないものや言葉を扱っているわけです。網野さんは宮本さんを尊敬していましたよね。
佐野　ものすごく尊敬していました。網野さんとは晩年、何度か会いましたが、「僕の歴史学の方法論は宮本さんと出会わなかったら、絶対に構築できなかった」と、いつも言ってましたね。
谷川　宮本さんが網野さんとちょっと違うのは、宮本さんはどうしても西ですよ。西の国の均分制とか年齢階梯制とか平等な世界だけど、網野さんは東なんです。
佐野　そう、やっぱり山梨の銀行屋のせがれだから違いますよね。
宮本常一は日本の村という村、島という島を歩いたと言われてますが、案外、東は歩いていません。自分の生まれ故郷の瀬戸内海や、中国・四国、九州地方を徹底的に歩いているのと対照的です。
谷川　網野さんは東国的なんですね。山折哲雄さんが中央公論新社から『さまよえる日本宗教』という本を出していますが、その中で網野善彦はどうしても東国だと言っていますね。日本を東西二つに分けて、東の政権を評価しているけれど、宮本さんは西の持つ、農・漁・商のよさを評価していますね。そこが違いますが、大体同じ系統です。私なんかはどちらかといえばやはり柳田・折口に近いかもしれませんね、あまり民具には関心がないですから。宮本さんは民具学会をつくったりしていますが。
それにしてもどうでしょうか、宮本常一というのはフルに人生を送った人なのか、それともどこかまだ充分に発揮できない能力があったのか、そこがわからないんです。

●宮本学の可能性

佐野　晩年、「海から見た日本」という標題だけが残っていますが、二千枚の原稿を書こうとしたという話は有名ですよね。彼はものすごく好奇心が旺盛だから、ある意味ではもう何から何まで食いついて、結果的に乱雑に食い散らしているという部分もありますよね。それを統合する時間を与えてあげたかったという気持ちはあります。
谷川　佐野さんなり私なりが、「宮本さん、そこはもう書かないでいいからこっちを書きなさい」とか、少しアドバイスできれば宮本さんもわかってくれたと思うけれど、あなたがおっしゃるようにベタベタッと無限に行っちゃうわけでね。
佐野　それでそのまま歩き去って行っちゃった。
谷川　それはありますよね。
佐野　そこがまた、えもいわれぬ宮本常一の魅力であり、宮本学の可能性でもあるんですけれどね。
谷川　そうなんです。だからあまり構造だとか構成力だとかを問題にしない若い連中は宮本さんが好きなんですね。宮本さんに入りやすいし、またずっとついて行こうということにもなって。
佐野　カメラマンとか冒険家とかオート

バイ野郎とかね。そうか、入りやすいんだ。

谷川　「あるく、みる、きく」で、宮本さんが行ったところまで行こうとするんですね。簡単にはできるはずはないのですが。

佐野　いつでも入れるわけですね。壮麗なゴチック建築みたいなものだと恐れ多くてなかなか入り込めないけれど、それこそ宮本さんの採訪スタイルじゃないけど、垣根越しに「どうぞいらっしゃい」みたいな感じですからね。入り口もいろいろあるし。

谷川　著作集は四〇巻ですか、もっとあるのかな、とにかくあれをもう少し凝縮できないかなとも思います。宮本さんの著書は名著はまるごといいものでありますが、中には断片的な文章ですばらしいものがあるんです。そのあたりをもう少しコンパクトな、宮本さんの真価がすっきり見通せるような入門編も別につくれたらいいと希望しています。

佐野　未来社の『宮本常一著作集』は、函入りでちょっと堅苦しい。きょう話に出た〈私の日本地図〉シリーズは長く絶版になっていましたが、今度、著作集に収録されるそうです。でも、あの本に函入りの装幀は似合わないと思う。もう少しハンディな形で出版されれば、新しい宮本常一ファンが発掘できると思うんですが。

谷川　たとえば山の民、川の民についてもすごく詳しく書いていて、いかだとか木を山から切って川を流す描写がすごいんです。あれは一里の間堰を止めるんでしょう。それでここから丸太を一つ流していって、ある堰でとってまたそれを堰を越えるような形で次々に下流に流すわけですが、そのときにもあっちこっち行ったり引っかかったりするんです。大体冬から春の雪解けで水が多いときに入っていくわけですから、もう凍えるような寒さですよね。だから少年たちが焚き火をたいて待っていて、川に入った人夫たちがブルブル震えながら上がってくると、焚き火にあたらせて温かいものを食べさせるんですが、人夫だけでなくそういう少年たちがまた別にいるというサイドストーリーをあの人は詳しく書くんです。これは凡百の民俗学者の目には留まっていないし、書けないことです。そういうディテールをものすごく詳しく書いています。これはもうすごいことですよ。

佐野　宮本さんの故郷の周防大島に、昨年、宮本さんが生前撮影した一〇万点にものぼる写真すべてを集めた周防大島文化交流センターができました。それを眺めていると、宮本常一がいかにディテールにこだわった人だったかが、はっきりとわかります。そこには、高度経済成長前後の日本の風景が、くもりなく定着されている。まさに国家的財産です。その写真をわれわれはどう解釈するのか。宮本常一は今もそう問いかけているような気がします。宮本さんは、これからの日本を考える上で、汲めども尽きせぬ源泉をわれわれに残していったんじゃないでしょうか。

（たにがわ　けんいち・民俗学者）
（さの　しんいち・ノンフィクション作家）
（2005.2.8）

周防大島お宝マップ

その昔、海賊が住んでいたという大島は、今もお宝がた〜くさん！

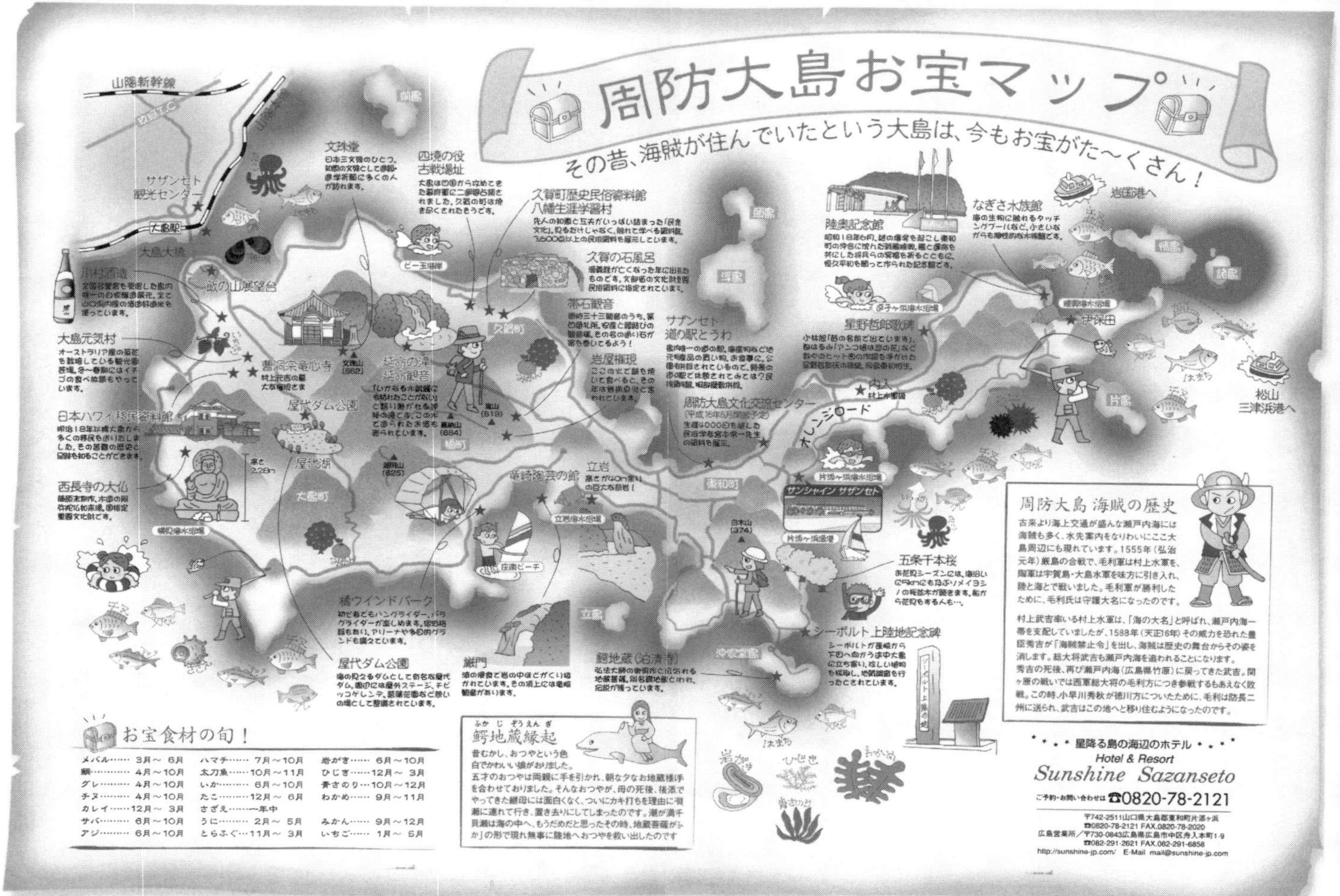

周防大島 海賊の歴史

古来より海上交通が盛んな瀬戸内海には海賊も多く、水先案内をなりわいにここ大島周辺にも現れています。1555年（弘治元年）厳島の合戦で、毛利軍は村上水軍を、陶軍は宇賀島・大島水軍を味方に引き入れ、陸と海とで戦いました。毛利軍が勝利したために、毛利氏は守護大名になったのです。


村上武吉率いる村上水軍は、「海の大名」と呼ばれ、瀬戸内海一帯を支配していましたが、1588年（天正16年）その威力を恐れた豊臣秀吉が「海賊禁止令」を出し、海賊は歴史の舞台からその姿を消します。総大将武吉も瀬戸内海を追われることになります。

秀吉の死後、再び瀬戸内海（広島県竹原）に戻ってきた武吉。関ヶ原の戦いでは西軍総大将の毛利方につき参戦するもあえなく敗戦。この時、小早川秀秋が徳川方についたために、毛利は防長二州に送られ、武吉はこの地へと移り住むようになったのです。

お宝食材の旬！

メバル……　3月〜 6月	ハマチ……　7月〜10月	岩がき……　6月〜10月
鯛…………　4月〜10月	太刀魚……10月〜11月	ひじき……12月〜 3月
グレ………　4月〜10月	いか………　6月〜10月	青さのり…10月〜12月
チヌ………　4月〜10月	たこ………12月〜 6月	わかめ……　9月〜11月
カレイ……12月〜 3月	さざえ……一年中	
サバ………　6月〜10月	うに………　2月〜 5月	みかん……　9月〜12月
アジ………　6月〜10月	とらふぐ…11月〜 3月	いちご……　1月〜 5月

鰐《ふか》地《じ》蔵《ぞう》縁《えん》起《ぎ》

昔むかし、おつやという色白でかわいい娘がおりました。

五才のおつやは両親に手を引かれ、朝な夕なお地蔵様に手を合わせておりました。そんなおつやが、母の死後、後添でやってきた継母には面白くなく、ついにカキ打ちを理由に羽瀬に連れて行き、置き去りにしてしまったのです。潮が満ち貝瀬は海の中へ、もうだめだと思ったその時、地蔵菩薩が「ふか」の形で現れ無事に陸地へおつやを救い出したのです

【評論】

風景を作る思想をもとめて

赤坂憲雄
Akasaka Norio

「自然は寂しい
しかし人の手が加わると暖かくなる
そんな暖かなものを求めて歩いてみよう」
（宮本常一の企画監修番組『日本の詩情』より）

1　過剰なる民俗学者ゆえに

この二月の末に、宮本常一の故郷である周防大島を訪ねた。昨年五月にできたばかりの周防大島文化交流センターの宮本常一資料展示室には、宮本の二万点の蔵書が展示され、宮本が撮った写真十万点を閲覧できるコーナーがつくられていた。蔵書を前にして、わたしがとりわけ関心をそそられたのは、宮本自身の著書・編著書の異様な量の多さだった。むろん、宮本が原稿料や印税を得るために、大量の原稿を執筆したことはよく知られた事実であるし、わたし自身、最近になって「日記」を読む機会があり、驚きとともにそれを確認したばかりだった。だが、実際に眼にすると、その分量はやはり尋常ならざるものであり、言葉を呑んだ。この人はまさに身を削って原稿を書いたのである。

じつは、そのとき、わたしが溜め息混じりに確認したのは、これでは『宮本常一著作集』が完結するのははるか遠い将来のことだな、ということだった。わたしたちが宮本常一という民俗学者の残した仕事の全貌に接することが可能になる日は、いったい、いつ訪れるのか。これまで刊行されてきた『宮本常一著作集』は、すべての著作や論考・エッセイの内の何割程度に当たるのか。ほんのわずかなものにすぎないのではないか。良くも悪くも、宮本は途方もない過剰さを抱え込んだ民俗学者だったのである。

さて、この、ゆったりと編集・刊行が続けられている『宮本常一著作集』の最新刊は、第四十三巻の『自然と日本人』である。三十五編のエッセイと一編の対談から構成されている。その発表媒体から推測するかぎり、収められたエッセイの多くは、これまで読者の眼に触れることがきわめて少なかったのではないか、と思われる。テーマとしても、日本人の自然観や樹木の民俗誌といった、むしろ宮本民俗学にとっては傍流に属するものである。したがって、こうしたまとまった形で提示されなければ、その大切な意味合いが了解されぬままに読み飛ばされる運命にあった、小編の群れといっていい。この『自然と日本人』と題された著書はおそらく、宮本民俗学の多面的な貌を浮き彫りにするための拠りどころを、その少なくともひとつを、わたしたちに与えてくれるにちがいない。

確認しておくべきだろうか。宮本民俗学はその過剰さゆえに、いまだ発見されることのない可能性を豊かに宿して、そこに転がっている、ということだ。いたずらに宮本常一を祀り上げようとは思わないが、わたしはある確信をもって、そう思う。いわば、あまりに急ぎ足に駆け抜けていったがゆえに、宮本常一という人はみずからも自覚することがないままに、知られざる「いくつもの宮本常一」を抱え込んでいたのではなかったか。小さな雑誌や報告書のなかに、そうした磨かれていない原石にも似た、可能性としての「いくつもの宮本常一」が埋もれているのではないか、と思う。

2　隠岐の旅／柳田国男と宮本常一

ここでは、宮本常一の風景論にこだわることにする。

わたしは以前、『海の精神史』の一節において、柳田国男と宮本の旅の文体を比較しながら、その風景論について論じたことがある。そこでわたしは、二人がそれぞれに行なった隠岐の旅の跡を辿りつつ、二つの紀行エッセイ、柳田「隠岐より還りて」／宮本「隠岐一巡」を読み比べてみた。ともに民俗学者に括られはするが、その紀行の感触は大きく隔たっている。風景と旅に向けての濃密な関心は共通するが、隠岐の観光をめぐってなされた、二人の提案の、何と異質な匂いを漂わせていることか。いや、それとも、そこには三十年あまりの時間の隔たりこそを認めるべきなのだろうか。

柳田の隠岐への旅は、昭和八（一九三三）年の五月はじめに行なわれた。「隠岐より還りて」（『柳田国男全集』第十二巻）は短いエッセイであるが、ここでの柳田はくりかえし、隠岐の風景が寂しかったことを語っている。そして、柳田はいう、それは海の色が澄み切って青く、空の光がまばゆいほど明るいためか、いくらか植物の種類が偏しているからとも感じられた、これでは、隠岐を訪れた人々は親しみが湧かず、永く島巡りの旅をすることがないだろう、せめて春だけは花の咲く木があってほしい、島はハイキングには楽しい土地であるから、海に沿って周遊することができる道を島ごとにつくり、清水などを汲んで飲める場所に、休憩所やキャンプ場を設けてやるといい、そうすれば、島を訪ねる人々がしだいに増える、風景はそうして育てられる、と。柳田にはまた、「隠岐の観光事業」(『柳田国男全集』第二十九巻)というインタヴュー記事があり、より具体的に、より多岐にわたるテーマに触れて、隠岐の印象記が語られているが、大筋のところは変わらない。

これにたいして、宮本がはじめて、ほかならぬ柳田に勧められて隠岐に渡ったのが、昭和九(一九三四)年のことであった。二度目が不確かな記憶によれば、昭和十四(一九三九)年の夏、さらに、昭和四十(一九六五)年の六月末に、三度目の隠岐への旅が行なわれ、「隠岐一巡」(『日本の離島』第二集)というエッセイが書かれたのである。宮本が西郷の港に着くと、二十六年振りに見る町は見違えるように明るく、港も家々もりっぱになっていた。店舗も本土の都市と変わらず、そこに並んでいる商品も全国均一のマスプロ製品であった。宮本は以下のように書いている。

西郷の町がりっぱになったことは、喜ぶべきことであるが、それが島内の背後農村の経済的発展と充実によってりっぱになったのではなく、外来者すなわち観光客を相手にして化粧がえをしたものであるとするならば、一種の植民地的な性格を持って来はじめたことになる。つまりその町の発展が外来者のためのものであり、町の背後にひろがる島内全体の農漁民のために大して貢献しないようならばそれはコミュニティセンターとしての役割をはたさなくなって来たことにあり、地方都市としての意義を失いつつあることになる。

じつは、わたしはこの宮本の旅から、さらに三十年ほどを経て、隠岐を訪ねている。空港から西郷の港へとレンタカーを走らせると、まばゆいくらい明るくモダンな町並みが現われて、茫然とした。宮本が危惧した、観光客を相手にした化粧変えによって、「一種の植民地的な」状況を現出しているのではないか、と感じた。むろん、それ自体は高度経済成長期以降の列島のそこかしこで起こった、じつにありふれた出来事にすぎない。隠岐の島々にも、たくさんの公共事業が誘致され、風景を大きく変容させたのである。

それにしても、柳田は隠岐の風景の寂しさを指摘し、観光振興のための方策をいくつか提案してみせた。たとえば、「隠岐の観光事業」などをきちんと読めば、柳田の真意が浮ついたものではなく、いわば地に足を着けた隠岐の観光の可能性を問いかけたものであったことは了解できる。それはしかも、その後の三十年ほどの歳月のなかで、それなりに現実化させられたというべきかもしれない。宮本の提言はまさに、そうした観光事業がもたらした功罪を検証しなおし、あらためて島の経済的な発展の向かうべき方位を示唆しようとしたものであった。コミュニティセンターとしての西郷の町の果たす役割とは、いったい何か。観光にともなう「植民地的な」状況を越えて、町の背後に広がる村々やそこに暮らす農漁民との繋がりのなかに、コミュニティセンターとしての西郷の将来像が問われていたのである。島の観光／村々の暮らしと生業とを有機的に結びながら、島の風景をより地に足の着いたかたちで創造してゆくことが、「隠岐一巡」が物語りしたテーマであった。

おそらくは、経世済民の志を抱えて生きたはずの二人の民俗学者が、隠岐の旅から紡いでみせた風景や旅をめぐる思索のかたちは、わたしが以前に感じたほどには隔絶したものではないのかもしれない、そう、いまにして思う。とはいえ、宮本常一が島の戦後の変貌を前にして、より深く実践家として「政治」的に関わっていたことは否定しがたい。宮本は離島振興法の制定のために力を尽くし、島々の将来にこそ思いを寄せつづけた人である。島の研究を仲立ちとして、忘れられた古代の日本を浮き彫りにしようとした柳田とは、やはり逸れてゆかざるをえない資質を抱え込んでいた、といってもいい。

3 よい風景と貧しい人々

さて、あらためて風景論である。柳田が小さなエッセイのなかで、「風景を栽える」という、いかにも柳田的な、じつに卓抜な表現を使っていたことを思い出す。それにたいして、宮本は『自然と日本人』のなかでは、よりストレートに、「風景を作る」という即物的な表現を選んでいた。そこにも、ほとんど相似的な風景論が示されながら、柳田／宮本が微妙に逸れてゆく地点が暗示されているのではないか、と思う。

ここからは『自然と日本人』をテクストとして、宮本の風景論へのアプローチを試みる。その骨格はきわめて単純なものである。冒頭に置かれたエッセイ「日本人にとって自然とは」には、以下のように説かれている。

> 日本人は自然を愛し、自然を大事にしたというけれど、それは日本でも上流社会に属する一部の、自然に対して責任を持たぬ人たちの甘えではなかったかと思う。自然の中に生きた者は自然と格闘しつつ第二次的自然を作りあげていった。

たとえば、武蔵野の自然といえば、屋敷まわりの木々・畑のわきの茶・玉川上水とその分水路などによって彩られているが、それらはどれも「ただ単なる自然ではなく、人の手によって出現した自然」である、と宮本はいう。この著書のそこかしこで、こうした武蔵野の風景が引き合いに出されていることは、わたし自身が武蔵野の一角に幼年期からずっと暮らしてきただけに、とりわけ感慨が深い。いずれであれ、「自然の中に生きた者は自然と格闘しつつ第二次的自然を作りあげていった」というテーゼは、宮本の風景論の核にあったものである。

もともと、その地に住む者にとって風景のよいというのは重荷であった。そういうところは真直ぐな道も平坦な道も少なく、生活を立てるには、その山坂をのぼりおりして働かねばならなかった。だから風景のよいといわれるところに住む人はどこでも貧しかった。……地元の人にとっては、そこにある自然が、そこに住む人にゆたかな生活をたてさせてくれるものがよい自然なのである。しかもその自然から奪いつづけなければ生きてゆけない人生があった。生活をたてるために造りだした第二次的自然すらが、風景をたのしむようなものではなかった。

「風景のよいといわれるところに住む人はどこでも貧しかった」という指摘には、胸を衝かれる。それが、ほかのだれよりも列島の村々の風景をその眼で見て、知っていた宮本の言葉であるだけに、思いは揺れる。しばしば蔑みとともに語られる、頑迷な田舎人の言葉――「美しい自然では飯が食えない」――はあきらかに、苦しまぎれの本音であるがゆえに、一抹の哀れを漂わせている。その対極には、「村などなくなっても、美しい自然が残ればいい」といった、けっして口にはされぬ、もうひとつの本音が見え隠れしていることを忘れてはならない。そこはいわば、開発／自然保護をめぐって、二つのむきだしのエゴが熾烈にぶつかり合う現場である。

よい風景を重荷に感じる人々がいた、という。そして、自然から奪うことなしには生きてゆけない人生があった。かれらは生活のために二次的な自然を造りだしたが、そこに生まれた風景を楽しむことはなかった。それが大きな変貌を遂げたのは、やはり観光という第三のテーマが浮上してきたからである。宮本によれば、昔の上流階級の人々の自然観賞的な態度が、一般人の間にひろがって、観光開発へと展開していった、昔は個人でこれを観賞したが、いまは大ぜいで押しかける、すべては自然への甘えである、という。さらに、エッセイの結びにおいては、こう述べている、今日では、生活を守るために自然を利用することも少なくなった、「自然を守れ」と口先でいってみてもどうしようもない、もう一度、日本人の自然に対する態度を問いなおすことからスタートしなければならない、と。

4　風景を作る地域の思想

やはり『自然と日本人』に収められた講演筆記「作る自然と作られた自然」では、宮本の風景論の輪郭が、「風景てみる。試みにいま、そのエッセンスが籠められた箇所をいくつか引いてみる。

①　風景というのは、明らかに作るものなのです。本当の自然というものは、少ないのです。われわれは自然だ自然だと言っておるけれど、決してもとからの自然というものはないのです。人間の作り出したものなのです。その人間がどういう思想を持つかでその地域の風景が決まってくるのです。

②　よその者だけが来て楽しむと、そういう風景であってはならないと思う。実はその風景自体を皆さん方自身が楽しむ風景にしていただきたいのです。自分たちのものであるのです。自分たちのものであって他の人たちも仲間に入れてやろうかというようなところで初めて風景の自主性というものが、生まれてくるのではなかろうかと考えます。それがより良い風景を創り出すことになるのではないかと、考えるのです。

③　人間が喜ぶ自然、風景、それはそこに住む人たちがそれを造り出す以外にはない、言い換えると、そこに住んでいる人たちの心にかなったものを作ることによっておおぜいの人の心にもかなうものが生まれてくるものである。それを作った人たちの生活を豊かにすることが大事になるのではなかろうか、こう考えます。

宮本の言わんとするところは、きわめてシンプルである。さらに要約してみれば、地域の風景はそこに暮らす人々が作るものであり、それを決めるのは思想である、よそ者だけを楽しませるのではなく、地域の人々の生活を豊かにするような風景を作ることが大切ではないか、と。ここには、たとえば柳田国男の晦渋な文体とはかけ離れた、あえて言ってみれば、常民の文体がある。「風景を栽える」というのは一編の詩であるが、「風景を作る」というのは日常の物言いであり、少なくともその延長上にある。くりかえすまでもなく、宮本の風景論はかぎりなく実践的に構成されている。自然を鑑賞の対象とする態度をはっきり拒絶しながら、地域に生きる常民たちを主人公とした、地域の生活に根ざし、それを豊かにするための風景を作ることを、ひたすら志向するものであった。

それにしても、宮本自身が編集に関わっていない、この『自然と日本人』という宮本の著書には、びっしりと考えるヒントが詰まっている気がする。これはたぶん、いまだ埋もれている、可能性としての「いくつもの宮本常一」を掘り起こす手がかりになることだろう。宮本民俗学の可能性をもとめて、本格的な読みなおしの作業を始めるべき段階に到り着いたのかもしれない、と思う。

（民俗学）

【評論】

わが食客は日本一

――努力の民俗学者宮本常一君のこと――

渋沢敬三 Shibusawa Keizô

三人の学徒

昭和初頭、医学博士沢田四郎作先生を中心とする近畿民俗学会がそのお宅で開かれた時、たまたま下阪した私は何回かその席に列したが、ここで私は三人の際立って優秀な学徒を知った。

その一人は、桜田勝徳さんで、旅もよくしていたし、学識も深かったが、何よりも人柄が好ましく思われた。お父さんが大審院判事だった関係からか、社会経済史及び民俗学的事例を大審院判例の中から実に丹念に掘り出して居られたが、これは判例の証拠書類の性質上、既に世の中から消え失せて了った資料が思いの外多いのであった。この着眼は当時として秀抜である。慶応出身で目下水産庁の水産資料館の館長をつとめている銀いぶしだが深味のある民俗学者である。

もう一人は奄美大島は喜界島産の岩倉市郎君。琉球から鹿児島方面にかけての、かなり異り且つ難渋な方言を数多く聞き分け、且つ速記の能力もあり、どんな田舎の婆さんとも辛抱強くつき合える、すき透った頭の持ち主だった。外国語学校にでも行っていたら、すばらしい言語学者になったであろう。この両君は平素李白杜甫と我々から呼ばれた程、無類の酒好きだ。戦前岩倉君は肺を病み帝大に入院したが、今ならストレプトマイシンで回復したであろうにその頃のこととて、病に克てなかった。重態の報に驚くと共に、私は小さな瓶にお酒を入れ駆けつけた。どうせ死ぬなら好きなお酒をと思い医師にきくと、「もうかまいません」と云うから「酒を持って来たが飲むか」と枕元で云うと「ウン」とうなずいたので、綿棒にひたしてやるとチュウチュウと吸い込みニコニコした。末期の酒であった。今日此頃でも未だに惜しいことをしたと、よくこの人の死をいたんでいる。

三人目はこんど「日本の離島」でエッセイスト・クラブ賞を頂いた宮本常一君である。同君は山口県は大島なる島の産で、小学を経、暫く大阪で郵便局に働き、ついで天王寺師範を卒業、和泉の鳳町でかなり永い間小学校教員をしていた。その頃から教員としても優秀の聞こえ高く、且つ民俗学にも心を傾けたが、当時から文学、歴史に詳しかった。地理的関係もあってか、和泉、河内、大和、山城辺はくまなく歩き、その間に奈良朝以降の仏像、又は社寺を巨細にそらんじて了った。そして彼の万葉和歌の諳誦にはその歩いて廻った風物の裏付けがあったのである。私がめぐり遭ったのはこの頃である。

この三君とも、別に私が特に引張ったのでなく、それぞれ上京し、相前後して私のやっていた日本常民文化研究所に関係するようになったのも何かの御縁からであろう。

常民とは貴族、武家、僧侶等でない所謂コンモンピープル、即ち普通一般の農山漁村の人々及び町の人々を指したもので、庶民ではちとこちらが上座にいる様な気合なのを嫌って私の作ったことばである。

今迄の我国の歴史が主として上層部の人々の動きを追い、その時々の基盤をなしていた常民の動きや考え方がなおざりにされていた嫌いがあったので、その面を特に見つめて見たいとの念願から、その文化史を究明せんとしてやり始めたのが日本常民文化研究所で大正末期からである。

瀬戸内海と取組む

昭和十四年宮本君が三十歳の時、建国大学創立に際し満州に行きたいと大阪から相談に来た。満州の民俗をテーマに勉強するには先ず満州語が不可欠であり、且つ中国語も入用だ。同君は体もそう頑丈なほうでもないし、この年になって新たに二つの外国語を修得するは容易なことでない。大学に行って活字勉強なら東京でも出来るし本気で満州に移ることはない。宮本君の気質でやるなら本当に旗民族の中に入らなければ我慢出来ぬであろう。

そこで君は瀬戸内海に生れ瀬戸内海が詳しく且つ親しいのだからそれを一生のテーマとして取り組んではどうか。瀬戸内海は欧州に於ける地中海にも比べられる我国文化史上の一大担当者である。九州も中国も四国も大和も大切、紀州も大切だが、瀬戸内海が日本の海のシルクロードの地位を持ったことは忘れてならぬ。文化は海の上を自由自在に東西南北に歩き渡った。日本を知る上での瀬戸内海の比重は重く一生のテーマとして軽すぎることはあるまい。瀬戸内海に縁あって生れその文化史的意義を究明するにふさわしい才能を持つ者が、苦労だけしに満州に渡る手はあるまいとも云って見た。

そして瀬戸内海を知るには日本全国を歩いて見なければ本来の瀬戸内海の姿は浮び上って来ない。旅はいくらしてもよいから私の所に来てはと勧め、これに同意して宮本君は私の家に起居することになった。爾来二十二年間、同君は私の家族の一員となってしまった。

よく歩き廻った宮本君の旅はその範囲も日程も道筋も普通一般ではなかった。約三千の村々を、汽車も利用したが足で歩いた方が多いので、大げさに云えば日本中ベタベタと歩いた感じがする。その土産ばなしは私の勉強になった。又時には同行さして貰い、辺境の漁村や田園の篤農家のうちにもしばしばとめて頂いた思い出は多い。

そのうち常民文化研究所で民具の研究をやり出した。日本の民俗学のうちで従来多少手薄であった常民の物質文化の究明である。例えばワラである。米の外にワラの用途も日本では想像以上大切であった。現今ワラに代わる代替新品がゾクゾク出廻っているにしても今日いきなり我国からワラが消え失せたら国民は戸惑いせずにはいられない。昔時、我国民殊に常民のワラへの依存は強く、又ワラを例えば、ワラジ、タタミ、ミノ、ナワ等の各方面に駆使した点に我民族の思考方法や形式を読みとることも出来るのである。

保谷村の日本民俗学協会博物館収蔵の民具一万数千点を一つずつ当って詳しく調べた人は沢山いないが、宮本君はその一人である。何も民具研究専門家になるためでなく、これが同君の学問全般の基盤の一つとしてゆるぎないものを形成したと思う。

多くの彼の仕事の内の一つのかたまりは東北地方のオシラ様研究であった。その一部は幸い出版されたが、他の厖大な原稿は大阪で戦災にあって焼失したのはなさけなかった。又我国民俗学の文献目録も異常の努力で広範囲に亘って丹念に集成されたが、この原稿も焼いて了った。併しそのグチは私がいうのみで、彼は惜しそうな顔も見せたことがなかった。成程彼が旅をしつつ書き綴ったノートの量から見たら九牛の一毛かも知れぬし、又内容は既に自身の血肉となって了っているからでもあろうか。そしてそのノートたる彼一流の克明さで細かくギッシリつまり、且つみだりに主観や想像を交えぬものであった。

篤農家的素質

宮本君は単なる学徒ではない。大島の家には田畑もあり、老母と奥さんが居られ、百姓をし米もとり蜜柑も作り、又柴も山に刈りに行っている。彼も農繁期を見ては帰省し、自ら野良仕事もやる。肥料の重さもワラの分量も防虫剤撒布も腕に覚えのある学徒である。蜜柑を喰べて、その味で肥料のうち何が不足しているかを云い当てうる学者である。篤農家的素質と訓練を持ち合わしている。

だから日本中どこの農村へいっても相手に外来者の感を抱かせない。すぐ味方であり同類だと直観させるものが身についている。話がすぐ合い、よく聞き出せる所以である。

勤勉誠実でケレンなく依怙地や嫌味のない出来るだけもののよい面を見てゆこうとする宮本君が、それでいて不思議とひとにだまされないことは面白い。いくつかの話の中で最も正しいものを選び出すカンがあるから、ウソやアヤフヤなものにごまかされない。

この人ぐらい日本中に友人を多く持っている人も少ないであろう。どこの土地へ行っても親しいお百姓がいる。彼の学問は活字からも充分吸収されているが、一面いろいろな土地を歩き、眼で見、耳に聴いたものが強くものをいっている。

彼の欠点といったら、話が長いことだ。説明がとめどなく流れ出る。これを利用して電話で教授を受けるすばしっこい人もいた。そんな時は私の家の電話はいつも話中だ。外国のことになると本以外からはあまり吸収しないから宮本君にしては割方無口になる。アカデミックな学者という観点からは多少物足りぬかも知れぬが、そんなことはちっともかまわないことだ。宮本君の学問の大きさと深さは既に碩学の域に達しているから。

彼は奇人でもなく奇行もない。一つのことに没頭する人間にあり勝ちな偏屈さのない謙虚な当り前の人である。百頁位一時間で読んでしまう、精力と記憶力と、終日うまず書き続け得る体力は驚嘆ものだ。

宮本君の父君善十郎さんは早く物故されたが、彼の話によると卓抜した能力とパブリックマインドを持っておられたことが窺える。事実郷里のために数々のことを残し今にそれが役立っている様だが、それにも増して、年少の常一君に対し郷土の話を実に丹念に教え込んであった。これは宮本君が後に民俗学者になった動機をなすものであり、今から思えばその遺産は大きかったと思われる。

老母は健在で、未だに畠仕事をする甲斐性のある而も民俗学で所謂伝承型の方である。私も二度程大島久木のおうちを訪れ、お世話になった。奥さんもまた人物で、この老母を助け野良仕事をする傍らお子さん方を育てたが、よい意味での日本婦人といえよう。長男千晴君も上京、都立大に入学しいま私の家に来ている。

広汎なその研究

日本の民俗学は先ず陸の上に発達したが、海上の民俗調査はこれに比べると立ちおくれ波打ち際で止っていた。早川孝太郎さんの如きは花祭の研究や大蔵永常の研究に立派なものを残された学者だが、いつか漁村に同行した時、あれだけポインターみたいに資料を嗅ぎ出す人が海のことになると、三河の山奥生れだけに意外に弱かった。宮本君は海辺に育ち海を知り且つ愛しているから、漁撈民俗についても手だれで、数少ない水陸両用の民俗学者と相なった。

私はどちらかというと、漁業、農業、林業に詳しい。木地屋や釣鈎家内工業等も徹底的に調べたし、戦後は北海道開拓移民のことも幾度か現地について政治的情熱をかきたてられたこともある。書いたものを通じて見ても、恵まれぬ人々に対しての深い同情を持っていることは人一倍だが、すぐ搾取された等といきりたたない。国が何一つして呉れなかった徳川時代の土地で、こつこつと防風林や砂防林を自力で民衆の為に作った地主のこともよく考えているから考えが偏しない。ヒューマニストである。

私も旅好きで一府四十三県・北海道、樺太、朝鮮、台湾等中学時代から既に四百回位歩いている。琉球や薩南十島も朝鮮木浦沖の多島海の島々、壱岐、対馬、佐渡、羽後の飛島、又瀬戸内海の島三十あまりも渡り訪ねていて、離島については実に気の毒な条件が多いと思っていた。政府の予算面でもつい後廻しの嫌いがあった。

宮本君は地理学者で離島にも情熱を傾けている山階芳正さん等と力を合わせ、離島振興会を戦後打ち立て遂に時限法ではあるが離島振興法の立法を見るに至ったが、これは離れ島に住む人々にとって大きな福音であり、上記両学者の陰の功績は大きい。

又常民文化研究所では昭和十五年頃から考えていたことだが、平安末期から鎌倉へかけての絵巻物を調べ、その中から主題に即して画かれた貴族、僧侶、武家文化を取り去ると常民文化が偶然記録的な信憑性をもって浮び出て来る。

これを複写し番号をつけ索引をつくり字引ならぬ絵引きをつくって、もろもろの研究の便をはかり、且つ事物のクロノロジー（年化学）を確立させる企てを持った。当初は鳥取県出の橋浦泰雄画伯の協力を得たが戦争で中絶した。戦後笹村草家人先生の紹介による村田泥牛画伯の協力で復活、目下進捗中である。

面倒な仕事で、絵巻の複製をくりひろげ、前期桜田君等を加えての同人相寄って一つ一つ選定したものを村田氏に写して貰う。これを整理し解説するのが宮本君である。彼の知識と根気なくしては出来る仕事でない。我々は傍らから助言したり注文をつけて楽しんでいる。

民俗資料の最も豊富な圧巻は、何といっても京都感喜光寺蔵、京都及び奈良博物館保管の一遍聖人絵伝であろう。私は実物も一度拝見する機会に恵まれたが、同絵巻がその主たる宗教問題は別として、鎌倉時代の風物を巨細に実写していることは驚くべきものである。町並、家屋構造、農村殊に稲の刈上げ仕方の地方的差異、店頭、人物、舟、旅姿、乞食等の描写はその当時に立ち還って見ている様である。もしこの絵巻が遺されていなかったら、日本として淋しいだけでは済まされない。これ等の労作も今秋頃からボツボツ上梓される見込みである。この画への宮本君の寄与は村田画伯の努力と相俟って忘れることは出来ない。

学んで倦むことをしらず

宮本君のライフワークの一つは、曾て私が話した様に瀬戸内海を指向していた。前述の如き各種の仕事をし、旅をし、本を読み、人々からものをきき、又人々にしゃべり続けるうちにもコツコツと瀬戸内海研究は積み重ねられていった。そしてそれはここ四、五年の間に厖大な論考の原稿となって机上に置かれるに至った。

構想も雄大であるが今迄に試みられた瀬戸内海史論と異った点があった。今迄は単なる歴史的論考であるか又は地理学的考究が多かった。この両者を宮本君はないがしろにした所ではなく十二分に取り入れ研究されたが、同君の労作には今迄あまり見かけなかった残された文書以外の面からの資料が、豊富且つ妥当に取り入れられたことである。同君の民俗学が民俗学本然の姿で学問的に活用されたことである。

現在の瀬戸内海の島々や周辺の海村、漁村の既に相当デフォームした状態を究明復元して昔時の水軍との関係を史的に立証した点等は、宮本君にしてはじめて為し得た所で

渋沢敬三（1896-1963）

あろう。この大原稿は目下東洋大学に提出済みである。もし宮本君の足跡を日本の白地図に赤インクで印したら全体真っ赤になる程であろうが、同時に彼の労作にして既に活字になったものも大変な頁数である。日本常民文化研究所から発行したもの

周防大島を中心とした海の生活誌
屋久島民俗誌
吉野西奥民俗誌
おしらさま図録資料編
河内国滝畑左近熊太翁旧事談
周防大島天保度農業問答
同右嘉永度年中行事

等があり、この外薩南十島宝島調査報告や淡路沼島聞書等の未刊ものもある。

又同君が他の書店を通じて上梓されたものも多いが、その主なものは

忘れられた日本
ふるさとの生活
家郷の訓
石徹白（いしどしろ）民俗誌
民俗学への道
海をひらいた人々
都市の祭と民俗
日本の離島

等で、その外民俗学関係の雑誌その他への寄稿も多い。その外同君が編纂したり、かなりの部分を執筆したものの中で主な且つ重要なものは、

風土記日本
日本残酷物語
日本絵巻物全集

等である。

宮本君は今年五十二歳である。これから円熟期に入らんとしている。四十代の時分少し体をこわしたが最近はメキメキ丈夫になった。あと十年二十年と恐らく瀬戸内海の研究を続け、更に育てていくであろうが、同時に外にも数々の仕事をしつづけるであろう。「学んで倦むことしらず」とはこの人のための辞かとも思われる。

（民俗学）

（『文藝春秋』61・8月号）

孫晋澔君のこと

宮本常一
Miyamoto Tsuneichi

孫晋澔《そんしんこう》君は朝鮮の慶州《けいしゅう》の近くの村で生れました。孫君の話によると、そのあたりは山がよくはげて赤茶けていて、川も川原がひろびろとしており、その中を水が少しながれているだけだったといいます。そしてみんなまずしくくらしていました。

孫君の家もまずしかったので、兄さんは早くから内地（そのころ朝鮮は日本に合併していました。だから日本を内地と言っていました。）へかせぎに来ていました。生れた家が農家だったから内地へ来ても農家の手伝いをしたり、朝鮮飴を売ってあるいたりしていました。

兄さんは日本へ来て見てべんきょうさえしておれば、大きい会社へつとめることもできるし、またいろいろお金もうけの方法もあることを知りました。そこで弟の孫君に勉強させてりっぱな人にさせたいと思い、孫君が四年生になったとき内地へ連れて来て、日本の小学校に通わせることにしました。昭和の初めごろのことです。そしてやって来たのは大阪府の佐野市という町の近くの農村でした。そのあたりにはたくさんの朝鮮人が来ていました。そしてたいていは農家の納屋などを借りて一しょに住んでいました。兄さんたちも納屋を借りてせまいところに大ぜいで住み、昼間は付近の農家へ出かけていって一生けんめい働き、夜になると帰って来て、せまい部屋の中でおしあうようにしてねました。

孫君はそうした納屋へおちついて、そこから近くの小学校へ通うことになりました。大ぜいの男の大人ばかりの中に子供がひとりいるのですから、みんなにかわいがってもらったけれどもとてもさびしくて、ふるさとのおかあさんやおとうさん、ねえさんいもうとのことなどしきりに思いだしました。

べんきょうは熱心にやりましたから成績はよかったのですが、女の子によくいたずらをするのでいつも先生から注意をうけていました。運動場で女の子たちが大きい声でキャアキャアといってさわいでいるときはきっと孫君が女の子にいたずらしているときでした。生きている蛇の尻っ尾をもって女の子を追いかけたり、女の子の着物の裾をまくったり、女の子の持っているものを、とつぜんとってにげだしたりするのです。とると言ってもぬすむのではなくいたずらなのだから、後にはかえしてくれるのですが、孫君のいたずらには皆こまっていました。

孫君が五年生になったとき、私はその小学校の先生になってゆきました。そして五年生の女子をおしえることになったのですが、五年生の男子の図画もおしえることになりました。私は晴れた日にはよく校外へ写生につれていきました。海は学校のすぐ近くだったし、また松の茂った丘もあって写生をするのによい場所がいくらもありました。

孫君ははじめ絵は下手でした。くらい絵をかいていました。それを絵の具のとき方や、自分の見たものをどのように表現すればよいかについていろいろ指導すると、すっかり上手になってきて、いくらでも絵をかいて持ってきました。

あるとき五年生の女の子が、

「先生、孫さんがこんなものをくれるんです。」

といって、小さい角封筒をもって来ました。中を見ると、ノートの切れはしに

「ぼくはきみがすきだ。あそんでくれないか。」

とらんぼうな字でかいてあります。私はその手紙をあずかって五年生の男子をおしえている先生にわたして、こういうことはしないようにと注意してもらいました。すると孫君が私のところへやってきて、

「先生すみません。もうあんなことはしませんからゆるしてください。」

とあやまりました。

「男が女をすきになるってことはいいことなんだよ。そして女の友だちとあそぶこともいいんだけれど、あんなことすると女の子はいやなんだよ。

人のいやがることをするのはいけない。きみはおかァさんや姉さんや妹さんたちとはなれて男の大人の人たちばかりの中にいるから女の人となかよくしたいのはよくわかるから、私はけっしておこりはしないし、また女の子たちと仲よくするような機会はつくってあげるから、これからは女の子にいたずらなんかしないこと。いたずらするときらわれるだけなんだ。それより、君は兄さんも君をほんとに勉強させたいと思っているんだろ。君もよく勉強する。せっかく朝鮮から来て勉強しているんだから、それこそほんとに一生けんめいにやらなければ。ぼくはいつも君にいうように、朝鮮の人はみんながよく勉強してはやく独立するようになることだと思う。それはだいじなことなんだ。独立をして自尊心をもって……。」

私は孫君にさとしながら、孫君の兄さんのことを思い出していました。いつだったか村はずれをあるいていると、孫君の兄さんが巡査にひどくおこられていました。飴を売ってお金をもらったときおつりをごまかしたといっておこられているのです。私は孫君の兄さんには道でよく出あいました。おとなしいいかにも人のよい顔をしてニッコリ笑ってあいさつするのです。また兄さんが田で働いているところも見かけました。日本の百姓の二倍も三倍も働いているのです。すこしばかりのお金をごまかすような人ではないのです。私はほんとに気の毒に思いました。兄さんは巡査にひたすらあやまっていました。独立した国の者であれば巡査だってあんな叱り方はしないでしょう。

私は孫君に話しているうちに涙ぐんでしまったのですが、孫君も頭をうなだれて泣いていました。

「とに角どんなことがあっても私に相談するんだよ。又私のうちへあそびに来いよ。私は一人でいるんだから。女の子たちはいつもたくさんあそびに来ているよ。君もその仲間にはいればよい。女の子にいたずらをしなくて、よく勉強して、時には女の子でできないことをたすけてやるようにすれば、みんな仲よくしてくれるよ。」

そういって帰らせました。

ところがその翌日孫君は学校へ姿を見せませんでした。五年生の男子の先生に心配して様子をききますと

「きのうすこしきつくしかりつけておいたので、それで来ないのでしょう。明日は来ますよ。」

といいます。ところがその次の日も学校へ来ないのです。そして私の組の女の子が、

「先生、孫さんはおとといの夕方から行方不明だそうです。」

と言って来ました。私はおどろいて孫君の兄さんの家へとんでゆくと、兄さんも心配しているらしく、働きには出ないで家にいます。

「孫君はどうしましたか。」

ときくと、おとといの夕方になっても学校から帰って来ないというのです。そして学校の門のところまでさがしにいったが見つからないし、ほかにさがしようもないから仕事も手がつかないで、思案しているのだといいます。この人たちは救いをもとめることさえ知ってはいないのです。そこで私がおとといの学校でのいきさつのはなしをすると、

「それは弟がわるいのだから、心配しないで下さい。私がさがして見ます。」

といいます。どうしてさがしますかときけば、そのあたりをあるいて見るというのです。私はさっそく兄さんをつれて警察署へいき保護願いを出しました。警察の人たちは親切にいろいろきいて、

「もしかしたら朝鮮へ帰ろうかとおもって下関の方へいったかもわからない。しかししっかり勉強しようと思って東京の方へいったかもわからない。その両方をさがすようにして見ましょう。まず自殺したり、やけをおこしたりするようなことはないでしょう。長い間の経験でわかります。」

と主任の巡査は言ってくれました。孫君の兄さんと私はすこし安心して警察を出ました。兄さんは途中でポツリポツリと朝鮮の家のことをはなしてくれました。そしてその夕方兄さんは飴をたくさん持ってお礼に来ました。

「これは売るものですから、売って少しでも金にすることが大切です。」

といってもきかないでおいてゆきました。

それから二、三日すぎてからでした。孫君と仲のよかった五年生の木村君が、孫君のはがきをもって来ました。それには、

「ぼくはわるいことをしました。これから心をいれかえてほんとに勉強しようと思います。ぼくはいま山の中にいます。そして東京の方へいきます。しかしぼくをさがさないで下さい。きっとりっぱな人になって大阪へかえりますから、さよなら。」

とあります。消印を見ると木曾福島となっていま す。それで家を出てから名古屋にゆき、中央線に乗り、木曾福島までいったことはわかりました。早速兄さんにも知らせ、また警察へとどけると、警察では中央線の沿線と、東京の新宿付近をさがしてくれることになりました。新宿は中央線の汽車の発着するところです。

わたしはまだ十一才の少年がかたい決心で勉強しようと思いつつ、教科書をいれた風呂敷包を抱いて木曾路をたどっている孫君の姿をおもいうかべました。早く連れ戻さなければならない、が同時にそのたのもしい心がまえを心から喜こびもしたのです。

しかしそれから一週間すぎても何のたよりもないのです。どこへもたよりがありません。十日ほどたって孫君は私のところへハガキをよこしました。それには松本市の石曾根という蚕網製造所にいることがしるされてあり、主人もよい人で一生けんめい働いている。ここで少し金をもうけて旅費ができたら東京へいきます。ぼくは元気です、とありました。

そこで兄さんに知らせ、また警察へも届けに行き、保護願もとりさげ、私は松本へゆこうと思って家へ支度をするために帰りました。すると、石曾根さんから手紙が来ていました。それには夕方町はずれをあるいていると草原にねころんで本をよんでいる子供がある。見かけたことのない子だから誰だときくと孫晋澔と答える、いろいろ事情をきくと勉強するために家出したのだという。そこで家へつれてかえって世の中にはよい人ばかりでなくわるい人が多いからどんなことになるかわからぬ。東京へいくのはやめてしばらくここにいなさいとすすめておらせることにしたが、大阪から来たといいつつ大阪の住所をはっきり言わない。そこで仕事の手伝をさせつつ様子を見ていたが正直で実によく働く。ただ時々宮本先生が、といっては話す。その先生はどういう先生なのだといただすうちに家出の様子もわかったので、まず本人に手紙を出させ、私の方からも出す、と書いてありました。私はすっかりうれしくなって、兄さんのところへその手紙をもっていくとともに、石曾根さんのところへ「ムカエニユク」と電報をうちました。そしてその夜の汽車でたとうと思って支度をすましているところへ、石曾根さんから

「クルニオヨバズ」という電報が来ました。つづいてその翌々日石曾根さんから長い手紙が来ました。

「孫君はなかなかよい子供です。大阪のことをうちあけてからすっかりほがらかになりました。こうした子供はあずかっておいて勉強させたいと思うが兄さんのいるところへ帰すのが一ばんよい。そのうち縁があったら又世話をすることもあるでしょう。こういう子供はできるだけ自由にさせて周囲からいざこざ言わぬのがよいと思います。それで一人で来ることができたのだから一人で帰ることもできましょう。あなたは孫君に朝鮮独立論を説いたそうですが、私もおなじ考えです。そしていろいろ子供の将来にこそ大いに期待しましょう。」

というようなことが書いてありました。私の方からも長い手紙を書いて出しました。それから孫君や石曾根さんと二、三回手紙のやりとりをして、孫君は一人で帰って来ることになりました。

私は学校で待っていました。校門をあけ、校門の灯をともし、応接室へも灯をともして、孫君は駅をおりたらきっと学校へまっすぐに来るだろうと思ったのです。というのは家出するときも家へは帰らないで、校門を出たまま駅へいったのでした。そして無賃乗車のまま、関西線・中央線と乗りついでいったのです。そして木曾福島へつくまでは何にもたべないで水だけ飲んですごし、福島駅まで来て目のくらむほど空腹をおぼえたので下車して、駅まえの家で空腹をうったえると飯をたべさせてくれたといいます。私は孫君のそうしたやり方に感心しました。そして子供の一人一人はすばらしい宝を自分のうちに持っているのだと思いました。

さて私は学校で夜九時すぎまで待っていました。そして何やら校門のところに人の気配がするのでよく見ると、御影石の標柱の下に黒い人影があります。学生帽をまぶかくかぶって、小わきに風呂敷づつみをかかえています。孫君だなと思ったから、

「はいれ」

というと、うつむきかげんに門のところからサッと走って玄関の階段をかけあがり、そこに立っている私に抱きついて私の胸のところに顔をうずめました。そしてそれからしばらくしてうめくよう

に泣きはじめました。

　応接室へつれていって、

「夕はんをたべたか」

とききますと、弁当を汽車の中でたべたといいます。そしてそれからポツリポツリと家を出て二十日ほどの間のことをはなしました。私は孫君の中にひそんでいる人間としてのつよさ、精一ぱいのもの、ほこりなどにしみじみ感心しました。

「いい経験だったね。私にもよい経験になった。これからほんとにおちついて勉強するのだ。」

とはげまし、孫君をつれて兄さんのところへゆきました。兄さんも兄さんの友だちも待っていました。

　それからの孫君は見ちがえるようにかわりました。よく勉強もしたし、私のところへは毎晩あそびに来ました。そして女の子の世話もよくしました。女の子たちは「孫君、孫君」と言って孫君のたすけをもとめました。

　その後間もなく私は病気にたおれて二年あまり病床生活をしなければならなくなり、郷里へかえりました。帰るとき孫君に決して見送りに来てはいけないと言いました。私は他の生徒にも送ってもらわないで、たった一人夕方そっとその村を出ました。そして父と母にあとの始末をしてもらうことにし、大阪の町の知人の家で二、三日休ませてもらうことにしました。父と母はその翌日村をたちました。子供たちは私が父母と一しょにかえるものと思って駅へ見送りに来ていました。だが私がいないのでガッカリしたようです。孫君は私の母に抱きついて大声でなきはじめ、母が電車へのっても窓のところからはなれず、電車が出るとプラットホームに立ったまま泣いていたそうです。

　私はそのまま孫君にあっていません。孫君は六年生を終えると勉強することをやめて郷里へかえってしまったのです。その後二、三年手紙のやりとりをしていたのですが、朝鮮での日本人の横暴を訴えた手紙が来てから、たよりが来なくなりました。

　いまでも孫君のことを思い出します。そして元気であってほしいと思っています。

（住井すゑ他編『世に出てゆく君たちに・1』汐文社、65・11）

柳田國男の旅

宮本常一
Miyamoto Tsuneichi

和文脈の旅

昨年の春であった。私は兵庫県辻川の柳田記念館で柳田國男の小学校時代の修業証書を見せてもらったが、一年間に二学年、時には三学年も修了している。昔は才能のある者は一年間に二学年位昇級することがあったが、柳田は続けざまにそれを重ねて、十一歳のときにはもう小学校を卒業している。当時は小学校はたしか八年間であったと覚えているから、非常に早い卒業であり、いわゆる天才的な少年であったと思う。そして無類の読書好きであったという。あるいは南方熊楠の超人的な記憶力に匹敵するものがあったのではないかと思っている。そして当時の蔵書家の家に縁を求めて、前後六年間を読書にふけっている。

そのころ日本における学問的教養には二つの流れがあった。一つは武家的な漢文脈の教養であり、今一つは農商の間に見られた和文脈の教養である。そして家によっても漢文の書籍を多く所蔵するものと、和文の書籍を所有するものとがあった。和文脈の家には和歌・小説・稗史・紀行、世事・随筆などについて書かれたものが多い。柳田が読書の機会を与えられたのは和文脈蔵書の家であった。そしてそれがいろいろの空想をたくましくする少年を仕立てあげていったと思う。

和文脈の書物に出てくる地名は多く国内のものである。そこは志さえあれば容易に訪れることができる。そのことから遊意をそそられることが多かったのであろう。明治三十年ころから余暇を利用しての旅が多くなる。しかもその旅はただ風景を見、古蹟を訪れるのではなく、何かを詮索する旅が多くある。読書によって得たイメージを現実に確かめて見ようとすることによって。そのような詮索の心のよくあらわれているのは、明治三十四年柳田家を嗣いでから、柳田家の源流をもとめて歩いた旅に見られる。養父の柳田直平は司法官で東京にいたが、柳田はその年長野県へ講演に行ったついでに飯田へ寄って柳田家の墓へ参っている。柳田家は飯田藩の藩士であったが、明治になって東京へ出たのである。しかしその藩主堀氏はもと下野烏山の藩主であり、寛文十二年（一六七二）に飯田へ転封になり、柳田家もこれにしたがったのである。そこで明治三十九年には烏山を訪れて柳田家の墓へ参っている。その前年には柳田家出自の地である宇都宮近郊の柳田を訪れている。土地の土豪がどのように大名と関連を持ち、武士化し、藩主の移封にともなって転々とし、一方故地に残ったものがどのような生活をし、また分家繁殖していったかを、その養家の源流を求めることで確かめている。これは柳田の史眼を確かなものにしていく上に大きな役割を果たしたものと思う。そして柳田の旅は明治三十八年ごろから多くなってくると思う。

二つの旅

柳田國男の旅には二つのタイプがあった。その一つは官僚としての旅である。明治三十三年東京帝国大学を卒業すると、農商務省農務局に入っている。東大の法科を優秀な成績で卒業したものが農商務省に入るということは異例であったという。しかし、そのことによって農民と接触する機会を多くもつようになるのであるが、明治三十五年には法制局参事官に、明治四十一年には宮内省書記官を兼任している。官僚としては檜舞台を闊歩したといっていい。このような官僚が地方を歩くときは、その歓送迎は大変なものであった。町村長、地方有志が威儀を正して迎えに出たものであった。『後狩詞記』の取材地宮崎県椎葉村を訪れた際、これを迎えた地元の中瀬淳村長の話は興があった。私は昭和十五年春中瀬翁から直接きいたのであるが、「当時この山中を訪れる中央の官僚などほとんどいなかった。ところが法制局の参事官が来ると県庁から電報があって村の者はおどろいた。それまで県の下級官吏の来るときは洋服に脚絆をつけ、草鞋ばきが多かった。参事官はどういう支度で来るであろうかということが問題になり、とにかく道の両側の草を刈り、村の入口の中山峠の上まで村長以下吏員、有志が羽織袴で迎えにゆくことになった。

峠の上で待つほどに下から上って来た人を見ればまだ若い、しかも紋付に仙台平の袴をはき、白足袋姿の貴公子で、旅姿ではなかった。これには全く度肝をぬかれた」それが中瀬翁の述懐であった。柳田の旅の中にはこうした一面があった。もとより官僚としての業務を終えて、気楽に旅をしようとするときは支度もかえて普通の人とかわらないようにしたけれど、柳田を迎えた方の側の話が諸所に残っていて、それによると、たいてい荷持ちがつき、お供が一人か二人つき、ただの旅人ではなかったという。柳田のある意味での気ままな旅は、大正八年に貴族院書記官長を辞任してから大正九年に全国を歩くことになるが、その旅からではなかったかと思う。この気ままな旅が、学問的な多くの発見をもたらすものになって来る。

旅の意味

本来旅は新しいことの発見のためのものでなければならぬ。柳田はそれを志して旅をしたのであったが、官僚としての旅が多かったために自主的な旅は切れ切れになり勝であった。しかし官僚としての出張旅行を利用して、実に多くの気ままな旅をしている。そしてそれが学問的な視野をひろげていったように思う。

柳田は若くして伊勢の海にあそび、伊良湖岬で、南方の島から漂着した椰子の実を見ている。それが南方へつながる日本を考えるもとになっていったのではなかろうか。そして大正九年の沖縄への旅となって根の深いものになっていく。その後大正十四年ごろから南島談話会が続けられ、南島研究に寄せた熱意は大きかった。そのことは『青年と学問』におさめられている「南島研究の現状」にくわしく、やがて『海上の道』につながっていく。このように旅で得た発見と感動が生涯の学問的事業へ発展していることからして、柳田における旅の意味がどれほど重要であったかがわかる。

『海南小記』は沖縄への旅の紀行文であるが、一見風俗も違い言葉も違う沖縄の地に異質の文化を見たのではなく、日本と同質の、しかも古い日本の姿を見た。そしてそれは日本の古代を見直す大きなきっかけとなった。『海南小記』には「炭焼小五郎が事」がのせてある。木炭は住居の暖房のためにあるように思い勝であるが、そのもっとも大きな需要は採鉱冶金であった。鉄・金・銀・銅などの精錬には多量の木炭を利用した。それだけでなく、これらの事業にしたがう者は時に放浪を事とした。柳田が採鉱冶金とその文化現象に深い関心を寄せるようになったのはすでに古く、明治三十六年から三十七年にかけて発表した「日本産銅史略」にまで遡る。

日本の文化発展に金属の果たした役割は大きい。炭焼小五郎もまた冶金の徒であった。そして小五郎の話は北は奥州から南は沖縄にまで分布しているのである。伝説そのものを荒唐無稽としてしりぞける前になぜそれが広く日本全体に分布を見ているのかということが問題になって来る。『海南小記』では檳榔《びろう》の木の問題にもふれて、この木の葉のもつ宗教的な意味と、それが日本の宮廷にまで用いられたことの意味についてのべており、「誠に閑人の所業のやうに見えますが、此の如く永たらしく、コバ（檳榔）と我民族との親しみを説きますのも、畢竟はこの唯一の点を以て、もと我々が南から来たと云ふことを立証することが出来はしまいかと思ふからであります。勿論断定は致しませぬ。私の攻究方法に欠点が有るならば、御注意に由つて先づ之を改良し、次には又此問題に必要なる知識を追加することに、御助勢を請ひたいのであります」（定本1巻・括弧内筆者注）と言っている。つまり歴史は書かれた文字の中にのみあるのではなく、あらゆる人文的現象の中に存在するものであり、どのような些細なことにも歴史は秘められているもので、そういうものに目をとめ、またその中に含まれている歴史を明らかにしてゆく重要性を指摘し、それはたんに個人の力によるのでなく、多くの人の協力によって成功するものであることを示唆している。そして柳田の南方の発見はまた日本の古代の発見にもつながるものであった。

大正九年は八月から九月にかけて東北地方を歩いている。この時の紀行文は『雪国の春』に収められている。柳田はこの書物の中で菅江真澄《すがえますみ》を紹介している。天明三年（一七八三）に郷里の三河の国を出て、秋田角館《かくのだて》で七十六歳の生涯を終わるまでまったく旅の日々であり、その間に多くの紀行や日記を残した。しかもそれは東北各地の民衆の生活をつぶさに書きしるしたものであった。真澄のことは後に内田武志によってくわしく研究されることになるが、この旅人を世に紹介し、その業績を高く評価したのは柳田國男であった。『雪国の春』では東北文学の成立について論じ、山伏の文化にふれている。山伏は文化の伝播者として大きな貢献をしたばかりでなく、日本に山伏が存在したということ自体が日本の文化の特色を物語るものであるといっていい。旅はそのような現実を具体的に気付かせてくれるものである。

東北の旅につづいて中部山岳地帯の旅がおこなわれ、それは『秋風帖』としてまとめられた。そしてこの年の旅によって日本全体のもつ文化的な意味を理解したのではないかと思う。

そしてそのあとに大正十年から十二年にかけてヨーロッパへの旅があり、海の彼方から日本を見る機会をもつのである。

学問の創始

ヨーロッパの旅によって、それまで公務の余暇手がけて来た学問に全力をあげて取り組むべき意義を感じた。民俗学は二百人三百人の仲間が趣味的に行うものではなく、民衆全体が、これに取り組むべき価値と意義のあるものであることを痛感した。

そのことは大正十二年帰朝してから後の柳田の行動にうかがわれる。すなわち大正十三年は各地への盛んな講演旅行を行っている。そのほとんどが民俗学に関するものであった。そのようにして地域社会の人びとの民俗学への関心を高めることに努力した。

一方北方文明研究会、南島談話会を結成し、昭和十四年には雑誌『民族』の刊行をはじめ、民俗だけでなく異民族の研究をも含めた研究分野を開拓した。一つの学問の創始のために東奔西走したのであった。と同時に実に多くのものを旅先に見た。

しかし、柳田の旅は一ヵ所にとどまって土地の古老たちから細かな聞き取りを行うというようなことは少なかった。それは経歴と境遇がそういう調査に向かなかったからであろう。初期の気ままな旅の場合は多くは荷持ちをやとって荷を持ってもらった。昔は村のうちに一人や二人はたいてい荷持ちをする者がいた。足が丈夫で、気さくな人が多かった。大きい荷を持つ者はそういう人を雇って峠を越え、次の村へいった。この人たちは多くの旅人に接することから話上手であり、また土地のいろいろの世間話もよく知っており、知っている限りは話してくれたものである。柳田はそうした人たちから多くの話をきいたという。歩きながら風景を見、村を見、人の所作を見て話を聞くのであるから具体的に理解することもできた。そのようにして理解する民衆の生活は一編の詩であったといってもよかった。

それが具体的計画的にある一つの土地に入って村の多くの人にあい聞き取りを行う調査の始められるようになったのは昭和九年ごろからであるといってよい。この年、柳田のもとに毎週木曜日に集まって講義をきいていた人たちが、自分たちもフィールドに出て民俗学的な調査をしてみようということになって始められたのが、全国山村生活調査である。その調査は今日から見ればきわめて幼稚であったといってよかったが、それでも民衆の生活の中には過去の歴史を明らかにすることのできるような素材が豊富に残っており、野外調査の重要性を教えた。さらに昭和十年には還暦を祝った民俗学講習会が開かれ、それを機に民間伝承の会が組織された。後の日本民俗学会である。このようにして全国的な組織ができ、民俗学の講座も東京では常設的に開かれるにいたった。

道ばたの会話

しかし昭和十二年の日支事変を境に、柳田の旅行も漸次下火になっていく。だが旅は減っても外を出歩くことは減らなかった。遠出が少なくなると、家を中心にして周囲を歩きまわるようになる。「水曜手帖」の記事はそれを物語るものである。その中の「柳明《やなぎみやう》」に散歩姿（昭和十六年）がいかにもよく出た部分がある。柳明というのはいま横浜市戸塚区上飯田町の一部になっている。古くは柳《やなぎみやう》名と書いたものであろう。

この日（二月十二日）の帰り路に、私はなほ二つの新しい経験を得た。小さいことだが此序に書き留めて置く。一つは柳明の対岸の宮久保といふ村で、橋の下で葱を洗つて居た四十余りの女に橋の名を問ふと「橋には名がありません、村は宮久保さふ謂ひます」と答へた。中国地方の所謂「と抜け」の他に、或はもと斯ういふ言ひ方があつたかと思つて居たが、それをはつきりと聴いたのは是が初耳である。其次には下瀬谷の北村といふ部落の畠路を歩いて来ると、二人の子供がカバンを掛けて路傍で遊んで居た。是に何か物を言はせて見ようと思つて、立止つて学校は遠いかと尋ねた。少し大きな方の青ばなを垂らした、九つか十かと思ふのは、もぢ〳〵として返事をせず、小さい方が赤い顔になつたが、常ちやんの学校は近い、孝ちやんの方は遠いと答えて、此村に分教場のあることを告げ、更に固有名詞入りで路筋を教へてくれた。それから別れて来ると後の方で何か言つて居るので、振返つて何だときくと、今度は大きな方のが声をふり上げて『助かつたんべェ』と謂つた。その意味は私にはよくわかつた。どうして礼を言はぬかといふ、軽い詰問だつたのである。おれは学校へ行くので路をたずねたのではない、おまえたちが毎日通ふのが、どの位なんぎだかきいて見たかつたのだと、さう謂つて別れて来た。

（定本3巻）

道を歩いていて、人に声をかける。その反応の中にその土地土地の人たちの生活がにじみ出ている。そしてその中に発見がある。

柳田はこのようにして歩きつつ多くの人に声をかけたのであろう。構えて言うのでなく、不用意に言う言葉の中に多くの真実があった。柳田の旅はこのようにして道ばたの人に声をかけることが、一つの根幹をなしていたのではないかと思う。それもありふれたことを聞く。大人にも子供にも。その答の中から学問の構想の具体化したものも少なくなかったと考える。

（牧田茂編『評伝柳田國男』日本書籍、79・7）

エッセイ

クロンボ先生

池内 紀
Ikeuchi Osamu

宮本常一は二十代の後半から五年ばかり、大阪府泉北郡の小学校で教師をしていた。二つの学校にまたがり、最後の二年は高等科を担当。昭和九年（一九三四）四月から昭和十四年（一九三九）九月にかけてのこと。

昭和五六年（一九八一）一月に世を去った。同年六月、小学校で教えを受けた人たちが小さなホテルで「宮本常一先生を偲ぶ会」を開いた。計二十二人が集まり、こもごも思い出を語り合った。

それが『あるくみるきく』一七四号に収録されている。一九八一年八月の発行、「宮本常一追悼特集号」となった。記録・構成は田村善次郎、おしまいの「おいがき」にあるが、「若干の取捨選択はおこなったが、できるだけ忠実に採録」。いかにもそのとおり、こういったことは生まれて初めての人々の表情や手つきまで見えるように写し取ってある。

最後の生徒でも卒業後、四十二年がたっていた。にもかかわらず記憶は昨日のことのように鮮明だ。四年生のときに出会った一人。

「その第一印象を申しますと、色は浅黒く、頭は丸坊主で靴はズック靴。……目を閉じますと、その姿が今も瞼にうつります」

すぐにあだ名がついて「クロンボ先生」。べつの人は歩き方に触れている。とりわけ印象的だったのだろう。

「……余り頑丈という体格ではなかったですがね、歩いているのをみると、サァーサァーサッと大またでね、飛ぶように歩くんです」

この人はのちに写真屋になった。あるとき週刊誌に先生の写真が出ていて、手にカメラをもっている。「あれ！　先生も同業者やってんかな」と思ったそうだ。

泉北郡は現在、泉北ニュータウンができてすっかり変わった。そのような開発がされるとおり、土地が痩せていて暮らしは貧しい。四年から高等二年まで担任をしてもらった人が述べている。六年生のとき、宮本先生が家へきて、中学校に行かせてやってくれと親にたのんだ。翌年また「学校やってくれんか」とすすめにきた。

「そのことが一番うれしく残っております」

やはり進学を諦めた一人。

「先生が大阪逓信講習所のトンツーですか、電信マンをやられたことがございます。それで、そこへ行ってはどうかと……」

卒業して郵便局に勤めていると、先生が休みの時にやってきて、窓からじっと見て、何も言わずに帰っていった。次に会ったとき、「だいぶトンツーがうもなったなあ」とほめてくれた。

「私は先生といえば宮本先生しか記憶にありません。ホンマに良い先生でありました」

みんなが同じ思いだった。

体操の時間や日曜日には、近くの山や池や神社をいっしょに見て歩いた。小さいときに体で覚えたことは、もっとも深く身につくからだ。貧乏村でも良い習わしがいくつも残っている。それを作文に書く。上手に書こうとしてはいけない。よく見て、村のことをしっかり書く。

「勉強はしなくても、作文は皆それなりにしていたように思います」

宮本常一は多くの後輩を育てたが、クロンボ先生の生徒たちは、その一期生だ。そして宮本常一をめぐって語られたなかで、頭に霜をおいた人たちが四十年以上も前を思い返した証言が、もっとも的確にのちの宮本常一をとらえている。一期生は気づかなかっただろうが、宮本常一自身、貧しい村の生徒たちから多くを学びとったにちがいない。準備万端ととのった思いがしたのだろう、九月末に退職。単身上京して、渋沢敬三のアチックミューゼアムに入った。


（ドイツ文学者・エッセイスト）

エッセイ

「名倉談義」探訪記

賀曽利隆
Kasori Takashi

宮本常一先生の名著『忘れられた日本人』の文庫本をザックに入れ、「名倉談義」の舞台の奥三河にバイクで行った。旧名倉村は現在の地名でいうと愛知県北設楽《したら》郡設楽町の東納庫と西納庫を中心とする名倉地区になる。旧名倉村のほぼ中央を国道二五七号が通っている。ひと晩、奥三河の秘湯、設楽町の塩津温泉「芳泉荘」に泊まり、翌日、旧名倉村へ。設楽町の中心、田口から国道二五七号を北に走り、豊川上流の境川にかかる赤い設楽大橋を渡ると、そこからが旧名倉村になる。

「名倉談義」は旧名倉村のお年寄りたちに集まってもらって座談会をおこない、その話をまとめたもの。お年寄りたちの話の中からは見事に村人たちの生活ぶりが浮かび上がってくる。さらに奥三河の風土というものが鮮やかに浮かびあがってくるのだ。

国道の峠道を登っていく。家が二、三戸見える延坂《のべさか》を過ぎると豊川と矢作《やはぎ》川の水系を分ける峠の頂上。地図上では名無しの峠だが、地元の人たちは延坂峠といっている。この延坂峠の旧道が「名倉談義」に出てくる「万歳峠」だ。

国道の峠を下ったすぐのところに、その名も「峠」という喫茶&軽食の店があった。そこで食事をしながらさりげなく万歳峠のことを聞くと、客で来ていた地元の年配の人が、

「ほら、国道がゆるく登ったあのあたり、あそこで万歳したんだよ」と教えてくれた。それは宮本先生がいわれているところの、「五丁（約五〇〇

昭和52年6月、赤ん坊連れで世界に旅立ったが、出発直前に宮本先生のお宅を訪ねた。そのとき先生は「世界中、どこでも子供は育っている。旅していく中で子供を育てていけばいいのだよ」といって下さったが、そのお言葉が赤ん坊連れの旅の大いなる心の支えになった。

m）手前の万歳峠」のことだった。
延坂峠（万歳峠）を越えると、山深い風景から名倉川沿いの開けた風景に変わっていく。最初に出会う集落が大桑。名倉川をはさんだ対岸の集落が大久保になる。この大久保にある寺で「名倉談義」の座談会がおこなわれた。昭和三一年の秋のこと。その座談会に参加したのは大久保の後藤秀吉さん、猪ノ沢の金田茂三郎さん、社脇《やしろわき》の金田金平さんと小笠原シウさんの四人のお年寄りだった。

さっそく座談会の舞台になった臨済宗妙心寺派の大蔵寺に行ってみる。苔むした石段を登った上からは旧名倉村を一望できた。「名倉談義」の四人のお年寄りは、もうこの世にいないが、大久保、猪ノ沢、社脇、それぞれの集落をぐるりとバイクでまわってみた。感動的だったのは社脇だ。ここでは小笠原シウさんのご家族の方々に話を聞くことができた。シウさんの息子さんのお嫁さんにあたる九〇歳を超えたおばあさん、小笠原三枝さんがご健在だった。

小笠原シウさんは戸籍上では「小笠原しやう」さんで、「しょうさん」とか「じょーさん」、「おじょねー」などと呼ばれていたという。明治一六年生まれで、「名倉談義」の座談会で話した翌年の昭和三二年に亡くなられたという。その話を聞いたとき、宮本先生の「名倉談義」がぐっと身近なものになった。

このあと旧名倉村の中心、東納庫を歩いた。「納庫」でやはり「なぐら」と読む。現在の設楽町役場の出張所と、それに隣りあった農協の建物のあるところに、旧名倉村役場があったという。東納庫から国道二五七号で西納庫へ。ここには「道の駅　アグリステーションなぐら」ができている。さらに国道二五七号を走り、「名倉談義」にも出てくる稲武町の中心、稲橋まで行った。ここでは夏焼温泉の温泉旅館「岡田屋」に泊まったが、湯から上がると「名倉談義」をあらためて読み返してみた。

「名倉」というのは、何も特別なところではない。日本中のどこにでも「名倉」はある。宮本先生はご夫妻で仲人までしていただいた大恩人なのだが、「名倉談義」を通して、「なあ賀曽利クン、日本中どこに行っても、おもしろいところばかりじゃろ。旅はええもんじゃ」といわれているかのようだった。

（ライダー&ライター）

エッセイ

坊ら、よう、聞いとけや……

正津 勉
Shôzu Ben

宮本常一。歩く人だ。その昔、『日本残酷物語』を読んで驚いた。第二巻「忘れられた土地」。第二章「山にうずもれた世界」の「山の騒動」の項。なかの「石徹白騒動」である。じつはこの石徹白といえば、わが郷里越前大野は最深奥の村だ。この調査執筆が宮本常一という。わたしは感じ入ったものだ。よくもあんな山の奥へ足を踏み入れようとは。さらにこの度は手にした『越前石徹白民俗誌』(著作集三六巻所収)になお引き込まれたのだ。

宮本が石徹白村に入ったのは昭和一二年三月と昭和一七年一〇月の二回。「私が調査旅行らしいものをした最初が石徹白への旅ではなかったかと思う」(「石徹白で得たもの」)という。じつにこの旅こそ宮本民俗学の第一歩となるとか。なぜにこの僻村であるのか?「この村は加賀白山の南麓にあって白山の美濃登山口にあたっており、御師たちの住んでいた村で、村落の組織など中世以来のものがたいしてかわらないで残っていると思った」(『中世社会の残存』)からだと。

これが面白いのだ、もとよりわたしは門外漢でしかないのだが、ちっとも退屈しない。そこにはわたしなどが幼いときに聞かされ見てきた山の奥の村がいきいきと留められているのである。石徹白というと、幼い日のわたしにとってはるかこの世の果て、夢幻境であった。どうしてそうまで思うようになったか?

わたしの家は酒屋を営んでいた。その仕事がら人の出入りが多かったが、なかでもその石徹白の近在から来る男たちが目立ったようだ。そのうちのひとり、オサムさんと呼ばれるテッポウウチ（猟師）のオジサンがいた。このオサムさんが囲炉裏端（わが生家は町屋だがこれがあった）で話すことが、そっくりそのままこの民俗誌のそれなのであった。それこそ戦後の話ではなく、ほとんど中世と変わらない。たとえば熊狩りの話である。「熊は冬は木のウロや穴の中にもぐっているが、春あたたかになると、出て来る。穴の中にいることがわかると入口に蓋をしておいて火をたき煙を中へ吹きこむ。すると熊はいたたまれなくなって出て来る。そこを鉄砲でうったり手槍で仕とめたりする」と。オサムさんはこの聞き書きと同じ次第を身ぶり手ぶりをまじえ面白おかしくするのだ。

あるときなど仕留めそんじた手負いのやつと決闘になったとか。またオサムさんは村一番のつわもので、煙でいぶしても出てこない穴のなかへみずから入っていって、鉄砲の台座で眠っている熊をしたたか殴りつけて外へおびきだすとやら。子どものわたしら兄弟はみな目をかがやかせて、オサムさんにてんでに話をせがんであきないのだった。

ヨバイ？　じつはそれを知ったのもその口からだった。「このように元服すると男は若者頭にたのんで若者仲間に入れてもらう。その時あたらし（くはいる者を若者宿に集めて、餅二つと酒一献を出してお祝いといって新入者に年上のものがふるまった。……若者宿では泊まることが多く、ヨバイとて女の所へ忍んでゆくこともあった」。このときばかりはオサムさんも煙にまくようにしたが、マセガキにはそれがナニに及ぶことなのかおぼろげにわかった。

ところでこの旅で宮本は一人の老人に会っている。「翁自身が郷土誌」とまでいう石徹白藤之助翁である。翁との出会いからなったのがこの一冊の本。わたしもいつか囲炉裏端話をまとめておかねば。オサムさんの口ぶりがよみがえる。坊ら、よう、聞いとけや……

（詩人）

エッセイ

「食客」という身分

前田速夫

Maeda Hayao

宮本常一の郷里周防大島には、出版社勤務時代、作家の庄野潤三氏と行ったことがある。柳井からの連絡船が着く港に近い民宿に何泊かして、そこの主人から聞き取りをして、のちに『引潮』という長篇小説が生まれた。

瀬戸内海の島と言えば、車谷長吉氏の郷里播州飾磨《しかま》から、家島に渡るのに同行したこともある。氏の従兄がこの島で代用教員をしていたのだが、あるとき本土とのあいだの海峡を夜を徹して泳ぎ、翌朝たどり着いた浜辺で、謎の自殺を遂げたという話を聞き、その事件の真相を確かめようと、当時を知る人を訪ねたのであった。氏の出世作『鹽壺の匙』は、そのことに触れて一族の葛藤を描いた傑作である。

さて、宮本常一だ。中学生時代に『風土記日本』全七巻に接して、国土というものに目を開かれ、高校時代に『日本残酷物語』全五部を読んで、底辺の人々の生活に触れたことは、今も私の読書体験のなかで特別のものとしてある。両シリーズを企画編集したのは平凡社時代の谷川健一氏で、その企画の相談に乗り、執筆者の一人になったのが宮本常一だったと知ったのは後年のことだが、さればこそ面白くないわけがなかった。

なかでも、衝撃だったのは、『日本残酷物語』第一部「貧しき人々のむれ」に収められた「土佐檮原《ゆすはら》の乞食」の章の、一人語りの老人のあけすけな性をめぐる聞き書きで、これがかの有名な「土佐源氏」からの抜粋だったとは、これものちに知ることになる。

　ついでに言えば、その檮原に近い寺川の原生林の中で、顔がコブコブになったレプラの老婆と出会い、自分はこうして人の歩くまともな道は歩かず、自分たちのような者のみが通る山道を歩いていると宮本に語った「土佐寺川夜話」のくだりも、一読忘れられない印象を残した。

　ところで、生涯に16万キロ、地球を四周するほどの足跡を、離島も含め日本列島の全土に印した昭和の「旅する巨人」宮本常一は、しばしば江戸時代中期の大旅行家菅江真澄と比べられるが、距離や著作の量で言うなら、すでに勝負はついている。旅先といっても三河以東、主には東北に限られ、全集は十二巻の真澄に対して、宮本のそれははるかに真澄を凌いでいるからである。

　ただし、問題は仕事の質であって、辺地の名もない人々に注ぐ両者のもの静かな眼差しは、驚くほど似通っている。むろん、それは生得のものであろうが、しいて理由を挙げれば、真澄は「白太夫の家」に、宮本は「善根宿」に生い立ったことが、大きいのではないかと、私は推測する。

　宮本について述べたいことはたくさんあるけれど、ここではスペースの都合上、目下の私の関心である白山信仰と被差別の問題（東国の被差別部落の多くは白山神を祀っている）に関わって、以下の三点を指摘しておくに留めたい。

　一つは「忘れられた日本人」梶田富五郎翁が、幼時メシモライとなって漁船に乗りこんで対馬に着いたとき、島人の住む土地を与えられず、一行はしかたなく浅藻の天道シゲという森を切り開い

対馬・浅藻（宮本常一『忘れられた日本人』岩波文庫より）

て、そこに住んだという証言で、これは聖と賤の可逆現象、逆転現象を考察する手掛かりを与えてくれる。なぜなら、そこはもともと天道信仰の聖地で、土地の人は怖れて近寄らない、タブーの場所だったからだ。このことは、戦前に皇国史観を鼓吹した平泉澄が主著『中世に於ける社寺と社会との関係』の中で早く指摘しており、網野善彦のアジール説のはるかな前哨ともなっている。ちなみに、対馬の最高峰に白岳がある。すなわち、私が思うに、天道信仰とは白山信仰にほかならず、平泉澄が平泉寺白山神社の宮司の出だったことと合わせ、見過ごしに出来ないのである。

　もう一つは、宮本が磐城の北神谷《かべや》に高木誠一を訪ねていることだ。代表作『忘れられた日本人』中に「文字を持つ伝承者」の一人として登場する高木を、柳田國男から紹介されてネフスキーも訪ねており、『大白神考』に付された柳田あてネフスキー書簡の一節は「北神谷の鎮守様は御承知の通り白山神社です。之をあやまつてシラヤマ神社と言ふと百姓が非常に怒るさうです。『我々は立派な百姓ですが、バンタではあるまいし』と。」となっている。実際、近くの中神谷にはバンタの祀るシラヤマ神社があるとのことだから、白とシラの違いを確かめるのに貴重な例で、私は近くここを調査しようとしていた矢先の本稿の執筆依頼であった。宮本のことだから、彼はきっとこのシラヤマ神社に行っているはずだが、なぜかこのことに言及した形跡がないのは不審である。

　最後はオシラ様に関して、『旅人たちの歴史2　菅江真澄』で、イタコが肩へ掛けて持ち歩いていた、他人には絶対見せないという筒の中身を、特別に見せてもらったら、「白山姫命」と書かれた紙が入っていたと宮本が述べていたことで、これはオシラ＝白山神説の有力な傍証となりうる。

　右は白山神と直接結びつくケースだが、この三例に限らず、宮本はいわゆる被差別地にかなり足を踏み入れているはずで、野間宏・安岡章太郎氏との鼎談「逃げ場のない差別のひだ」（『差別その根源を問う』下巻所載）や談話「足でかせいだ近代日本の実相」（「差別とたたかう文化」8）を読むと、彼には被差別に対する関心が一貫して強くあったことが分かる。

　被差別といえば、賤業とされた周防猿まわしの復活に宮本が手を差し延べ、応援したことは、農業指導や離島振興と並ぶ、いやそれ以上に大きな功績である。発端は俳優の小沢昭一氏が放浪芸の取材で村崎氏を訪ねたことだが、復活の機運がにわかに高まったのは、宮本の熱烈な励ましのせいだった。

私は宮本が被差別の問題にたじろがなかったのは、研究者として、わけへだてなく調査するというだけではない、より個人的な事情も隠されていたのではないかと思っている。

著作にそれが表だって現れないのは、むしろ他人事ではなかったからではないのか。

そう推定する根拠の一つは、生家が曾祖父善兵衛、祖父市五郎の代に没落したことに関わる。自伝『民俗学への旅』は、概略次のように記している。

慶応二年（一八六六）夏、幕府軍が長州征伐を行ったとき、周防大島を攻めた。島の人たちは逃げ場がなくて、みな山間の谷間の小屋に隠れた。善兵衛の家でも堂免という山田のほとりの小屋に隠れた。そこへ伊予で大工をしていた末子の乙五郎が赤痢に罹って戻ってくる。善兵衛は病気が移って死に、谷川の水を利用していた下流の小屋住まいの者も十三人死んだ。以後、宮本の家は白眼視され、おまけに市五郎の代には近所の子供の火遊びが元で、自分の家だけではなくて隣家二軒を焼き、以来村の中では足袋を履くことも許されぬ最下層へと突き落とされた……。

周囲から白眼視され、最下層へと突き落とされたのは、近年のことだが、そのありようは被差別部落そのものなのである。

宮本民俗学は、向日性の民俗学と呼ばれ、本人もそれを自認している。だが、私はそれを鵜呑みにして、宮本を現代の聖者だの恩人だのと祀り上げる気持にはなれない。師の渋沢敬三は、彼を「わが食客は日本一」と讃えたが、「食客」という身分では、ついに郷国に戻ることなく、晩年は秋田藩主の庇護を受けて生涯を終えた菅江真澄と、変わるところがなかったのだ。

（民俗研究者）

エッセイ

宮本流でヤマネコ保護

柚木 修
Yunoki Osamu

長崎県の離島、対馬に住んで三年がたつ。住む人のない農家を借り、集落の人たちと生活を共にしながら地域のことを一緒に考えるのが目的だった。

地域のことというのは「ヤマネコの保護を考慮した田ノ浜地区の圃《ほ》場整備（農地改良）と農業のありかたを考える」という大きなテーマが含まれている。

わたしはヤマネコの研究者でも農業の専門家でもない。自然のおもしろさを伝えるインタープリター。名刺にはナチュラリストという肩書きを使っている。具体的に言うと自然、特に野鳥についての解説や講演、本や図鑑の執筆、ビデオやテレビ番組の制作などを行なってきた。それが生業だった。

取材や調査で世界各地を飛び回った。

また各地の自然破壊の現状、トキなどの絶滅危惧種について憤る日々だった。そのときは生き物や自然からしか世界を見ていなかったのである。自然を見ていても人を見ていなかったのだ。

宮本常一さんにお会いした学生のころに、もし観光文化研究所に通っていれば、もっと早くからその見方は変わっていただろう。実際には財団化されたばかりの自然保護団体「日本野鳥の会」に席があったほどなので、自然一辺倒は増すばかりだった。

そして、その当時に書かせてもらった「あるく

みる きく」の一冊も違ったものになっていたに違いない。

自然しか見ていなかった頃

宮本常一さんが所長をしていた観光文化研究所の月刊誌が「あるく みる きく」である。そのスタッフやメンバーは「あるく みる きく アメーバー集団」略してアムカスと名乗っていた。そのひとり、記録映画のカメラマン伊藤碩男さんと沖縄に鳥類調査に行ったことがきっかけで「あるく みる きく」の一冊を書かせてもらうことになる。

東京都文京区にある東大付属小石川植物園の四季を書いたのだが、「自然は寂しい、しかし人の手が入ると暖かくなる。」といった宮本さんの思いとは違って、今さら反省してもしょうがないのだが、大都会の自然をただ単に切り取っただけの文章には人の温もりは感じられない。

あるとき、ツシマヤマネコの保護について、大学時代の友人に話を聞いた。彼は海外青年協力隊の仕事としてアフリカの国立公園などの現場で監督官として働いた経験がある。

彼は、ワイルドライフ・マネージメントは保護行政だけが行なうのではなく、利害のある地域の関係者、地元公共団体などが同じ土俵で話し合い、つくりあげることが大切であると言う。

彼の考え方は良く理解できた。実践する方法を考えるために、二〇〇一年には、十数回東京から対馬に渡った。「ヤマネコ保護がもたらす経済効果を考える」をテーマに地元の人々と勉強会を行なうためだ。

対馬には約四万人の人々が住んでいる。南北に長い島は端から端まで八二キロにおよぶ。海岸線は九一五キロもあり、その数字はリアス式海岸の特徴を良く表している。一五〇を越す集落はそのような深い入り江の奥に点々とある。

島の面積の八九パーセントは山林。整備されたとはいえ、幹線の国道も大きく上下に波打ち、左右に蛇行して、移動が大変だ。このような島、できるだけ多くの人々と話すためには、東京から通っていてもらちがあかない。

そこで、対馬に住むことにした。

静かな宮本ブーム

二〇〇一年三月、八世帯が住む上県町田ノ浜という集落の空いている一軒家に住むことになった。アシ原になっている十数ヘクタールの休耕地が目前に広がる、素晴らしいロケーション。

ここは江戸時代に対馬藩の飛地があった今の佐賀県の田代から送り込まれた乙成氏が開墾した場所だ。もともと入り江の口がせき止められ、湿原となっていた場所を農地にした。今でもボーリングすると泥炭の厚い層がわかる。集落の人から聞くと、田植えは泳ぎながらしたという。みなは「フケタ」と呼ぶ。おそらく深田の意味だろう。

ここに、圃《ほ》場整備（農地改良）の話が持ち上がった。そしてここは絶滅危惧種。ⅠＡ《いち》類（もっとも絶滅の危機にある動植物）に指定されているツシマヤマネコの保護を中心に設置された国設鳥獣保護区でもある。

そのためか、対馬の中でも圃《ほ》場整備が遅れている地域でもあった。

地元の人々と話しているうちに「ヤマネコの所為で何もできない」という本音が出はじめた。営農のための圃《ほ》場整備というより、一軒の持つ農地が細かく分散されているのを「換地によってまとめて、子孫に残したい」という本音も複数聞いた。わかる気がする。

しかし「土地は個人のものでも、農地は地域のものである」という発想は、とても重要なことだと思う。そこで、圃《ほ》場整備をきっかけに「ヤマネコのおかげ」という農業ができないかを模索しはじめた。具体的にはヤマネコ生息地であることを付加価値とした農産品ができないかである。一方でヤマネコに影響しない圃《ほ》場整備についても地域の人々と考えている。

それとエコツーリズムとグリーンツーリズムを融合させた、新しいツーリズムの創生もはじめている。仲間の漁師も加われば、いわゆるブルーツーリズムも加わることになる。

もっとも、〇〇ツーリズムという言葉には辟易していることもある。そのような言葉の発信のおもとは環境省、建設省、農林省、林野庁、水産庁という霞ヶ関である。

しかし現場、特に対馬のような兼業が多いところでは、エコもグリーンもブルーもみな同じなのだ。

宮本流から学ぶ

二〇〇〇年「旅する巨人」で大宅賞を受賞した佐野眞一さんがナビゲーターを勤めたNHK「人間講座・宮本常一が見た日本」が放映された。

対馬もその発信の場のひとつだった。対馬は静かな宮本ブームにわいた。

宮本つながりは奥深いもので、昭和二六年の九学会調査時代に宮本さんの後をついて歩いた梅野青年として紹介されている醴泉院の安藤和尚。「私が忘れられた日本人の糸瀬博です」と自己紹介される糸瀬さん。

このお二人に出会うと、三十年前に出会った宮本常一さんが初対面の私たちを引き合わせてくれたかのように、打ち解けた話ができたものである。

さて、安藤和尚や糸瀬さんと話しているうちに、ひらめいたことがあった。対馬学を体系化すること。つまり対馬での「学びの場」をどうやってつくるか、何を学ぶかだ。それが自分にとっての宮本流だとおもった。

ひとつは学校教育の場での総合的学習の活用。この方法については全国に発信したいと思うほどうまくいっている。

また、ひとつは成人した若者に対しての「対馬塾」をつくることだ。これは宮本さんがはじめた東和町の郷土大学に似ているが、実際には違う。「ヤマネコ学」が含まれているし「今の時代を生き抜く若者たちの協働の場づくり」を目標にしている。切実なのである。仕事が無いから島を離れる。ではなく、仕事が無いなら、仕事を創出する若者のネットワークをつくること。そのなかにヤマネコ保護が含まれている。

今、対馬でボランティア生活を行なっている。しかしこれは間違っていると自認している。ボランティアだと後の世代に引き継ぐことができない。自分自身もやばい。

しかし、五十まで食えなかった、という宮本さんも、その気持ちの中に、後に続く若い人々が自活できるような状況づくりをしたかったのだろう。

第一次産業の復興と環境・自然保護という新しいテーマの融合、これを宮本流でやりとげたいと願っている。

（ナチュラリスト）

周防大島・伊保田港

水仙忌　周防大島紀行

宮本常一の故郷を訪ねて

●島へ

あれは「花神」だったか、司馬遼太郎の文章に、幕末の周防、大島の歴史は悲しい、といった件があったかと思う。

大島出身の世良修蔵は、奥羽戦線の調整中に、旅籠で斬殺された。同じく、第二奇兵隊の組織者大洲鉄然和尚は、西南戦争前夜、鹿児島方に加担した嫌疑で投獄されている。北隣りの柱島出身の奇兵隊総督赤根武人は、体制に寝返ったとみなされ長州を追われ、幕府に連れ帰られたところをスパイとみなされ斬殺された。同じ周防の村医者のせがれ村田蔵六（大村益次郎）――「花神」の主人公――は、第二次長州征伐の幕軍を迎え撃ったとき、大島の防衛を戦略的に放棄した。

大島を思い浮かべるとき、そういう不幸なイメージが強かった。

風来の民俗学者宮本常一は、この島に生まれ、育った。島を出ることがあっても、必ずいつも帰ってきた。そして畑仕事をし、村人と交わった。亡くなった後も、命日に「水仙忌」という行事が、地元有志の手で欠かさず行われている。こ

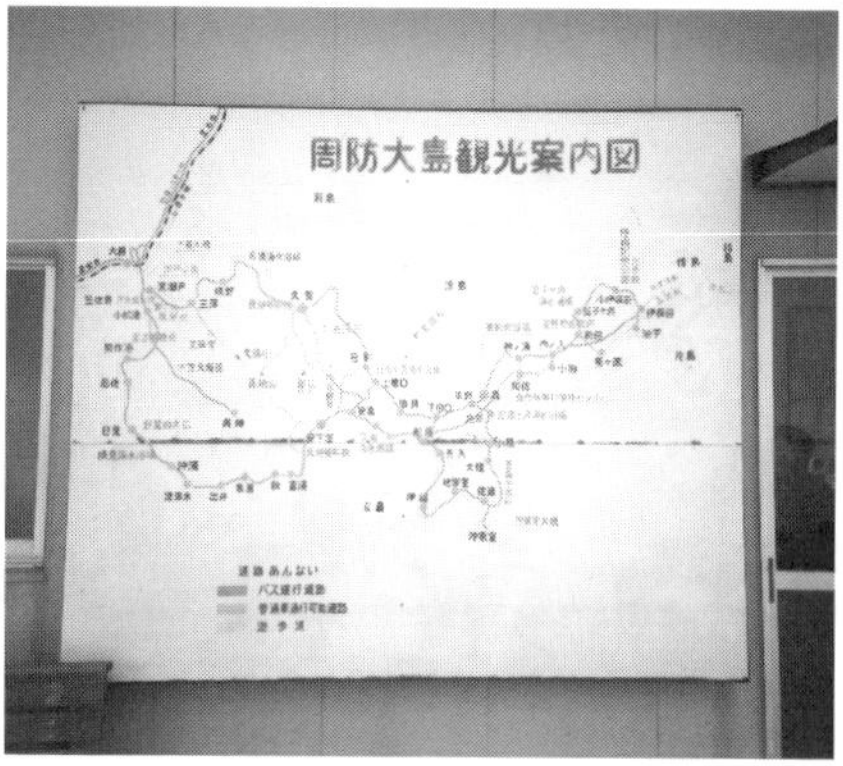

伊保田港にて

松山–伊保田–岩国間・いそかぜ号

のたび、二十五回忌となる命日に、この宮本の生まれ故郷を訪ねてみることになって、じっさいにその土を踏んだ大島は、明るい、あたたかい島であった。

愛媛松山空港に降り立つと、そこはもうひとあし早く春が来たようだった。せっかくの松山、ちょっと足を伸ばせば道後温泉だが、市街にでる余裕もなく、一路三津浜港に向かう。慣れない土地、大島・伊保田港へ向かう高速船の出航まで、あまり時間がないのだ。宮本常一のひそみにならって、出発地点から写真を撮る。

静かな港から、いそかぜ号に乗り込む。船内は百人も乗り込めばいっぱいになりそうなサイズだが、一月二十九日土曜日、乗客は総勢七人。波も穏やかな瀬戸内海に滑りだす。島々や、漁船、航行する外国のタンカーを眺めながら、揺られること三十数分、大島の島影が見えてきた。船は小さな伊保田の港に入ってゆく。

埠頭には、少しだけ船を待つ人がいた。降り立った大島は、ここにももう春の気配がただよっていた。

閑散とした、なにもない港をあとに、バスの停留所を探して、集落の方へ向かう。商店のようなものも見当たらず、お昼どきなのに閑散としている。案内図も見つからないので途方に暮れていると、駐在所百メートル、という矢印に出合い、とにかくそちらの方へ言ってみようと歩き始めると、伊保田正八幡宮という、いい感じの神社の鳥居があった。そのたもとには、水仙が咲きほこっている。「水仙忌」の由来を実感する。

駐在所に出る途中でバス停に出合った。まだ二時間近く間がある。とにかくまずは腹ごしらえだ。しかしお店がまったくない。とうろうろしていると、小川の流れの角っこに「川口食堂」という、いい感じの小さな店の暖簾があった。

川口食堂の暖簾をくぐると、どっしりしたいやいい感じのじいさんがビールを抱えた赤ら顔で迎えてくれた。かたわらにこれまたいい感じのお店のおばあさん。狭い店内、じいさんの向かいに坐るしかなく、どこから来なさったかね、という声とともにビールをつがれてしまう。

問わず語りに、じいさんはなんでも、二十年ほど前までは島を離れていた、放

正八幡宮から臨む伊保田の町

伊保田正八幡宮の水仙

「世間師」と遭遇した川口食堂

浪の世間師であったというではないか。はやくも宮本常一的状況が、むこうからやってきて、とまどってしまう。東京から来たと告げると、新宿の三角ビルにどうこうしてたこともある、とかおっしゃる。宮本常一の名前を出してみると、ああ、聞いたことがあるぞ、とのこと。昔は知らなんだが、あんたは知らんだろう、とおかみさんに話を向けると知らないという。そうだろうと、こころもち勝ちほこるじいさん。ゴボウ天の入ったおいしいうどんをいただきながらビールをよばれていると、これはこれでなかなか貴重な体験なんだが、昼間からとめどなくなってしまいそうで、島の写真がちゃんと撮れなくなってしまいそうな気がしてきて、早々に退散する小心なわたし。じいさんの分厚い札入れを横目に、ビールはご馳走になってしまった。ありがとう、じいさんばあさん。

　せっかくだから駐在所に寄ってみると、モデルハウスのようなそこは鍵がかかっていて、フォンを押しても誰も出てこなかった。

　村を歩いていると、いたるところ、小さい路地があり、その向こうに海が見えるぐあいがなんともやさしくあたたかい。あとでわかるのだが、宮本の生まれたところ、下田《しただ》の方でも、同じような風景になんども出合って嬉しくなった。小津安二郎『東京物語』の尾道の町を思い出したりもする。

　時間をもてあまし、さっき見かけた正八幡宮に上ってみる。人っ子ひとりいない静かな神社だ。上から、伊保田の港と家並みを見下ろすと、写真で見た下田の町と同じような曲線のシルエットだ。

　しばらく酔いをさまして、港に下りてみる。やはり、伊保田の春はなにもない春だ。港にもなにもない。が、なんとかセンター、のような大きなとりとめのない建物があって、するとなにやらピアノのいい旋律がもれきこえてくるではないか。近づいてみると、ちょっと危なっかしいけど美しい音色は、うるわしいさくら貝ひとつ、去りゆける君に捧げん……、の「さくら貝の歌」ではないか。窓越しに背伸びして覗いてみると、なにやら作業着っぽい出で立ちの、禿げかかったおじさんが、意外にもピアニストなのであ

平野の半島

平野の周防大島文化交流センター展示室

った。なにかミスマッチのような、初春の、ひと気のない島の浜に妙に似つかわしい、艶っぽい素敵なしらべにしばし時を忘れる。

●沖家室「鯛の里」

やがてバスが来て、島の中ほどを目指す。瀬戸内海で三番目に大きな島であること、そうはいっても所詮は島だろうというところで、島のスケール感が今ひとつつかめない。予想はしていたことだが、バスの便などもゆったりなので、不案内な土地ゆえ、あまりゆったり写真を撮ったりする時間はないかもしれないと覚悟する。

バスが岬を回るごとに、浦々は、うらうらと春を迎えようとしている。宮本常一の歌を一首――「しめりたる土ふみにつつ　しみじみと　春の近きをおもほゆるかも」。

三十分ほどして、島の中ほど、北に面した浜・平野でバスを降りる。ここから今宵の宿、南にちょっぴり離れた小島、沖家《おきか》室《むろ》に向かうのだが、はたしてバスはあるのだろうか。心配しながら停留所の案内を見ると、なんとか町営のバスが出ている様子。あと三十分ほど時間がある。その間、浜辺にたつ周防大島文化交流センターを急いで見てこよう。

バス道を横切ってすぐ、海辺に近年建てられたこの施設が、大島の宮本常一に関するさまざまな活動の拠点で、著作、蔵書も充実している。また、宮本が写した十万点に及ぼうかという写真も、データで保管されているという。早速学芸員の木村さんにご挨拶し、見学させてもらう。漁撈・農業関係の民具も充実している。漁船の幟もたくさんかかっていて壮観だ。

一路、バスで沖家室を目指す。まず幹線の国道４３７号線を左に折れ、峠を越すと片添ヶ浜を通る。ここは温泉が湧いているところ。明日の泊まり地だ。大島東岸はあまり集落もない海岸を行く。沖に大小の島々が浮かぶ。島と島がつながって見え、海はまるで大きな湖のようだ。

二十分もバスに揺られ、沖家室大橋を渡るともう終点の大浦である。それで、なぜわざわざ本島を離れて沖家至という辺鄙な小島まで行くかというと、そこに

沖家室・鯛の里付近

泊清寺の鰐地蔵

「鯛の里」という民宿があって、そこのご主人の松本さんが宮本常一に私淑する活動家で、全国の宮本ファンの巡礼の地になっているので、私も仁義をきって、草鞋を脱がせていただくことになった。

　同じ村には、泊清寺という、浄土宗のお寺があって、鰐《ふか》供養の伝説を今に伝え、そのお堂もある。ここには、やはり積極的に地元で宮本常一を顕彰し継承する活動の中心になって長年関わってこられた、ご住職で町会議員の新山玄雄さんがいらっしゃって、まずご挨拶にうかがう。いろいろ教えられるところが多かった。地元にあっていかに宮本常一という大きな存在を有意義な方に根づかせるかということを、そのむずかしさを含めて真摯に語っていただいた。多くのことを語っていただいたが、私はここで初めて、宮本常一の精神を継承することの重大性に、今さらながら気づかされたように思う。

　さて、鯛の里は素晴らしかった。とれたての魚、貝、期待にたがわず申し分なかった。文字通り鯛の刺身は文句なしだが、なかでもウチワエビという見たこともない不思議な恰好をした海老は絶品で、肉厚で独特の甘み。見かけによらずデリケートで傷みやすいものなので、東京などへ出荷はできず、ここでしか味わえないという今どき珍しい旬の味。それにしてもすごい量。そして松本さんの名調子。なんでもここは昔は、北前船も出入りしたような、大島顔負けの港町で、大島からも大勢遊びに来たという。前の浜沿いのメインストリートにはずらっとさまざまな店が軒を連ね、この小さい島に映画館が二軒もあったという。ずいぶん長寿を誇ってもいたようで、詳細は佐野眞一さんの『大往生の島』にあたってください。松本さんの宮本常一活動をめぐるさまざまな話やご本人の来し方行く末、硬軟織り混ぜた仕方話に楽しませていただきながら、沖家室の夜は静かに更けゆくのであった。

●アサ子さん

「明日は大雪になるかもしれませんよ」天気予報がそういってる、と松本さんにおどかされていたのもものかは、いい日和でほっとする。昨晩、あんなに余らせて心配した鯛だったが、溜まり醤油につ

宮本少年が遊んだ下田八幡宮

下田八幡宮から我島を臨む

けられていい感じに仕上がっている。けっこうな朝食をいただいて、またバスの旅。

　本日、いよいよ水仙忌があるのだが、その前にいろいろと宮本常一ゆかりの場所をカメラに収めようという魂胆だ。まず、水仙忌に参加するというので集まってきた人たちに、茶粥をふるまって歓待されている地元の有志がいらっしゃる、という噂を聞きつけ、失礼を顧みず、旅の恥はなんとやらということでお邪魔させていただく。茶粥というのは、ここ周防大島の名物で、あっさりとからだにやさしい、鄙にも雅な風情ある一品。

　まったりと旅の垢を落としていると、おだやかななかにも毅然とした感じの媼が入ってこられたと思ったら、宮本常一未亡人、アサ子さんそのひとだった。

　さっそくずうずうしいついでに、少し思い出話などを所望する。とつとつと、しかしはっきりと、問わずがたりに語っていただく。

　宮本はさして丈夫でもないからだで、すごく立派な仕事をしてきたことを尊敬しています。あれだけたくさんの仕事をしてきたのに、非才なわたしはなんの手助けもしてあげられなかった。そのことに忸怩たる思いがありました。さして丈夫でない宮本が、自由に、思う存分に仕事に打ち込めたのは、それを手助けしてくれる大勢の人が、女性の研究者も含めていてくださったからだ、わたしはそのことに今でもすごく感謝しています。

　と、いいつのるように、まっすぐに私を見つめて、おっしゃられるのだ。若輩者の私は、ただひたすらに嚙みしめるように、芸もなくうなずき返すばかりでした。いえアサ子さん、あなたさまがしっかりここを守っていらっしゃったから、先生のお仕事のいちばんの理解者であったからこそ、宮本先生は安心して好きな仕事に思う存分に打ち込まれたのではないでしょうか……。そんな思いを胸にしまいました。

●下田界隈

　さて、あとはいよいよ水仙忌なのだが、五時のスタートにまだ間がある。写真を撮らねばと思いつつ、勝手がよくわからない。とまどっているときに、みなさん

宮本の菩提寺・神宮寺からも海が

明るい下田付近と我島

どうも交流センターの郷土大学で記念講演を聴く、という段取りになっているよう。流れで私も参加させていただくことにし、地元出身で、神戸で自分で版元をやってらっしゃるみずのわ書店の若き社主、柳原さんの車に便乗させていただく。宮本さんの生家の前も通ってくれ、ゆかりの場所を通り過ぎさまにごく簡単に解説してくれ、助かる。そうこうしているうちに、センターに着く。講演の開始にはまだ時間が三十分ある。柳原さんのレクチャーしてくれた下田の村に、ダッシュでとって返す。とにかく、宮本さんの生家裏にあって、幼いころよく遊ばれたという、下田八幡宮を陽の明るいうちに撮らなければ。という思いでミカン畑の中、村道を駆ける。宮本が「私のふるさと」(『ちくま文学全集53・宮本常一』所収)などで「宮の森」と書いたお宮だ。その向こうには、小高い白木山も見える。

海のほうから、幹線道路を横切り、参道は大袈裟だが、鳥居の手前に左右に石灯籠がある。なるほど、宮本さんが書かれたように、たしかに四本足だ、と妙なところに納得する。昔はこの辺りまでが海であったとも。さっそく、鳥居をくぐり、石段を登る。静かな、大きなお宮さんだ。人っ子ひとりいない。鬱蒼とした木々の繁りは、宮本の記述の印象そのままだ。裏側、白木山の麓に、宮本の菩提寺、浄土宗・神宮寺が小さく見えている。水仙忌の法要が行われるところでもある。そちらの方も先に見ておくことにし、急な階段を下り、ミカン畑の間の小径を抜ける。

またセンターへ今度はタクシーでとって返す。愛知大学の印南先生の、棚田の石垣と水道に関する講義はすでに始まっていた。島の幹線道路を少し西、つまり本州の方へ行ったところにある集落、久賀の棚田に関する研究は、もともと以前宮本先生といっしょに調査に行かれたところという。ここにも宮本学継承の形がひとつあった。

さていよいよ、二十五回忌の水仙忌の会場、神宮寺へ。今度は昨夜の鯛の里主人・松本さんの車に便乗させていただく。おんぶにだっこ旅だ。まず、お墓詣り、こぢんまりしたお墓に、水仙の花をたむける。ふりかえると、海も暮れようとし

下田を離れて。本州を臨む

本州・大畠駅からの大島大橋

ている。法要を行って、直会《なおらい》に移る。宴会だ。泊清寺の新山さんの司会進行で進む。さきほど供養のお経をあげられた神宮寺のご住職・柳居俊学さんは、県議で宮本常一関連の中心人物でもあることを知る。交流センターや郷土大学に関係されている東和町の役場の方にご挨拶したり、村で農業されてるおじさんの話をうかがったり、山の竹切り運動を進めているという紳士に、竹が生えすぎると生態系を乱すからと教えられたりするうちに、夜も更けた。

せっかくだから温泉にも浸かりたい、ということで、今宵は片添ヶ浜の温泉に向かう。露天風呂で、S価大学野球部合宿中のイガグリ頭連と浸かりあわせる。ジャパンの某さんでも、仕事、練習、バイトの毎日だそうだとか、体育会のノンプロ就職にまつわる「残酷物語」をもれ聞く。就労民俗学、なんていう領域もありそうだ。まあそれはさておき、なめらかな透明泉が、旅の疲れを癒してくれた。

明日こそ大雪だよ、とおどされながら、今朝もなんとかいい天気。一路、東京へ。

帰路は来た道とは反対に、国道四三七号線を本州のJR大畠駅へバスで約一時間弱。海の向こうには、本州の岩国あたりの街がはっきり見えている。遠近《おちこち》に島が浮かび、エーゲ海もかくやとばかりの多島海。にび色に光るあたたかい海。振りかえれば、下田の村も、平野の村ももう遠くに、ひとつ岬をめぐれば見えなくなった。お世話になった人たち、ありがとう。

大島大橋がまなかいに入ってきた。ここは、万葉のころより海の難所として知られ、大畠の瀬戸、周防の鳴門とも呼ばれたという。橋は、全長一キロちょっと、一九七六年の架橋で、離島に橋を、と呼びかけた、宮本の死にまにあっている。

橋を渡ればもう大畠駅、あとは在来線で広島まで一時間あまり、そこから新幹線で東京までは四時間だ。大畠から振りかえった大島は大きかった。短い旅だったが、大島の人よ、さようなら。

【回想】

つねに全体をつかもうとした達人

田村善次郎
Tamura Zenjirô

私が宮本先生に一番最初にお会いしたのは、東京農業大学の四年のときだったと思います。大学の高松圭吉という先生に連れられて、半蔵門のあたりにあった林業金融調査会の事務所に行って、たしかそこで宮本先生にお会いしたのですが、そのときの記憶はあまり定かではないんです。

林業金融調査会というのは、民俗学者で農林大臣も務め、農政の神様とよばれた石黒忠篤の指導の下に、東京営林署長をおつとめになった平野勝二さんという方が中心になってつくった会で、宮本常一先生はそこで調査研究の指導をなさっていたんです。平野さんという方はいわゆるお役人ですが、民俗学などに関心をお持ちになっていて、大阪の営林局長だったときには近畿民俗学会の研究会なんかも営林局を借りてやっていたりしていました。

そのようなことで宮本先生とは昭和二〇年ごろからずっとお付き合いがある人だったので、林業金融調査会の、いわゆるフィールドワークの指導者に宮本先生を頼んだのでしょう。先生自身も調査には出ていましたが、若い研究者では早稲田大学の社会学の外木典夫さんと、広島大学を卒業して常民文化研究所に行った河岡武春さんと、その当時は農大の講師だったと思いますが、高松圭吉先生の三人が中心になって林業の調査をしていました。私は農大では農業経済学科にいたのですが、どうも理屈っぽいことがあまり好きではなくて、高松先生に声をかけられてはリュックサックを担いで調査に出ていく方がおもしろかったんです。

宮本先生とご一緒に調査させていただいたのは、愛知県の名倉の調査のときが一番最初だったと思いますが、そんなことで先生のお話を聞くようになって、民俗学というものの存在を知り、本も読むようになって、専攻していた農業経済学よりむしろ民俗学や社会学の方にだんだんひかれていったということなんです。

当時は戦後の復興期で、木材の需要が多かったので国有林の伐採が盛んに行われて林野関係はもうかっていたし、林野法の改正もあって国有林の実態調査だとか、山村経済調査などをよくやっていました。林野だけではなく、農業は農地改革、漁業は漁業法改正等もあって、日本全体が非常に大きく変わっていった時期でしたから、いわゆる農村調査というようなものもかなり盛んに行われていたんです。

林業金融調査会という名前からすれば経済的な調査をするべきだったのでしょうが、何せ宮本先生が指導者ですし、その下では外木先生だとか河岡先生といった人たちが走り回っていて、高松先生も農業経営学をやる一方で農村社会学ということで調査していたから、上からは「あんた方の調査は民俗学的な調査だ、もっと山村の経済構造の調査をやってくれないと困る」とよく怒られていました(笑)。

そうやってだんだん勝手なことができなくなって、それでも一〇年ぐらいは続いたんですが、昭和三七、八年ぐらいから会がジリ貧になってきて、四〇年ごろにはどうにもならなくなったのでやめようということになるのと前後して、近畿日本ツーリストが日本観光文化研究所をはじめたわけで、それともう一つ、宮本先生が武蔵野美術大学の教授になられるのもちょうどそのころだったんです。当時は大学がどんどん新しくできたり大きくなっていったりした時期で、四年制の武蔵野美術大学ができたのは昭和三七年ですが、一般教養の自然と社会と人文の各分野にそれぞれ主任教授がいなくてはいけないというので、人文の主任教授が早稲田の河竹繁俊さんで、自然系も早稲田の物理学の偉い人だったと思いますが、社会科学の方で誰かいないかと探していたところがたまたま林業金融調査会の関係者の耳に入り、「それなら宮本さんがいいだろう」ということになったのでしょう、三九年はまだ非常勤教授という感じで実際には学校に出ていませんでしたが、四〇年からは実際に授業をするようになったんです。

私は行くところがなくなったので、家に帰って百姓でもしようかなとも思ったけれど、親父もまだ元気だし、もうしばらく遊んでもよさそうだというのでフラフラしていたので、武蔵野美術大学の宮本先生のところにしょっちゅう遊びに行っていたんですが、この武蔵野美術大学の講義がおもしろくてね。一橋の香月洋一郎君(現・神奈川大学教授)とか、法政の谷沢明君(現・愛知淑徳大学教授)とか、そのほかにもずいぶん外から聞きに来ていました。あのころはそういうのが流行っていて、何しろ同じ人があっちにもこっちにも顔を出しているので、宮本先生は「同じことが喋れなくて困る」ってこぼされていましたね（笑）。とてもそんなふうには見えないのですが。それで四二、三年ごろには日本観光文化研究所に来ていた連中と一緒にヒマラヤに行こうという計画が持ち上がって、ただ私は大学の図書館の職員にしてもらったばかりで、入ってすぐ休職というのも悪いから仕事をやめて出発して、八か月ぐらいネパールをウロウロして五月に帰って来てみたら、図書館の職員から武蔵野美術大学の講師にしてもらっていたわけです。そうやって僕もいつの間にか武蔵野美術大学に入れてもらったわけです。

宮本先生自身はネパールへは行かれてません。宮本先生を引っ張っていけばおもしろかっただろうと思いますけれども、先生は臆病でね。それに胃腸が弱かったものですから外国に出るのは少なくて、最初は台湾だったでしょうか、そのあとアフリカにも行っていますが、無理やりお膳立してずいぶん引っぱり回したような感じでした。国内の調査には武蔵野美術大学以前から先生に連れられて何か所か行かせていただいています。九学会連合の下北半島の調査が一番長くて、そのほかにも結構あちこち行っているんです。そういう意味では、私は一番多く一緒に連れて行っていただいているかもしれません。そのわりには何も吸収していませんけれども（笑）。

横で聞いていますと、先生の話の聞き取り方というのは、それはもうずいぶん自然なんですよ。人柄もあるのでしょうけれど、全然無理しないというか、何とはなしに庭先から中へ入って行っちゃって（笑）。聞いているのは当たり前のことなんだけど、話が進むうちにどんどん筋が立ってくるんです。もちろん最初は話が行ったり来たりしているんですが、それは先生に言わせるとお互いに探り合いをやっているんだというわけで、この人は一体何を知りたいのかということを向こうも探ってるし、宮本先生の方はこの人からは何を聞けば一番いいのか、何を一番よく知っているのかということを探っているそうなんです。先生は根掘り葉掘り質問するわけでもなく、話の腰を折らないように、ただ相づちを打つだけなんですが、それだけで舵をとっていくみたいなことが本当にうまいんですよ。僕らは自分が知りたい項目みたいなものが先にあって、その項目に沿って聞くなんていうことをするからどうしても切り口上になってしまうんですが、先生はそうではないんです。話が非常にスムーズで切れなくて、気がついてみたら夜中だったりしてね。相手に話させる絶妙なテクニックがあって、話の腰を折るようなことはしないし、そうかと思うと食事でいう箸休めみたいなものも入れるわけです。そういう部分は全然ノートしていないので、何を話していたかは正確にはおぼえていないんですが、たとえば、サツマイモやナスやキュウリのつくり方のコツとかに詳しくて、そういった話題を話の間にポロッと入れるわけですよ。相手はたいてい農家のおじいさんですから、「これはいいことを教えてもらった」というのでまた心が開いて、帰るときにはもう喜んでお礼を言われるみたいなことがありましたね。

先生は昭和二〇年代や三〇年代には農業技術の指導でずいぶんあちこちを回っていましたから、そういう知識もお持ちだったのでしょうが、そうやって、話を採取するばかりではなくて、何らかの形で相手にお返しをするみたいなところがありました。その上帰ったらすぐに礼状を書くということもやっていましたから、関係も一度で切れてしまうのではなくて、ずっと続いていました。先生の場合、一か所に留まって非常に綿密に調査をするということはそれほどありませんでしたが、ねばり強く、何回も何回も同じところへくり返し行くことで深めていくわけです。しかし今にしてみれば、よくあれだけ動き回っていたなと思います。自分で忙しくしているような人なんですよ（笑）。

いつだったか『世界の旅・日本の旅』という修道社の雑誌が瀬戸内海特集をやるというので、福永文雄という編集者が宮本先生のところを訪ねていってすっかり宮本ファンになってしまい、先生のところへしょっちゅう相談に行っていたそうなんです。ところがこの修道社という出版社がつぶれてしまい、福永さんも同友館に移って『世界の旅・日本の旅』自体はあまり長く続かなかったんですが、先生は三〇年以降ぐらいからたくさん写真を撮るようになっていて、その写真を何とかしたいということを福永さんも言っていたんですが、いくら先生が整理がお好きとは言っても、時間がないものですから撮ったままになっている写真が結構多かったので、「お前少し整理するか」「はい」というようなことで研究室にいた神保教子さんや私が写真のある程度整理をして、そのあたりから『私の日本地図』シリーズがはじまるわけです。

ところがやっぱり忙しいから、これもなかなか定期的には出なかったんです。四三年の三月から九月まででしたか、先生が入院されたときに、『私の日本地図』が二冊かな、その他の本も一、二冊書かれて、とにかく病気で入院しているのだか原稿書きで入院しているのだかわからないぐらいに仕事をしてね。だから福永さんもよく言ってましたよ、「先生、そろそろ入院してくださいよ、一か月も入院すれば二、三冊できますから」って（笑）。カンヅメですね。

日記を読んでも、何でこんなに動き回らんとあかんのや、と思うぐらい、忙しく動いていますよ。そうかと思うと一日中原稿を書いていることもあることはありました。

調査をしたらちゃんとまとめるということは、自分に義務づけていたんでしょう。たとえば一番最初に『中国山地民俗採訪録』という形でまとまった中国山地の調査でも、歩いた期間はそんなに長くはなかったと思いますが、帰って来て次に出かけるまでの間に、そのときの調査の整理をきっちりするんです。その次の九州の調査はかなり長くて、大隅半島から屋久島から南日向あたりをずっと回りますよね。それも次に出るまでの間に文章にまとめてしまうんです。それはやっぱり自分に義務づけていたのだと思います。

筆が、結果的には速かったということになりますか、ただ短距離走者ではありませんでしたね。最初のうちは調査日報などの資料を見たり、ノートを読み直してカードにとって分類されていたようですが、そのうちに調査ノートの中に赤でそのまま書くようになって、だから頭の中でひと通り整理してから目次をつくって書きはじめるのでしょうけれども、書きはじめるとほとんどスピードが変わらないし、書きつぶしもないんです。だから一日に書くスピードはそんなに速くはないけれど、途中で集中力が切れないから、結果としては非常に速いわけです。

調査で話を聞くときに「筋が立ってくる」という話をしましたが、特に民俗の聞き書きなどの場合は、宮本先生の場合、そのまま書いていけば立派な民俗報告レポートになるわけで、先生は向こうが筋道立てて話をしているからそうなるんだと言われるのですが、そんなものでもない、あの能力は驚嘆すべきものだと思います。ともかく聞き上手である上に非常に話し好きでもあるし、まとめ上手。出し惜しみをしないで何でも話してくれて、その話がおもしろいのでどんどん引き込まれていくわけですよ。だからみんなファンになってしまうんです。書く方も難しいことを平易な文章でさらっと書いていて、誰が読んでもおもしろいものでしたし。

それから宮本先生の研究は、常に全体をつかんでいこうとする姿勢がすごく強かったと思います。たとえば隠居制度を中心に研究している人だったらたいがい隠居制度のことしか知らないとか調査しないでしょう。ところが宮本先生の場合は地域の全体をつかまえようとする姿勢が非常に強くて、だから一つひとつの要素をとってみると弱いものもあって、それぞれがバラバラのように見えるけれど、そういう中から地域の全体感みたいなものをつかもうという姿勢があったということではないでしょうか。それは先生の撮られた写真でも同じことだと思うんです。

文章は読みやすくておもしろいけれど、意外に難しいというのは、こちらが簡単にわかった気になってしまうこととともに、この、全体像をつかもうとされていたことと関係があった気がします。

いまさらかもしれませんが、宮本先生にとって、旅というのは一体どういうものだったか、考えてみることがあります。いつのことかは忘れましたが、「のべ四千日旅をしている」とかいうことを書いたりしていますね。それもどこからどこまでが旅なのかわからなくて、家に帰っているときは旅ではないのかというとそうでもないようで、大島に帰るとおばあさんが農業をやっていますから、田植えとか稲刈りとかミカンの剪定とかを手伝うわけですが、その合い間もどこかへ話をしに行くとか調査をしに行くとかはしていましたしね。それから大阪ではお姉さんの家に泊まるのですが、そのときにも西宮に行ったり、沢田四郎作先生のところに行ったり、そのほかの仲間のところへ行ったりするわけで、「そういうものも旅じゃねえのかね」と言われていました。東京にいても同じで、「三田に寝ていたら旅じゃないのかといえば、そうとも言えんな」とおっしゃって、とにかく亡くなるまでみずみずしい好奇心みたいなものをずっとお持ちになっていたと思いますね。

東と西、ということでいえば、武家社会の構造が残る東よりも、自分の出身で、農や漁をベースとした村落共同体の伝統が残る西の方をより得意にされていたでしょうか。

民俗学というと古いことだけやっているように見えるけれど、そうではないと思うんです。変わっていく世界を常に踏まえ、どう変わればいいのかを考えていこうとする姿勢があったからこそ歩くのがやめられないし、歩き回っていればおもしろいというのは基本的にあるけれど、そういう中でどう生きていくのか、それに対して自分がどういうことができるのかを常に見極めようとして、四苦八苦していたのではないかなと思います。そういう姿勢が、端的に離島問題への関わりなどに出ているということでしょうか。もちろん結論が出たか出ないかはわかりませんが。

たしか柳田国男は「農民はなぜ貧しいのか」ということを研究し、いわば貧しさの発見みたいなことをテーマにしていたと言った人がいたような気がしますが、それに対して宮本常一という人は、「どうしたら貧しさから解放されるか」ということを大きな命題にして民俗学をやってきたのだろうと思うんです。昭和三〇年代あるいは四〇年代のある時期まではそれで行けたと思いますが、高度成長が一段落してからの、そのあとがちょっとわからなくてね。橋を架け港をつくり、あるいは道をつけるということをずっと一つの手段としてやって、その結果がどうなったかということですが、それは宮本常一の仕事ではないと思います。僕たちが、その宿題にいろいろな角度で立ち返っていくことが必要なような気がしています。（談）

（民俗学）

宇部・小野田炭坑古老聞書

宮本常一
Miyamoto Tsuneichi

I 序章

1) 調査にあたっての私見

今回の炭坑習俗調査は在来の民俗調査方法ではほとんど意味をなさない。なぜなら伝承者一人一人の体験がすべて違っていて、一人の話をきいて、それで他を類推することができないばかりでなく、一人の体験者の中から労働過程、信仰、年中行事などをそれぞれ、別々の人がこまぎれに聞いたのでは、それが民俗資料としての価値はほとんどなくなってしまう。一人の体験をできるだけこまやかに聞くことによって、まずその人の炭坑についての全体験を見なければならぬ。そうしないと、その人の中で占めている伝承の資料としての価値を知ることができない。

そして重要なことはいかに多くの体験者から話をきくかということが必要であり、もし部門別な整理が必要ならば項目別の索引をつくればよい。

要はできるだけ多くの炭坑体験者におうてできるだけ綿密に話をきくことである。そのことによって農民が炭坑にどのようなかかわりあいを持っていたかが明らかになって来る。そういうことから考えて見ると、私の調査は時間的にも十分でなかったし、逢った人も少なくて、炭坑と農民とのかかわりあいを何ほども明らかにすることができなかった。

しかしそれではいかにも残念なので私の調査の案内をしてくれた財前司一氏に、私の逢うた人以外から体験の聞きとりをおこなってもらった。財前氏は山口への通勤の途中や日曜日を利用して聞き取りにあたってくれた。宇部・小野田には炭坑事業関係体験者の古老が七十名くらいはいるとのことである。その人びとのすべてを、みんなで手わけして話をきいてみるべきであったと思う。そしてその体験談によってこの報告書をつくるべきであったと思う。文献資料は別にまとめて巻末にでも付加すればよい。

2) 調査日程

九月二日朝　旧沖宇部炭坑住宅事務所へいって石川氏、金山氏から聞く。その人たちの話によって伊藤勝正氏がくわしいというので午後たずねていく。この人は炭坑経営者で、そういう面について教えられることが多い。おいそがしい人なので明日また話をきくことにして、それより上宇部寺の前の倉本ウメノさん（七十七歳）をたずねる。学用品を売っている店さきではなしをきく。子供たちがたえず買物に来て、その方に手をとられるために、きめのこまかな聞き取りをすることができない。しかし女が炭坑でどんな働きをしていたかがわかった。

九月三日　倉本ウメノさんといっしょに働いた藤島キヌさんは琴芝駅前で菓子屋をしているというのでたずねてゆく。この人も店番をしているので店先で話をきく。今年八十歳。記憶力もいいし、大へんな働き者で若い日の話を息をはずませて語る。こういう人にゆっくりと時間をかけて話をきいたら、いろいろと思い出してくれるであろうと思う。

午後伊藤勝正さんをたずねて昨日の話のつづきを聞く。そのあと東本町の福正商事海運会社に小林長次社長をたずねて石炭船のことをきく。これも事務所での聞き取りでおちついた話にならぬ。伝承や体験について話をきくのは椅子に腰をかけたり、立話では目のつんだことは聞けない。畳の上でないと、どうしても話が事務的になる。この夜は美祢の財前氏の家へいってとまる。

九月四日朝　小野田市役所へいって教育長に挨拶し、旧桜山炭坑の住宅に尺田長蔵氏（七十三歳）をたずねる。この人は九州の炭坑にも働いた人で両方を比較しての話は大いに参考になる。ここは畳の上にすわっての話で、こちらの質問に答える形式でなく、尺田さん自身がその体験を熱情をこめて話して下さる。

午後赤崎神社へいく。ここには石炭ガラの上に三百年くらいの松がはえていた。いま枯れているが伐株はのこっている。いつ頃から石炭を掘ったかを知る手掛りになるもので松の根株をくさらないような方法を講じて史蹟に指定すべきものだと思う。それより野来見の炭坑あとを見にゆく。丘の上の林の中にいくつもある。中へおりて見ることはできない。ここにこのような木が茂って来るまえに石炭を掘っていたのであろうから、少くとも四十〜五十年以前に廃坑になったものであろう。あるいはもっと古いかもわからない。坑の周囲に柵をして人が落ちないようにし、その二、三のものは、中へもおりられる設備をして史跡か民俗資料の指定をすべきだろう。廃坑は方々にあるというが、ここは場所もよいし、坑がたくさん群集していて、昔の炭坑を知るには適当な場所ではないかと思う。

それより八幡宮にいたって石炭仲間の奉納した玉垣や石燈籠を見、ひとまず市役所にかえり、市役所の近くに事務所を持つ吉岡義人氏をとう。炭坑経営者の一人。

ここで日が暮れてしまう。夜は小野田郷土研究会の人に話をする。結局今回の調査で話を聞いたのは八人にすぎず、調査というようなものではなかった。町の人たちの生活はいそがしく、ゆっくりと、おちついて話をきくこともむずかしい。

とくに夜の調査がほとんど不可能になった。昔は夜間の聞き取りに大きな効果をあげることができたが、いまはたいていテレビを見ている。家をたずねて話をきくことは家族全体に迷惑をかけることが多い。今回も夜は全然聞き取りをおこなわなかった。都市での調査のむずかしさを痛感する。

なお宇部市では社会教育課長西尾毅氏、小野田市では笹尾克之氏や国弘盛人氏に御案内いただいてよい伝承者にあう機会をつくってもらった。笹尾氏は小野田市にある廃坑のすべてを知っている。そしていまそれをつぶす仕事をしている。危険だから当然のことであるが、本書にはその分布図はのせておいてもらいたい。と同時に野来見のようなところはそのまま保存の方法を講じてほしいことを念願する。

Ⅱ　炭坑経営者の話

1)　吉岡義人氏（明治34・4・15生）　小野田市日出町

○古い炭坑

高千帆地区は私の知らぬ前から石炭を掘っていた。掘り易いところから掘った。高千帆ではいたるところで掘っており、小野田でも丸河内（市街地中央の東部）あたりで掘っていた。

奥の方ばかりでなく、海の方の田尻の向う（竜王山の南側）にも炭坑があった。しかし昔の炭坑を掘った人たちはいまほとんどのこっていない。有帆の中村（市の東北隅）の山下正一さんとその兄は古風な炭坑屋の生きのこりでは古い人である。古風な炭坑というのはすべてタヌキボリであった。

はじめは個人が自分の土地を家族の者で掘っていたが、私のおぼえているころには匿名組合を作って、自分の土地ではなく、坑区をうけて掘ることが多かった。匿名組合というのは仲間をつくって、それが出資し、組合長が代表していて損をしたようなときには組合長が最後まで責任を負うたものである。組合長を普通頭取といった。いま頭取というのは銀行の頭のことになっている。

炭坑を掘っている者はたいてい百姓であった。家で百姓して、かたわら炭坑を掘っていた。百姓のことは家内にまかせて、親父は朝早くからフゴをかるうて仕事にいった。フゴは藁で編みフゴには弁当や着替が入れてあった。帰りにはそのフゴへ焚き炭を入れて帰って来る。石炭は自分の家でも風呂などの焚き物にした。だから炭坑にいく者は焚き物に困らなかった。

炭坑の中には地主には内緒でヌスミボリをするものがあり、そういう坑が山の中には時折ある。掘ってしまうとそのまま放っておくので、雨が降ると地下水のために土がくずれて、坑の底の横穴を埋めてしまうことがある。すると地表も落ちこんでしまう。これをツボオチといった。横坑は石炭の層できまるのだが立膝にコブシをのせた位いの高さで掘るのだから、這いずりまわって掘ったわけである。中には坑の中へ水がふきあげて来て廃坑になることもある。宇部の東の西岐波の炭坑は海底を掘っていたが、水が吹きあげて百八十三人の死者を出したことがある。

旧萩森坑区（市の北部山中）には百坑くらいあったというが、なお自分の焚料に掘ったもので、私が物心のついた頃には五十坑くらいになっていた。その頃はもうナンバで坑内にはいる人はほとんどなくなっていたし、いまその頃の人は一人も生きのこっていない。

ナンバで石炭をあげた頃、坑内の照明はすべてカンテラで、今から思うとずいぶん暗いものであった。このあたりの炭坑は地下水の多いものが多くて、それが一番困った。炭を掘るのにナンバで水を三杯あげ、炭を一杯あげる割合であった。そういう坑では炭を掘らないときでも夜通し水を汲みあげねばならなかった。大きな樽に水を入れてそれを縄でくりあげ、ハナトリが水をすてる。

また石炭の層は水平になっているわけではないので、掘るのにもいろいろの工夫がいる。千崎（小野田駅の西北方）の五次郎という人は石炭掘の名人であった。地盤の固いところはまるくほってゆき、やわらかいところは上を四角に掘り、下をまるく掘った。そしてガタ（坑木）を入れた。ガタは昔からつかっていた。

○炭坑の近代化

炭坑の近代化は匿名組合ができて、資本をかけるようになって来てからであった。そして土地の者だけでなく他所からも人が来るようになってかわって来る。長門起業炭坑などは機械を入れはじめた企業の中では古いものではないかと思う。私は十五、六歳の頃、そこの炭坑のお茶汲みをしていた。そこではタヌキボリをしていたが蒸気釜などすえて機械をつかうようになっていた。機械をつかえば人間がナンバ押しをするようなことはなくなる。また坑の中へおりてゆくにも縄の輪に片足かけるというようなことはなく、ロープにつかまっておりるようになった。またハグリ掘りといって立坑を掘らないで上土をはいで掘ることもおこなわれるようになったし、一つの層を掘った後、さらにその下にある層を掘り、あるいはまたタヌキボリで掘りのこしたところも掘るようになって、第二新沖ノ山炭坑などは三回くらいおなじ坑区を掘りおこしている。

長門起業は厚南の藤田登という人が社長であった。桜山炭坑ははじめ土地の者が経営していたが金を借りて払えず、それを広島県福山の野島土人氏が買った。野島氏は銀行家であった。小野田炭坑は大阪の大岩という人が頭取であった。大浜炭坑は日産系の炭坑であった。後に上野氏が社長になり、一時大いに栄えたが水没のために八、九年まえに閉山した。地下《じげ》（この土地）の者のやった炭坑は萩森だけであったと思われる。

経営者が他所者が多くなっていったように坑員も他所者が多くなって来る。終戦頃の状況を見ると、地元の農民が四〇％、他から来て社宅に住んでいるものが六〇％の割合であった。それが三〇年代になると他所から来た者が九〇％になり、小野田で生れ育った者は次第に炭坑事業から手をひくようになった。

昔は萩森や中村あたりで掘り出した石炭は箱馬車に積んで浜田橋のところ（山陽線鉄橋のそば）まではこんで、そこから船に積みなおし、有帆川を下っていった。後には小野田駅から炭坑まで炭車線をひき炭車に積んで小野田駅に出すようになった。

小野田付近は炭坑ばかりでなく、海岸を埋めたてる開作工事が盛んでそれによってたくさんの新田がひらかれた。開作の石垣積みはたいてい大島郡の人であった。丈夫な石垣を積んだ。その中でも尼崎源三郎という人の名が知られている。大島郡外入の人であった。大島から来た人でこのあたりに住みついた者も少なくないが、いまは代がかわってしまって小野田の者になっている。大島から来た人でまだ生きている人に八十八の婆さんがいる。

開作ができて畑地のところへはワタを植えた。ワタをつくるのが上手なのは岩国の者で昔はここへ岩国からたくさんのワタ作りが来ていたという。

なお石炭を積むのは小郡の南の秋穂の船がたくさん来た。

○信仰

炭坑に関する信仰のようなものは大してなかったと思う。穴をあけるときクサヘギといってタユウをよんで拝んでもらって一杯飲む程度で、あとは一般の村の行事をおこなっていた。

2) 石川、金山氏　沖宇部

○宇部の炭坑の変遷

宇部には古い炭坑のあとはいまあまり残っていないが、もとはいたるところに坑のあとがあった。昔は地下三十mくらいの所に炭があるので、そこまで掘っていった。その下まで掘り下げていくと陥没することがあった。そこでダンチウボリをした。（ダンチウボリについてはくわしく聞かず）

炭坑はまず立坑を掘る。そして三十m下まで掘っていくと、そこから周囲へ掘っていく。つまり石炭層を掘っていく。だいたい十間四方くらいを掘ると、また別の立坑を掘ってその周囲を十間くらい掘る。坑の上には掘立小屋をつくる。そして坑のすぐ上に丸太を三角形に組み、これに小さいナンバをつけ綱を通し、綱の端は輪にしてあって、坑底におりる者はその輪に片足をかけて周囲の壁を片足で蹴るようにしながら下りていく。この綱の一方の端は大きなナンバ（轆轤《ろくろ》）にまきつけてあって、ナンバをまわして綱をナンバにまきつけていくと綱の端はひきあげられることになり、そこに荷をくくりつけておけば荷が上って来ることになる。このナンバをまくことをナンバ押しといった。坑内には水がわくので、桶で水を汲みあげたものであるが、ランカシアボイラーが用いられるようになるとそれで機械を動かして綱をまきあげるようになり、電気で機械が動かせるようになってさらに便利になった。

宇部の農家の者は昔はみな石炭を掘っていた。私の親も石炭掘りをしていた。はじめは瀬戸内海沿岸の塩田の塩焚きに石炭をつかっていたが、日清戦争のときいくら石炭を掘っても足らず、タヌキボリでは駄目だと思うようになった。その頃から他所の者も働きに来るようになった。

元来石炭は宇部より北の方で掘りはじめたものである。船木や小野田の北の方の山地には石炭の露頭があって、それを鉢巻とよび、そういう所は立坑は必要がなくそのまま掘っていったものである。西宇部の山や常盤池（人工湖）の中にも鉢巻があった。常盤池はもとは池ではなく谷であった。その谷の斜面に露頭があって、そこを掘った。今でも池の水の減ったときにはそのあとを見ることができる。

さて、そこのあたりからだんだん海の方へと掘っていったのだが、海岸まで出るのに五十年かかったという。明治の初頃のことで、それから今度は海の底へ掘っていくようになる。海の底へまで掘り進んでいったのは東見初が最初で、これは明治十一年から事業をはじめている。

明治の初頃、宇部の者は石炭というのは燃料として大切なものであると気がついて、しかも宇部の石炭は宇部の者が掘らねばならぬと考え、共同組合をつくって坑区を設定し、その坑区をにぎって、その中で個人個人が立坑を掘って石炭を採るという方法をとった。そして海の底にも石炭があると気がつくようになったのは、ボーリングの機械がはいって来て、ボーリングで地中の状態をしらべることができはじめたからである。ボーリングをやっていてヤケ（砂岩）に出あい、さらにその下にナメラ（頁岩）があれば、その下にはかならず石炭がある。だからナメラのあることをたしかめさえすればよい。

○炭坑の仕事

宇部では早くから共同組合ができて、それが全鉱区の採掘権を請けた形になったから個人が立坑を掘るのは組合から請負って仕事をする形になる。そこで或る一人の人が立坑を掘ろうとするときには、自分が頭梁になって先山をし、そのほかにバンコやナンバ押しをやとうて仕事にかかる。やとう人もたいてい親しい人であった。身分的な上下はない。そして石炭を出して、それを売った金を先山六、後山四、ナンバオシ三の割合でわける。

立坑を掘ることを坑をおろすという。立坑は周囲の土がくずれぬように竹の目籠でまいてゆく。それをシガラを組むといった。坑をおろすときは地神様をまつる。ナンバの框に御幣をたてて祈るのである。

炭坑の設備についての費用は共同組合が持ち、そのかわり組合は炭の販売権を持った。このような方法ならば金のない者でも炭坑を掘ることができた。ただその掘り方にはきまりがあって、危険のおこらないようにしなければならない。そこで組合に坑内係がいて坑の掘り方を指導してあるいた。この人も頭梁さんといった。九州地方には

竹の杖ついてサア
破れ服着てカンテラさげて
頭梁さんとこきやア
ウンとぬかす

という歌がある。風采はあがらないがいばっていたものであった。

炭坑の中では昔は皿に油を入れて燈芯に火をともしていた。石油のカンテラになったのは大正時代になってからである。宇部の炭坑はガスが少ないので爆発をおこすことはほとんどなかったし、タヌキボリの場合は落盤事故をおこすことも少なかった。ガスのたまっていることは匂いなどでわかるので、火をつけて爆発させてから中へはいった。

坑内の作業についてみると、立坑を掘った人が経営者であり、石炭も掘ったので師匠ともサキヤマともよび、若い者をアトヤマとも弟子ともいった。アトヤマは掘った石炭をメゴ（目籠）に入れ、それをスラという台に積んで立坑のところ

まで運ぶ。アトヤマをバンコともいった。バンコは若い者をつかうこともあったが坑が大きくなって、一つの坑の中にたくさんの人が働くようになると、女もはいるようになった。沖宇部では昭和十五、六年頃には五十～六十人の女が中へはいっていたが、昭和十六年に女が坑内に入ることを禁じた。風紀が乱れるからであった。

坑内での服装は裸ということはほとんどなかった。男は着物に縄帯を結んでいた。中には袖無を着ていたものもあった。女も同じような支度をしていた。ただヘコ（腰巻）の短いものをまいていた。それが男の方は昭和時代になると小倉服を着るようになった。

足は草鞋ばきで裸足はいけなかった。かならず足をいためる。ジキタビ（地下足袋）は昭和になってから用いるようになった。草鞋の方が足が軽いのでジキタビへのきりかえは地上の労働よりはおくれた。

なお女が坑内に入れなくなると沖仲仕として働くようになり、宇部では昭和十六年を境にして女仲仕が急にふえて来た。

当時の女坑夫の出で立ち（山本作兵衛画）
（上野英信『地の底の笑い話』岩波新書より）

石炭は立坑のところまで持って来ると、上から下って来ている綱にメゴを吊り、合図をすると、ナンバ押しがナンバを押してメゴを坑口までひきあげる。それを坑口でハナトリ（ナンバ押しの中の一人）がとって地上にうちあげる。

うちあげたものはフゴ（藁で編んだ容器）に入れ、それを馬の背に片方に二つずつ両方で四つつけて海岸まで持って出たが、明治の中頃には馬車ができていた。木に鉄をうちつけたレールを敷き、それに馬車をのせ、馬にひかせたものである。男は十五、六歳になるとみな石炭運びをしたものであった。どこの家にも馬は飼っていた。朝早く起きて馬をひき、二鞍ひくと朝飯をたべ、それから昼までの間に四鞍ひく。炭坑から海岸まで一里（四km）くらいある。

宇部の海岸はもと一面の松原であった。松原の沖は砂浜、砂浜の沖の海は四百mくらいのところまで遠浅であった。その海の中へ桟橋をいくつもつくっており、潮がみちて来るとそこへ船を横着けにし、石炭をそこまで運んで船に積んだ。昔はバラ積みであった。

馬車で石炭を運ぶようになったとき炭坑から海岸までの間にはたくさんのレールが敷かれ、それが松原をぬけて桟橋のさきまでつづいていた。そして野の道は石炭を積んだ車をひいた馬が何百頭というほど行き来していた。まるで絵のようであったが、松があっては石炭を運ぶのに不便なことが多いといって、明治四十年頃から伐りはじめる。大正二年頃までは多少松原がのこっていたが、大正の好景気の頃にはすっかり姿を消し、そこへ家が造られていく。

炭坑の方もはじめは個人によるタテコボリ（立坑掘）が主であったが、日清、日露と戦争があるたびに石炭の需要がのびて、企業化していった。それもはじめは従業員が百人程度のものが多かったが、沖ノ山、東見初、沖宇部、大浜、長生のような会社経営の炭坑が大正二年頃からはじめられる。とくに大正五〜六年ごろ電気が炭坑に入ってからは採炭方法がかわってしまい、経営は大きくなっていくばかりである。

宇部は明治の中頃には戸数三千、人口一万五千人といわれたところである。そして炭坑の仕事にたずさわっているものも宇部の人に限られていたが、次第に他所者がふえて来る。沖宇部の場合ははじめ十人ほどの小さな炭坑であったが、昭和十一年に株式会社にして事業を拡大しはじめたが、昭和十二年には日支事変、昭和十六年には大東亜戦開戦となって、最盛期には従業員一六八四人、家族を含めて四千人余、炭坑住宅に住む者五百戸、他は独身者か土地の者であった。経営者はすべて宇部の人であったが、従業者は二十四県におよんだ。東見初は三十県から来ていた。その中でも九州の者が多かった。

宇部で労働者の周旋をしていたのは岡村滝造という人であった。大正時代になると宇部へも流れ者がたくさん入って来るようになった。流れ者は気が荒らく、宇部の者はおとなしくジマタイので、そういう人とは肌があわなかったが、炭坑に働ける者の人数には限りがあり、どうしても他から来た者を使わねばならなかった。岡村はなかなか腹の太い気の強いところがあってゴンドウの親分といわれ、気の荒い者を取り扱うことが上手で、そういう人たちを大きな炭坑へ五十〜六十人と世話をした。後には大きな炭坑には坑夫を狩りあつめる周旋人が直属するようになり、東見初には岡村の子分の菊原がオヤジとして専属していた。坑夫の周旋人をオヤジといっていた。

このようにして大きな炭坑がいくつも成立していくことになるのだが、昔ながらの炭坑も大正の終りまでアゲの方にあった。瀬戸氏が経営していた。ダンチウ掘りをやっていた。ダンチウ掘りというのは立坑をいくつもあけて掘るものであるが経費がかからぬので採算がとれた。

○運搬・販売

宇部の松原の沖には何十というほど桟橋がならんでいて、そこから船に積んだが、炭坑が大きくなり、ナンバ押しがなくなると、坑内へレールをひいて炭車をひき出して来るようになった。炭車一箱には五百斤の石炭を積んだ。一斤は百六十匁であるから五百斤は八十貫だが、これを〇・五トンと見た。（一トンは正しくは二百七十貫だから一トンは百六十貫で千斤を一トンと換算するにはかなり無理がある。）

石炭を運ぶ船は旧来の帆船とはちがっていた。旧来の船は米を積むのが主であったから船の大きさを石数ではかって何石といった。ところが石炭は斤ではかるので船の大きさを斤ではかるようになる。十万斤積というようによぶ。斤積は大正の終頃からトン積にきりかえられる。そして千斤を一トンに換算したから十万斤は百トンということになった。

石炭を積む船は和船仕立てではなく土《ど》船《ふね》仕立が多かった。このあたりに土船の多かったのは阿知須であったが、宇部へは広島県の大竹や福山の土船が炭を積みに来た。

（宮本注　土船というのはもともと土を積む船で瀬戸内海は江戸時代になると塩浜築造や新田開作のための埋立事業がきわめて盛んになる。そのための土を運ぶ船が土船である。この船が明治になると石炭を積むようになり形も大きくなる。そこで昔土船の造られた地方には海岸埋立事業が盛んであったことがわかる。大正時代になると黒船とも合ノ子ともよばれる洋形帆船に似た貨物船が出現して石炭を運搬しはじめる。）

炭掘という仕事は昔から大へんもうかったものである。はじめは掘った石炭は共同組合が集めて売ったものであるが、炭坑が大きくなると、炭坑自身で船を持って売りあるくようになる。これを直売《じきばい》といった。売りさきは各地の石炭問屋が多かった。また製塩業者のところへ直接持っていくこともあった。それは昔からの伝統によるものであった。塩浜へ売ったのは三田尻から四国の撫養あたりまでの間であった。そして石炭はみな現金取り引きであった。それが明治三十年頃までつづいた。石炭はもとは船へバラで積んで持ってゆき、スコップですくうて籠に入れ、それを仲仕がかつぎあげた。それが明治になって大阪へ積んでいくようになると、塩浜へ売るのにくらべて格別に値がよくて、もうけすぎるのではないかといって炭坑をやめた人があるという。

○信仰・禁忌

炭坑でまつる神様は宇部の八幡様の分霊であった。それぞれの炭坑にほこらがあった。そして炭坑が閉鎖になると御神体を八幡様にかえしたものである。そのとき鳥居や石垣をお宮に奉納したものである。これは小野田も同様であった。

昭和に入ると八幡様をまつるのをやめて大山祇神をまつるようになった。そして開坑した日を祭日にしてまつっているものが多い。沖宇部は四月一日を祭日にし、この日神主に来てもらって拝んでもらうが、これという催しものはない。五年十年十五年には株主をまねいて盛大な祭をし、御馳走した。

また盆には慰霊祭をおこなう。そして夜は盆踊をおこなったものである。慰霊祭は坊さんをまねいておこなう。沖宇部は炭坑でなくなった者が十一名あった。昭和十一年から三十六年までの間に犠牲者を出した。この人たちの死んだとき炭坑葬をおこなったけれど、供養碑はたてなかった。炭坑が閉山になったとき、香炉に犠牲者の名をきざんだものを教念寺に寄贈した。こうすれば寺でいつまでも供養してくれることになる。

炭坑の休みは一日と十五日であったが、そのほかにも八幡様の本祭、盆に二日、正月に二日の休みがあり、三月の節句などは休まなかった。後に日曜日を休むようになる。昭和に入ってからである。出炭の少ないときは日曜日も働いた。働く時間はきまらず、坑内には十二～三時間いるのが普通で、弁当は中へ持って来てもらってたべたこともある。

　炭坑でいやがること、いましめていたことには坑に入ることを遠慮した。女が不浄のときは坑に入ることを遠慮した。また炭坑内では犬を殺すなといわれた。犬殺しが村の中にはいると、人はその日は炭坑に入らなかったものである。

3)　伊藤勝正氏（63歳）　宇部市中央町2—13—22

○明治末年頃までの状況

　私の家は四代まえの吉郎右衛門は塩をつくっていた。塩屋台というところに家があり、そこで塩を焼いていたが、塩を焼くのに石炭を用いた。私の家の山から石炭が出ていた。それでボタ山があり、また塩屋のそばにはスバ山(灰かすの山)があった。このように塩をやくために石炭を掘っていたが、塩ばかりでなく、風呂をたくのにも石炭を用いた。しかもわずかの量の石炭で事足りたという。

　石炭を本格的に掘りはじめたのはその次の文右衛門の時からで、いまでも伊藤山というのが残っている。タヌキボリであった。立坑が二丈か三丈程度の浅いものであった。いま坑はつぶれているが、それとおぼしいものが、伊藤山にはのこっている。

　宇部の町を中心にして周囲の山には炭坑は実に多かったものと見えて、住宅団地をつくるためにブルドーザーをかけていると、坑にぶっつかることが多い。戦前までは採掘していて古い坑にぶっつかることが多く、ロウソクタテ、カナギ、トウシミザラが出て来ることもあった。

　戦前まではその坑がほとんどつぶされていなくて、そこへ落ちこんで行方不明になり、何かのことで坑の中へおりて見たら、そこに白骨があったというような話も多かった。

　炭坑ははじめはほとんど自分の持山を掘ったものである。伊藤家の石炭経営も、そのはじめ石炭の出る山を持っていたことと、塩を焼くために燃料を自給しようとしたことにあった。

　それが次第に企業化へ向って来るのは明治元年に毛利氏がここに石炭局をもうけたことにある。そして明治六年まで毛利氏が統轄していた。明治六年に坑法という法律のできたとき、福井忠次郎というものが法を利用してこのあたりの鉱区を買いとってしまった。福井はその後大阪へゆき、福井の背後には井上馨と品川弥次郎がいて、石炭会社をつくり、福井の息子作蔵が名儀人になった。

　石炭局の局舎は妻崎にあった。私のばアさんの里がその事務所になっていた。妻崎会所といって、石炭を取扱うところがあった。石炭会所は船木、逢崎、有帆、妻崎、岐波にもあった。宇部では全鉱区を掘る世話を伊藤文右衛門がやっていた。明治初年頃には石炭は船木あたりから多く出ていたが、中心が次第に南に移るようになっていった。

　石炭をほるのに機械をつかうようになったのは船木であった。この地区の石炭は藩が主になって掘ったもので、地元の人の自家経営というのはほとんどなく、宇部の場合とは事情がちがっていた。そして明治十年代になると小野田が石炭産出の中心となり、二十年代になって宇部の開発がすすんで来る。その頃は鉱区の大半を買い戻していた。

　小野田ではセメント工業に石炭を必要としたので企業化がおこったのである。

小野田は明治三年には六万六千トン出ていたが、明治二十年には三十万トンにのぼっている。その頃宇部はごく僅かであった。小野田がこのように発展して来たのは明治三年にイギリスの技術を導入したからであった。

宇部の石炭の産出のふえるのは明治三十年に近代設備をもった沖ノ山炭坑がひらかれてからである。沖ノ山炭坑をひらくことになったのは日清戦争の影響で、それまではすべて仲間同志で組んで手掘りで石炭を出していた。ところで日清戦争のとき石炭を政府が買いあげることになり、機械化した炭坑もできたけれども一人の人が小さい炭坑をいくつも経営するという例も多くなった。

もともと宇部の石炭は百姓の合間仕事に掘られていたもので、掘った石炭は居能の問屋へ売った。居能は船着場であった。そこの問屋へ売ると問屋は船をたのんで、その石炭を瀬戸内海沿岸の塩田に売ってまわらせた。その頃は小野田の本山のあたりが石炭産出の中心で本山炭といったが、宇部のものは宇部本山炭というようになり、後に宇部炭ということで世間へ通るようになった。

小野田はもと塩田の広いところであった。そこで塩を焼くのに早くから使っていた。ところが幕末の頃になると他所から石炭を買いに来るようになった。塩を焼くのに火力が強いというので喜ばれた。そこで小野田の者が値を二倍にして売ろうとしたら、相手は文句を言わずに買った。それればかりでなく需要がぐんぐんふえていった。そこで後には三倍、四倍の高値になった。

○運搬船の変遷

居能は昔から船着であった。しかし居能が大きく発展するようになったのは明治三十年頃からであった。居能にいた昔の船はイサバが多かったようであるが、明治の中頃から土船が多くなって来る。（事実大正時代の写真を見ると大半が土船形である——宮本注）土船なら石炭もバラで積むことができる。土船はもともと埋立用の土を運んだ船で、土はバラ積みであった。その土船もだんだん大きくなって二百トンあるものもあった。二百トンの船は二十万斤積みということになる。胴が張って比較的腰の低い船であった。居能は宇部の沖がだんだん埋めたてられるにつれて、港が浅くなり、大きな船をつけると干潮時には干潟にすわってしまうようになるので不便だから、新川港へつけるようにした。新川港は新しく造った港で千トン位の船でも入港できた。船主たちは元通り居能にいたけれども、こうして船は新川へつけ、新川へは他所船もはいって来てにぎわった。（宮本注——大正時代の写真を見ると、港は船で埋っている）

石炭をはかるのに斤のほかにフリというのもあった。これは何斤ほどにあたるか古老にきいて見ないとわからない。

斤ではかっていた石炭がトンではかられるようになったのは炭車ができてからである。炭車ができて、レールを敷いてはじめて炭車で石炭を出したのは王子炭坑で、明治二十七〜八年頃のことであった。沖ノ山も炭車で石炭をはこんだ。その炭車も五百斤箱があり、それを半トンとして計算していたが、それでは半トンには足らないので、大体三カンで一トンにした。それよりやや小さい箱もあって、これは四カンで一トンになっていた。つまり、はじめは斤とトンの換算がかなり出鱈目であったが、明治四十年ごろになるとずっと正確になって来、炭車の石炭を船に積むことになると斤よりはトンで計算する方がよく、船もトン積で計算することになった。これは大きな変化であると言ってよかった。大正時代になると半トン箱が出現した。石炭がフリや斤を単位にしてはかられていた頃には運搬船も小さかったが、炭車が単位になって来ると船も次第に大形になり、土船のような腰の低い船は風浪にも弱いので、腰の高い黒船型が造られるようになって来る。この船は明治四十年頃から多く造られることになる。黒船型になって宇部の人も船を持つようになる。それはまた沖ノ山炭坑の発展とも関係があり、出炭量が著しくふえて来た為であった。しかし宇部の人は黒船に乗ることは下手で結局大して成功した者はなかった。

新川という港は海底を掘っていったのであるが、掘り進むにつれて、ボタや砂がたくさん出る。そのボタや砂で埋めたてて造ったものである。

さて居能の土船や黒船にも限界があり、宇部の者も黒船乗りに適していないとなると、石炭を積む船は他所から来るようになる。はじめは阿知須や丸尾からたくさん来ていたが、後には広島県の能美、倉橋の方からも来るようになった。そうして町の人口もふえて来るにつれて、岬へは他所から漁師がたくさん来て、漁村が発達した。これは広島県の因島や能地のものが多かった。床波も漁港として発達した。

○近代的炭坑の発達

宇部炭は質のよいものが多かったので、それは多く家庭用にしたが、わるいものは工場用にした。九州炭とまぜてつかうと火つきがよいといわれる。しかし宇部にははじめ工場がなかったから工業用にするのは少なく、塩浜に多く売られたわけである。宇部で工場がつくられるようになったのは明治四十年頃からのことであった。

宇部から大阪へ運ばれた石炭もはじめはほとんど家庭用であった。宇部炭はイオウが少なく、黒煙を出さず白煙だったから、家庭でつかいやすかった。九州にもイオウの少ない石炭を出す山があった。そういう所ではその石炭を宇部炭として売っていた者があった。宇部炭は評判もよく値も高かったのである。

さて宇部地方では石炭の層は一段ではなく、五段になっている。だから一段掘ってもその下になお四段あるわけである。一つの炭層の厚さは一・七mから一・八mくらいあり、一つの層と次の層の間隔は十～二十mくらいある。中には三mから五mくらいの差のあるものもあるが、最下層は地表から百mくらいの所にある。しかし石炭層は水平に重っているものではなく、それぞれ斜にかたむいており、また断層によって断ち切られているところが多いので、その掘り方にはいろいろの方法があったが、これは坑内で働いた人にきかねばくわしいことはわからない。

さて五段の層といっても一番上をヒトイシといい、一尺から二尺くらいの厚さの層である。次にフタイシという層がある。これはヒトイシよりは厚い層で、二枚の層になっているのであるが、層と層の間に三～五mの間隔がある。その下、つまり三層目がオオハといって二mくらいの層があるわけである。これは厚いけれども炭質はよくない。さらにその下に層がある。このような順序はどんなに断層があってもかわっていない。但しフタイシが段の下にあることもある。

話が前後したが三段のオオハ（大派）の下にイッスンゴウというのがある。これは一尺以下のうすい層である。これは大へん良質の石炭である。五段目をサントクという。厚さ三尺ほどの層である。質はあまりよくない。三尺層は沖へ出るほど深いところにあり、沖ノ山では海底から百五十尺くらいの深部にある。沖へゆくほど炭と炭との間がひろがる。その上、海のずっと沖になると、地層の上に堆積物が百m以上もたまっているものがある。したがってずっと沖になると、海底三百mのところに炭層のあるところもあり、坑道はそういうところへも延びていた。

ところが沖ノ山炭坑は沖の方では五百m四方に断層のないところがあって、そういうところは掘るのに能率があがり、大きな効果をあげたことがある。そしてそれはそのまますばらしい収益につながった。

沖ノ山のこのような成功が東見初、沖宇部、長生などの炭坑を沖合海底へとのびさせていったが長生炭坑は大きな陥没をおこして死者二百二十人を出してつぶれてしまい、東見初も二百四十人の犠牲者を出したことがあった。

宇部の炭坑の特色はすべて宇部の人が経営していて他所者の経営者がいないということである。しかも宇部の石炭は山口の炭坑の石炭の八割をしめていたことがあった。そして昭和十六年には五百万トンの石炭を出したことがあった。そのうち沖ノ山と東見初がそれぞれ百万トンを出し、残りの三百万トンを八十三の中小炭坑で出していた。そして従業員は三万五千人から三万六千人にのぼっていた。そのうち地元の者は経営と事務にあたり、労働者は他地方から来るようになっていて、昭和十六年頃地元の人で坑内にはいっている者は僅かばかりになっていた。いつの間にか労働者の大きな交代がおこなわれていたのである。そしてこのような情態は戦後まで引きつがれる。

昭和三十年頃から石炭から石油へと燃料がきりかえられることになり、炭坑が次々に閉山してゆき、最後に閉山したのが若山炭坑で昨年のことであった。

○伊藤氏の炭坑経営

私は絵が好きで若いとき東京へ出て絵の勉強をし、方々をあるいて絵を描いたり、舞台装置をしたりして生活をたてていた。昭和の初頃のことで、その頃は大へんな不景気で、就職口などなかった。私の兄は宇部セメントにつとめていたが、ソーダ研究のためドイツへいくことになり、母にすすめられて郷里へかえって家の世話をすることになった。

ところが昭和六年には満洲事変がおこり、それにつれて景気が出、宇部にはたくさんの炭坑ができた。そして本山炭坑を日産が経営することになった。そのときすすめられて本山炭坑につとめることになった。

はじめは労働者として使われ、炭坑の仕事をおぼえた。そして三年間そこにいた。日役ははじめ一円五銭であったが、三年目には一円二十銭になっていた。ところが竹中常務が日産から出て、別に炭坑を経営することになり、炭坑内の実状を知っている者がいないと困るのでいっしょにゆくようにすすめられて日産をやめたが、一般の人は日産は給料がよいのでやめる者はなかった。そこで私は創立事務を全部私一人でやらなければならなくなった。それでもようやく小さな炭坑を竹中氏を助けて経営することになった。私は炭坑の所長になった。実権をまかされているので思いのままにやったが評判がよくて労働者はたくさん集まってくれた。それから三年たって昭和十七年になったが、この年大きな台風に見まわれて炭坑は荒れはてたけれど、みんなで協力して復旧して操業を再開することができた。そのうち竹中氏が身体をいため事業から手をひくことになった。いろいろのいきさつの末、古谷氏に売ることになった。古谷氏は従業員もそのまま引きついだが、はじめの約束とちがって従業員を大事にしなかったので古谷氏のもとを去り、伊藤氏のところへ来て、伊藤氏に炭坑経営をすすめた。そこで昭和十八年、災害をうけて経営できなくなっている炭坑を買い、仲間の者と復旧に力をそそぎ、経営できるまでに恢復した。

炭坑というものは大手の山をのぞいては、金のないものが、どこかで金を借りて一か八かで経営するものが多く、いろいろの無理をしているためにつぶれるものが多かった。資産のあるものはあまりやらなかった。

私の場合も成功はおぼつかないので、もし失敗したときは家族もまきぞえにしてしまうと思ったから妻に財産をわたして離婚し、身軽になって炭坑経営にあたることにした。

私の家は先祖代々炭坑を経営していたので同情してくれる者も多かった。しかし成功するとは考えられなかった。ただ宇部の炭坑は経営者と労働者との間に差も少なく、お互親しくやっているので、経営者の方がしっかりしておれば、その気風か労働者にもつたわり、一致結束することができた。私の炭坑で働いた者は職員はすべて宇部の者、労働者は島根・広島・愛媛の者が多かったが、いずれもこの土地に早くから来てこの土地におちついている者たちであった。島根から来ている者など親の代に来て炭坑に働き宇部の者になっているものもあった。

炭坑へは季節的に働きに来る者もあった。新潟・秋田から来る者が多く、しかも毎年きまった人がやって来た。たいてい一定の炭坑で毎年働くのだが、そういう炭坑は季節労務者に親切であり、労務者は十一月に来て三月まで働いてまた帰っていく。私の炭坑は季節労働者を入れることはほとんどなかった。地子（地元労務者）だけで事足りた。宇部の最寄りの人がやって来てくれた。私の炭坑は幸にして危険性が少なく、仕事もしやすかったので労務者は得易かった。

さきにも言ったように金のある人は炭坑をやらなかった。明治の初頃は下級士族が炭坑を掘っている者が多かった。宇部は毛利家の家老の福原家の給領であった。福原家には陪臣がたくさん居た。明治維新後その人たちは武士をやめたので生活に困った。そこで殿様の福原氏が炭坑を掘る権利を確保してやったとも伝えられている。その人たちは炭坑を経営するのに金持ちのところへ金を借りにいって仕事をした。私の家も祖父の時代には財産も十分にできていたので祖父は酒造をやり、また銀行を経営していた。

宇部の町を今日のようにつくりあげて来た功労者の渡辺祐策も、その家が火事で焼けて貧乏になり、その家をおこそうと考えて炭坑経営をはじめ、後に沖ノ山炭坑を大きく育てあげていくことになる。財産のある者で炭坑経営をした最初の人は国吉明信であった。それも自分の持っている土地から石炭が出るので、経営は別の人にさせ、国吉氏が名儀人になった。立坑が二十〜三十尺くらいの間は個人経営もあるが、動力を用いるナンバができて、立坑が五十〜百尺の深さになると個人経営はむずかしくたいてい共同経営になった。手押しのナンバのできたのは天保十一年であったといわれている。

私の父ははじめ三井物産につとめていたが後に炭坑経営するようになった。父の時代からは金持ちで炭坑経営する者も多くなった。炭坑を軽蔑したような人はたいてい没落している。炭坑まではやらないと自慢していた人が、炭坑の事務所の事務員になった例もある。何といっても宇部という町は明治中期から炭坑景気にのって発展して来たのだから。しかし一般には炭坑経営は上層の人たちのするべきものではなく、そういうものに手を出すと、「宇部トウジン」といわれた。トウジンというのは馬鹿者とか酔狂者の意である。但し出資して陰分《かげぶ》をもらっている金持ちはいた。

宇部はもと毛利家の家老であった福原の領地が六千石ほどであった。土地をひろげるには海を埋立てるよりほかになかったが、その埋立もあまりおこなわなかったから、明治の初頃まであまり大きな金持はおらず、みな炭坑かせぎにいそがしかった。開作のあったのは西方の方(厚東川の西)でそこは暮しもゆたかであった。そこで宇部の者は「西方へは嫁にやらぬ。金がかかるから」と言ったほどで、事実娘を西方の方へ嫁にやったものはなく、宇部は村内婚の盛なところであった。しかし石炭の値が高くなるにつれて宇部も次第にゆたかになって来た。そして宇部の者なら、たいてい炭坑で働いた経験を持っており、明治三十年頃までは他所者が坑夫としてやとわれることはほとんどなかった。

それにくらべると小野田は初めは条件のよい所であった。小野田のセメントがあり、硫酸会社があり、陶器会社があり、今日いう工業都市であった。そして仕事もたくさんあって出来のよい子は小野田へゆき、餓鬼大将が地元の炭坑で働いた。そして小野田へは他所者が多く来て働いた。地元の者で炭坑で働く者は少なく、刑務所を出たものが炭坑へ来たという。労務係が刑務所へいって出所するものを連れて来、雇主にはそれをかくしていたといわれる。

しかし私の炭坑のように会社組織の大きな経営でない経営は昔のままに地元の人が働いてくれているので、経営は堅実であった。

私の場合はそれまで経営していた小さな炭坑で坑主が金につまって投げ出したものや、経営がいやになったものなど引き請けて、多いときは十三の炭坑を持っていた。一方には沖ノ山や沖宇部のような炭坑もあったが、一方には昔ながらの経営で、なお経営主がいくつかの炭坑を持っているという私のような例もあった。そして戦後は政府から金を借りて経営していた。とくに戦後沖ノ山炭坑が戦時中の乱掘で衰えていたとき、待命になっていた坑夫たちが遊んで困っているので、その人たちに金を出して開いた炭坑もあり、各炭坑の責任者たちは皆重役にしていたので重役の数が百人以上もおり、従業員の数が二千八百人にのぼっていた。ところが昭和二十四年ドッジが来てインフレーションの引きしめをしたとき、それにひっかかって、事業を整理しなければならなくなり、その上銀行から見放された。銀行がいままでの融資を整理したいから、一応返済してもらい、あらためて貸付しようというので、借銭を全部整理したところ、そのあと少しも貸さなくなった。そこで思いきって炭坑経営をやめることにし、幸い土地をたくさん持っていたので、その他の借金も整理した。

(宮本注—伊藤氏の炭坑経営のはなやかだった頃の話はきわめて興味あるものであったが、炭坑経営には直接関係ないので省略した)

○炭坑関係の信仰、俗信

宇部には宗隣寺という禅宗の寺がある。これは福原氏とその家来八十人ほど檀家に持っている。しかし宇部在住の百姓たちは真宗が多く、したがって迷信めいたことはできるだけ避けた。ところが炭坑の景気が出てくるにつけて、他所から来るものが多くなり、かえって迷信めいたものも持ちこまれて来た。

宇部は現在人口十五万であるが、明治初年には五千~六千人程度であった。これに合併した町村の人口をあわせて三万ほどになり、それがふえて六万くらいになっているとみられる。すると他所から来た者が八~九万程度であろう。だから炭坑での信仰や迷信などは他所から来た者にもきいてみないとわからない。炭坑の中では昔いわなかったような迷信がいくつもあるようである。

もともと迷信の少ないのは真宗の関係ばかりでなく、タヌキボリをしていた頃には炭層が浅いところにあり、窒息をおこすようなこともなければ爆発もなく、落盤もなく、中へはいって働いて危険を感ずることがほとんどなかったことも原因していると思う。

しかし山の神に安全祈願はしていた。大山祇神社(愛媛県大三島)からお守りをもらって来て、それを御神体にして各炭坑でまつっていた。大きな炭坑では大きな祠をたてている。祭のときは町の氏神様の神主が来て祭をおこなう。

沖ノ山炭坑は牛岩神社をまつっていた。牛岩という岩があって、そこに神社を建てたので牛岩神社と名付けたのであろう。御神体は大山祇のお守りである。そしてこのお守りは毎年大三島へいってうけて来る。古い分は大山祇神社へもっていってお礼を言ってかえす。大三島へまいるのは炭坑経営者と労務者代表で、毎年月日はきめないでまいった。

九州の炭坑は英彦山神社や宗像神社をまつっているものが多いという。

炭坑の中での信仰らしいものは、犬が災害を予知するといって犬を大事にし、犬が横切ると縁起がわるいといって炭坑にはいらない者が多い。

また夫婦喧嘩をしたときは炭坑へはいらぬ人もある。これは他所から来た人である。信仰について私の気付いているのはその程度である。

Ⅲ　炭坑の作業

1) 倉本ウメノさん（77歳）上宇部寺ノ前

私が炭坑へいったのは十八歳の頃であったから、今から六十年ほどまえになる。私はクヨリや沖宇部炭坑へかせぎにいった。その頃チワラジ（乳草鞋）一足が二銭。餡のはいった餅一つが二銭くらいであった。弁当の御飯は持っていっておかずは漬物で、その漬物へ仕入れ（販売部）へいって醤油をかけてもらうと二銭であった。

私の家は草江の方にあって、クヨリへかよった。炭坑へいくようになったのは炭坑からやといに来たからであった。炭坑の中へはいって働く人はたいてい一つの炭坑を経営する人で、普通の百姓はようはいらなかった。しかし女でも中にはいる人がいた。後山の仕事をした。上（外）における者はナンバ押しをしたのだが、ナンバ押しが日給七十～八十銭の頃に、坑内にはいる者は一円くらいもらった。

私の子供の頃に立坑にはいる男と女は中でたいてい関係していたもので、「立坑夫婦は内縁夫婦」といわれたものである。夫婦関係にならぬと先山と後山の呼吸がよくあわなかったという。そして炭坑の中のことは炭坑の中のこととして割切っていた。しかしケイジ（エレベーター）で上下するようになった頃、坑内で働く男女は正真正銘の夫婦であった。その頃には一つの坑の中で働く者も多く一つの坑内には男女一組だけというようなことはなかった。

私の小さい頃には小さな炭坑が方々にあった。だから私たちの友達でも一つ坑に働いているものはほとんどなくみな別々であった。日役は朝八時から午後五時までで、五時の時計が鳴ると坑口から「五時が鳴ったからあがらんかな」と声をかけた。すると綱へぶら下って上って来る。

私がはじめて炭坑へ働きにいった明治四十年頃には一日に二十九銭もらった。いまから思うと安いものであったが、他の働きにくらべるとよいもうけであった。昔はこのあたりでは木綿糸を買うて機を織ったものだが、その木綿糸を買う金がなくて、炭坑へかせぎにいったものである。白い木綿糸を買うて、それを染め、まぜ糸をして、盲縞のような布を織り、それを仕立てて着てナンバ押しにいった。炭坑へいかないものは機織を仕事にした。

炭坑へいくのはたのしみであった。そこへいくとワァワァ笑ったり話したりすることができる。私は坑内へ下ったことはなかったが、私の友達で坑内へ下った者は多かった。坑内の方が賃がよかったからで、坑内で何をしていようとがめだてする者はなかった。

炭坑へいくのは百姓仕事のひまなときが多く、一年中いくという者は少なかった。ふだんは百姓で、麦刈り、田植え、稲刈りなどをしてそれから麦刈りの頃までを炭坑で働いた。

炭坑へはどこの家の者もいき、貧しいからいくというようなことはなかった。

賃は月末にもらったものであるが、東新川の水神様のところに緑座という芝居小屋があって、炭坑の人が時折そこへつれていって芝居を見せてくれるのはたのしみであった。

賃が高くなって来たのはいつ頃かよくおぼえていないが、多分二十一歳の頃であったかと思う。小野田の中ノ原炭坑へ働きにいったことがあるが、そのとき四十銭もらったのをおぼえている。大変賃がよかったという感じであった。

大正時代になると沖ノ山や東見初のような大きな炭坑がいくつもあって、そういう所へは他所から来たものが主として働いていた。土地の者は他所者をおそれた。とくに筑前から来た者は気があらく、筑前バラといっておそれた。この土地のものは小さな炭坑を自分たちの力だけで掘る者が多かった。私も宇部の者の掘っている炭坑で働いたものであった。ナンバ押しの仕事は期限があるというようなものではなく、世話してくれる人がよくないと一カ月ほどでやめることもあれば、よい人の世話で仕事をすると長くつづくことがあった。よい人の世話してくれる炭坑は炭坑の人もよかったからである。

大正八年の米騒動のときは大変だった。私の父は大畑炭坑のサバクリ（世話方）をしていたが、騒動がおこったとき、家へかえって私に百円持たせておいて鉢巻をして出ていった。それから父はそのまままなかなかかえって来なかった。藤田村長が酒を一挺買って鏡をぬいて、それをさわいでいる人たちに飲ませて話したら静まるだろうと待っていたが、その方へは来なくて、大三隅へ来て騒動した。また新川あたりは道路へ米、ウドン粉、アズキなどまきちらして大へんであった。そのうち山口から兵隊が来てとり静めた。

私達のように百姓のかたわら炭坑働きしている者は物の価が上っても何とかやっていけたが、他所から来て、炭坑の働きだけで生活している者は米の値がどんどんあがっていくので暮しがたたんようになってしまっていた。

炭坑へ働きにいくときの支度はカケタビに草鞋ばきで、脚絆をはき、着物を短く着ていた。さきにも言ったように、昔は刈入れから田植までの間が炭坑働きのときであった。そして常盤の池の水を出すと炭坑の仕事を休んだ。その水が田にまわって田植がすすむ。田植がすむとまた炭坑に働く者もあり、百姓仕事をする者もあった。

炭坑のナンバ押しは十人ナンバと八人ナンバがあった。石炭をあげるときは六人から八人くらい人が必要であった。しかし小さい炭坑は二人くらいでまきあげることもあった。小さな炭坑を勝手掘りともオアナイともいった。たいてい大きな炭坑のそばで掘っていたものである。ナンバのことをバンゴともいった。朝から晩までバンゴを押すほど仕事があった。バンゴを押すときは歌をうたった。歌をうたわぬと足がそろわなかった。歌はたくさんあったが節は一つであった。いま歌はほとんど忘れている。おぼえている人もあるだろう。一つだけ歌ってみましょう。

〝親と親との約束なれば　いかにゃなるまい泣く泣くも〟

ナンバは女だけが押したものである。六十歳までの人が働いていた。ナンバ押しがやんでしまったのはいつ頃かよく覚えていない。石炭はメゴに入れてあげる。あげた石炭を箱に入れた。するとカケマワシといって事務所の人が来て箱の石炭をしらべ、一箱いくらで事務所（炭坑組合）で買うた。

炭坑というところは気楽であった。小さい炭坑だと仕入れ（売店）もなかったから、三升鍋をさげて炭坑へいき、それで御飯も汁もたいてたべた。石炭はいくらでもあるのでイモやカキモチなども持っていって焼いてたべた。ヤキイモはみな好物であった。

このようにして十八～十九歳から二十五～二十六歳までナンバ押しをして嫁入の支度金をつくるとやめる者が多かったが、中には六十歳頃まで働いたものもあった。

炭坑の中で働くバンコの方は十五～六歳で炭坑に入って十八歳くらいまでバンコをしているとサキヤマにしてもらえた。

このあたりの娘は昔はみな炭坑に働いたから、嫁に行くときはみなキチンとした一通のものを持っていくことができた。

私の住んでいるこのあたり（寺の前）は昔から家がたくさんあった。そして一月十九日には寺の前市とて市がたったものである。その頃は新川のあたりは松原で、今市役所のある所にはお宮があり新川市というのがたっていた。私の十八歳の頃まであった。お宮の祭に市がひらかれたのである。八幡様の祭や維新社の祭にも人が集まった。教念寺（倉本ウメノさんの家のまえの寺）は一月十六日が報恩講、五月二十一日が親鸞の誕生日で祭があって人がたくさん詣ったが、市は一月の報恩講のしまいの日にたつだけであった。

2) 藤島キヌさん（80歳）宇部市琴芝駅前

○ナンバ押しの頃

私が琴芝駅前で店を持つようになったのは十五年まえからで、生きている間は働かねばいかんと思って、今でもこうして働いている。私が草江へ嫁にいったのは二十二歳のときであった。主人は炭坑つとめで、私は百姓することにしていた。ところが主人が炭坑の納屋棟梁になるというので家を売って新川の田の中へ家をたてた。一軒家というものは風がよくあたって、風のつよい日は家がよくゆれた。主人は三十八歳の年に死に、私はそれから後家になった。

私は十九歳のときから嫁にいくまでの間清水川、恩田、野中、笹山、新堀、下恵比須などの炭坑へ働きにいった。その頃私のいった炭坑はみな小さくて、一つの立坑で二～三カ月も掘ると、また別の坑を掘らねばならぬようなものが多く、一反に三十も四十も坑をあけることがあった。立坑を掘ると、横へ坑を掘っていく。そのときワクという木を幅四尺ほどに二本たて、高さは人間の背丈ほどで上に横木をのせる。落盤を防ぐためであった。掘りすすむにつれてだんだんワクを入れてゆく。もとは縄に片足かけて、ナンバで下してもらった。坑は十六～十七タケくらいあった。深いものでも二十タケくらいだったが、見初炭坑のところは二十七タケもあった。そういう坑はケージをつかわねばおりていけない。そういう坑でも昔だったら男が掘りさげていくことはあった。深い坑ほど途中で水の湧く層があって、その水はポンプでかえねば追いつかない。ケージで上下するような立坑でも、昔は男がツルハシで掘りさげた。この人をウワヌキといった。

私はバンコとして坑の中へはいったことがあった。中での仕事はメゴへヨツ（ガンヅメ）で石炭をかき入れる。炭を掘っているところは割合ひろく、仕事をするのはらくであった。メゴの石炭が一ぱいになると、それを二つスラにのせそのスラをひいて立坑のところまでいく。

スラの裏には鉄が打ってあって、よくすべる。一つの立坑のまわりを掘ってしまうと、昔は仕事をやめた。すると坑の中には徐々に水がたまってはいれなくなる。水のたまらない坑は土をいれて埋める。人が落ちこまないためであった。

一つの坑の中を掘るには三月くらいが普通で、六カ月もかかるものはほとんどなかった。みな小さい規模のものであった。

宇部のナンバ師はみな絣の着物を着て、絣のお腰をしていた。着物は袂付きで、タスキをかけていた。ところが私が炭坑へいくようになって二十年もたったころ、いまから五十年も前のこと、袂付きから鉄砲袖にかわって来た。

坑にはいる男はシャツ一枚であったが中へはいると裸になった。女も着物を着て中へはいったが、仕事しはじめるとお腰一枚になることが多かった。

立坑のそばにはたいてい掘小屋がつくってあった。中には土間に三尺四角のイロリがきってあり、いつも石炭をたいていた。イロリには自在鈎がかけてあり、それに鍋をかけ、御飯はその鍋でたいた。女は弁当を持っていく者もあった。弁当だけでは足らないので、間でイモやコオリモチを焼いてたべた。

炭坑の働きをつらいと思ったことはない。むしろたのしみなものであった。一つの炭坑でナンバ押しは六人押しと八人押しとかいっていたけれどもきまりはなくて五人のこともあれば六人のこともあった。ナンバを押すとナンバに綱がまきついて、坑の底からメゴがあがって来る。それをハナトリがとって、あとへ空のカゴをつけて下へおろす。ハナトリのはずしたカゴはナンバ押しの女がかついで、炭車にうつす。そして空になったカゴをすぐ綱につけておろす。

ところが立坑にケージがつけられて、それが上下するようになると、炭坑の中の横坑にはレールをしいて、台のついている車に箱を二つも三つものせ、その箱に石炭をスコップですくいこんで一杯になると車を馬にひかせて立坑のところまで運ぶようになって来た。箱は間中《まなか》ほどの大きさの箱であった。その箱は車もつけたままケージであげて、地上のレールにのせて浜まで持って出る。そして空箱の車を坑内へおろすようにした。それが後にはエンドロ（エンジントロッコ）で出すようになった。ところが戦後はトラックに積んで出すまでに進歩した。

ずっと昔は坑から地上に出したものはフゴに入れ馬につけて浜まで出したといわれるが、私達の記憶にないから明治二十年以前のことであろうと思う。石炭を船に積むところをハタバといった。波止場であろう。桟橋がつくってあって、そこまで車で持って出て、横着けになっている船に石炭をうつすようになっていた。その頃宇部の山手の農家ではどの家でも馬を飼っていて、百姓が仕事の合間に馬をひいて出て石炭を運んだという。

また所帯を持っていないような若い男はほとんど石炭を掘りにいっていた。

宇部というところは子供には割合よく勉強させるところで、男も女もたいてい四年までは学校へいった。奥の方の村では学校へいかぬものが多かったという。しかし宇部でも四年を卒業すると炭坑へ働きにいった。私の父はもと大工であった。そして上宇部の小学校をたてたが、その頃の日役が六銭であったと父がはなしていた。その頃は一厘銭や二厘銭が通用していた。中に四角な穴のあいた昔の銭である。明治二十七〜二十八年頃、祭の小づかいが一銭二銭くらいであり、くらしのよい家の子は五銭くらいもらっていた。

　その頃子供達は小づかいかせぎに泥の中にこぼれている石炭をひろいにいった。メゴに一杯ひろうと一銭もらえたものである。メゴの大きさは径が一尺五寸ほどあり、深さもそれくらいあった。メゴは沼に籠屋があってその人がつくっていた。その人が死んでからもう五十年になる。ケージまであげる籠は大きなものであった。

　はじめ百姓仕事の合間に掘っていた石炭が、明治三十年代になると専門に石炭を掘る者ができて来た。そういう炭坑では、炭坑のそばに納屋をたて、そこで事務をとった。その納屋を管理し、坑夫たちの世話をする人を納屋棟梁といった。納屋棟梁は十人二十人の炭坑夫をひきつれていて、炭坑から炭坑をわたりあるいた。

　私の子供の頃にはこのあたりにはたくさんの納屋があった。百軒以上もあったであろう。そして他所から来た者はその納屋に住んでいた。そういう納屋が二十軒くらいはあったものと思われる。納屋の便所の汲みとりは百姓がみな引きうけていた。便所は共同便所であった。普通の便所とおなじで、それを樽に汲み入れて一つの馬車に四つ積んでひいていったものであった。そういう馬車をシャリキ（車力）といった。一方開（ヒラキ、地名）あたりの人は野菜をつくって納屋へ売りにいったものである。このあたりは昔はキツネのよく出る所があって、朝早く野菜を売りに出かけた女がキツネにだまされて野菜をとられた。キツネが婆さんに化けて出て来る。そしてコトーッとこける。その方に気をとられていると野菜がなくなっていたという。

　若いとき炭坑でナンバ押しをしたのはたのしみなものであった。もうけた金は親にやるというようなことはほとんどなく、みな自分のものになり、好きなものを買うことができた。そして着物を買うことが多かった。一反に二円出せばよいものが買えたし、久留米絣は五円くらいで買えた。針箱は七十銭で買うたのをおぼえている。私の家は父が大工、母が百姓で食うことにも金にも困るようなことはなかった。

　私の嫁にいった先も百姓で田地を六反ほど作っていた。主人は炭坑働きで納屋棟梁をしており、私は六反の田地を作った。女一人で六反作ることができた。馬一頭を持っていて重い荷はすべて馬につけて運ぶことができたからである。百姓を六年やってから主人が西沖炭坑の納屋棟梁になり、保安要員を兼ねて、いつも炭坑の中にいなければならなくなったので、その方へ家をたてて引き越すことにして百姓をやめた。

　ナンバ押しの頃はきものは草鞋であったが、その草鞋が一日に一足要った。その草鞋は毎晩自分で作った。買草鞋は一日に一足では足らなかった。買草鞋は一足二銭五厘であった。明治三十年代の頃のことである。

○信仰その他

　納屋に住んでいる他所から来た人は信仰があつく、一日十五日にはかならず神をまつったものである。そこで農家の女たちは山からサカキを伐って来て納屋へ売りにいった。一日には三十把くらい売れ、十五日には十五把くらい売れたが、一把五厘であったのでちょっとした小づかいもうけになった。このあたりの人は一日十五日に神をまつるということは少なかった。サカキは自分の家の神棚にたてた。地の者もそれにならって神棚に一日十五日にサカキをたてるようになった。農家の神棚には荒神さま、伊勢の太麻、八幡様のお守りなどがまつってあり、昔は荒神ばらいのために琵琶ひきが来た。大学院（天台宗）という寺に琵琶ひきがたくさん居て方々へ出ていった。琵琶ひきは盲目で琵琶法師ともいった。荒神ばらいは一日十五日におこなうことになっており、大学院へお祓いをたのむとやって来て家をはらいお札をくれたものである。二十八日にもやって来ることがある。お祓いするとき盆に米、御神酒、御水をのせて荒神に供える。その米は琵琶法師のものになる。琵琶法師は袋を持っていて、その中に米を入れて持って帰った。

　琵琶法師は農家をまわったけれども炭坑の納屋へはいかなかった。一般農家の場合にも希望せぬ家へはいかなかった。

　炭坑の中で不潔なことをすると山の神がきらうという。だから女の不浄のときは炭坑の中へはいらなかった。また女の不浄のときはハナトリ（坑口でメゴの石炭をフゴに入れかえる作業）はさせなかった。

3) 尺田長蔵氏（73歳）　小野田市桜山炭坑

○納屋制度

　私が桜山炭坑に来たのは昭和十六年二月であった。その頃桜山は八百人位働いている炭坑であった。中小炭坑の中の大きい方の一つであった。

　私の故郷は広島県双三郡布野というところで、広島から出雲へこえていく山中の村である。四十～五十戸の小さい部落であるが、父が他人の保証の判をついて、その責任で土地を売ってしまい、福岡県大ノ浦の貝島炭坑へいくことになった。私は十一歳であったが、父についていった。明治四十四年頃父は炭坑をやめて郷里へかえることにしたが私はのこって炭坑に働くことにした。そして、ナンバ、小山、ジョーキヤマなどの炭坑をあるき、東見初にかわったとき落盤があって多くの人が死んだが、幸い私は生きのこった。そこで福岡の方城炭坑に移ったが、ここでガス爆発があり、おそろしくなって広島へかえった。一方父の方は郷里にいても生活がたたないので山口県阿武郡の山中で炭焼きになったが、もうけがうすく、大正三、四年頃宇部の沖ノ山へ移った。私は郷里で徴兵検査をうけたところ甲種合格になったがクジのがれで兵隊にはいかなかった。父はその頃また郷里へかえっていたが、福岡の田川炭坑へいくというので私もついていくことにし、そのまま田川に住みついた。ところが筑豊の炭坑はガス爆発が多く、いつ不幸な目にあうかわからないので、不安であったが、昭和六年六月直方の目尾《さかのを》炭坑にいたとき、この炭坑が水没してしまったのを契機に山口炭田に移った。

　筑豊炭田では坑夫のことを下罪人といっていたが、これにも三つの系統があった。川筋者――これは遠賀川筋の者で昔から炭坑で働いていた者、唐津下罪――これは唐津付近の炭坑で働いていた者、島者——これは九州西辺の島々から来て炭坑で働いていたものである。

九州では一つの炭坑におちつくことをガメツクといった。下罪人などといっているけれども、ガメツクとみな心安くしてくれるので炭坑から炭坑を転々としても心さびしいことはなかった。また金の貸し借りもあっさりしたもので、踏み倒したり、踏み倒されたりしてもそれほど問題にすることはなかった。

山口の人はネバくるしいものを持っていた。はじめ西之浜にいたのだが、生活が苦しいので、家内はしきりに九州へかえりたがった。ところが日がたつにつれて土地の人情もわかり、人もおとなしいので、自然にありついてしまった。西之浜には六年から十四年までいた。そして閉山になったので長沢の宇部興産の炭坑に移ったが、昭和十六年の二月二十二日に桜山に移って、閉山後もそのままここにいる。

炭坑には納屋制度がある。納屋頭は上田という人でもと組長であった。納屋は納屋頭の名でよび上田納屋といった。上田納屋にいる者を上田組といった。但し納屋の建物一つを一つの組が独占するということは少なく、一軒一軒で組のちがうこともある。また納屋には大納屋と小納屋があり、大納屋は独身者が多く、納屋の中は仕切をぬいて広くなっており、組頭（十人長ともいう）が統轄していた。小納屋の方は所帯持が住んでいてたいてい棟割であった。棟割というのは棟を境にして納屋を縦に仕切り、さらに横割にして部屋をつくったものであった。

つきあいは組がちがっていてもおこなった。組にしばられることはなかった。納屋頭のことをただ大納屋、中納屋などといっており、たとえば松富重松は桜山生えぬきの人で三百～四百人を持っていた大納屋（頭）であった。桜山には大納屋（頭）が十二～三人いた。大納屋は四十～五十人位が単位であったが、松富の納屋はとびぬけて大きかった。大納屋（頭）になるには炭坑会社の信用がなければならず、人物や信用度を見て大納屋（頭）にした。大納屋（頭）になると坑内の仕事をすることは少なかった。大納屋（頭）の下には中納屋（頭）がいた。中納屋（頭）は大納屋（頭）から歩金をもらって仕事をしていたが、それは大納屋（頭）のつまみ金であった。中納屋（頭）は炭坑の中へはいって働いた。この中納屋を普通納屋頭ともいい、石炭の掘り高の利益（水アゲという）の一割くらいをもらう。坑夫の一人一人の賃金は会社の方からもらう。また納屋へ坑夫を世話するものをチューナイというが坑夫を世話した口銭は大納屋（頭）からもらう。

会社組織の炭坑では棟梁というのは会社側の職員で大正時代に大棟梁といえば課長のことであった。九州では納屋頭を棟梁といっていた。小棟梁というのは現場の役員をさしていた。はじめは主として現場監督のことを言っていたが、後には検炭係をいうようになった。またカンバ（勘場）という係があった。これはカンカン（秤）をはかる係であった。

○ナンバ押し

私がこの町に初めて来た頃にはまだナンバ押しをしているのを見ることができた。坑口の上にヤグラを組み、そのヤグラにヤゲン車（船の帆をまく時に用いるセミとよばれる車、あるいは車井戸の車のようなもの）をとりつけ、この車に石炭を入れる籠をひきあげる綱をかけ、綱の一端はろくろにとりつけてろくろをまいて綱をくりあげる。ろくろの胴の大きさは四斗樽くらいあった。ろくろの中心に四角なカシの木の柱がはまっており、その柱に横に穴をあけて棒が十文字にさしこまれるようになっている。女たちは十文字にさしこんである棒を押してぐるぐるまわる。これがナンバ押しで、ぐるぐるまわると胴に綱がまきついて籠をひきあげて来る。籠は百斤籠といって十六貫入の籠であった。このあがって来た籠をとってはずすのがハナトリの役であったが、籠にかわって台車が用いられるようになるとハナトリのことをサオドリというようになった。台車をレールにのせ、ポイントをきりかえて車を自分の思う方へやるようになる。サオドリは戦後になると坑内サオドリと坑外サオドリにわかれる。坑内サオドリは炭車をそれぞれの切羽へ配る役目である。山口県では坑内の設備がよくて箱まわりがわるいということがなかったが九州ではサオドリと切羽の先山と仲のわるいときは、その切羽へ車をまわさぬことがあって、先山を困らせたものである。

○いろいろの習俗

炭住（炭坑住宅）の人は各地から集まっており、オヤジは北海道、女房は鹿児島というような例が少なくなかった。ほとんどが恋愛によっていっしょになった。集団生活の中から生れたものであった。

九州の炭住では頼母子が大ばやりであった。ほとんど同県人同志であった。しかし山口県ではそれほど盛んではなかった。

炭坑で働く人はさまざまであった。そのために大正時代までは人の差別がよくみられて争いのもとになったが、山口県にはそういうことは少なかった。山口県というところはそういう点ではよいところであった。

炭坑で働く人はどういうものか入墨をしている者が多かった。しかし昭和時代になると大きい山ではそういう人を入れなくなったので小さい山にあつまって来て、小さい山では七～八割も入墨をしたものがいたことがある。

昔は炭住の屋根はソギ葺であった。戸は蔀戸《しとみど》であった。そして九州は棟割が多かったが山口県には少なかった。昭和の初頃まで炭住は背が低くカドがせまかった。そのカドで石炭を七輪でもやして臭気と煙がとれると家の中へもってはいった。風呂場は共同浴場になっていた。

いろいろの人が住んでいるために、平生は気をつけているのだが酒をのむとついつつしみがなくて、言葉づかいが問題になることが多かったが、山口県にはそのことがほとんどなかった。これは前科者や人にいやがられるような者が坑夫の中に少なかったためであろう。一つには百姓たちが炭坑をひらいて発展させて来たため、その気風がのこっていたことにもよるのではないかと思われる。ただ面白いことは山口県では小さい山は地元の人が多く働き、大きい山が渡り鳥のあつまるところとなっていて、九州の小さい山に刑余人その他の人が多かったのと対照的であった。

宇部・小野田炭坑の炭住にはどこか農家の面影があった。どこの家にも入口を入った土間に蓑、タコラガサがかけてあり、スコップがたてかけてあったからである。

石炭を船まで運び、船に積み込む者を仲仕といったが仲仕の方には納屋制度はなかった。そしてこの方には女が多く働いていた。とくに炭坑へ女がはいれなくなってからはほとんど仲仕になったので、女仲仕が八割、男仲仕が二割ぐらいの割合であった。

石炭は大中小粉炭の四つにわけた。上手なものが掘ると塊炭になり、下手な者が掘ると粉炭になる。粉炭は価が安かった。坑内で掘り出した石炭は検炭所へ持っていってマンゴクにかけてふるいわけ四種類にした。そこで小野田の北部にある千崎では炭柱掘りというのを工夫した。これは坑内で坑木をつかわない掘り方である。この掘り方は大きい山ではできなかった。落盤があるかもわからないから。しかしこの掘り方によると大きな塊炭がとれた。

坑内へはツルハシは四、五本くらい持ってはいった。これは荷になった。そこでツルハシの先だけとりかえる改良ツルハシが大正五、六年頃発明されて楽になった。ツルハシ一本ととりかえできる先を五～六本持って坑内にはいればよいからである。

それが戦後はピックになり、ドリルにかわって来た。

と同時に坑内の作業の仕方も戦前とはすっかりかわって来た。炭層は決して水平になっているものではなく、無煙炭の場合には四十五度くらいの傾斜をもっている。坑道は水平につけていかなければならないので、傾斜面にそうて坑道を掘っていく。浅い山なら斜坑を掘っていけばよいが、深い山なら立坑を掘ってツボシタからまずオオドーシをつけ、その両側の炭層を掘っていく。これをカタバンを打つという。カタバンは斜上に掘っていくものと、斜下に掘っていくものがあるわけだ。炭層が傾斜しているから。そして掘進、採炭、シクリを直接夫といい、シクリは坑木をはめていくもので補坑係といっている。そのあとへレールをしいていくのは保安係の仕事である。

これらの作業以外の仕事は間接夫の仕事になる。オオドオシ（大通）は長さ十二尺、径一尺五寸くらいの梁をつかって炭車が電気機関車にひいていかれるようにつくる。これをマキタテといった。

坑内作業もいちじるしくかわって来て仕事も楽になったと思っていたら、石炭が石油にまけてしまって小野田も宇部も閉山になってしまった。

○信仰その他

山口炭田で働いている他所者は島根広島が多く、したがってその気風や習俗が多く持ちこまれている。島根、広島の人はおとなしくて仕事をよくする。しかし昭和時代になると、山口炭田へも九州方面からかなり坑夫が入込むようになった。それで九州の習俗も見られる。たとえば家の入口に九州英彦山の彦山ガラガラをまつっているのはたいてい北九州の人である。

女の生理のときは三日間坑に入らなかったものでこのあたりでは「お客さんが見えた」といい、北九州では「赤池からお客が見えた」といって休んだ。炭坑の中へはいると山の神がまもっていてくれると信じていた。昔は炭坑へは夫婦で一緒にはいったものであるが、怪我でもすると、お客のときはいったのであろうと周囲から言われたものである。

坑内で手をたたいてはならない。昔は坑内に入るときかならず手を打って神様を拝んではいったものだからむやみに手をうつことをいましめた。

サルをきらう。

口笛をふかぬ。口笛を吹いていると、神様がそれに気をとられていて落盤をおこすことがあると信じられていた。

クド（かまど）のススを毎朝ひたいにつけてはいるとよいという。

神様をまつるとその方へ足を向けてねむらないという人が多い。

汁かけ飯はくわぬ。

茶碗がかけたようなときは仕事を休む。

坑内で怪我のあるようなときは予感のあるもので坑へはいりたがらぬ。

夢見がわるいと休む。悪い夢は血の夢である。夢見のわるいことをブタにへソをなめられたという。貝島、方城、高松でガス爆発のあったとき、夢見がわるかったという人が多かった。

切羽へはいったときかならず火を見る。火がギラギラしているとガスが多い。顔が寒いような感じのときもガスが多い。呼吸困難になることもある。

天井から雫のたるのをヒツジがたるという。そういうときはその切羽は長く持たないでかならず落盤がある。またかすかに音のきこえるときは三十分もたたぬうちに落盤がある。九州の山にはそういうのが多い。小野田桜山炭坑は長い間働いたが水がもれたり音のしたことは一度もなかった。小野田、宇部の炭坑で迷信の少ないのは事故の少ないためでもあろう。

炭坑は体験が物をいう。坑内の爆破したときにはまず水をまかねばならぬのだが近頃は手おくれになることが多かった。定年が五十五歳になってから古い経験者がいなくなったためといわれている。しかし今はその経験も必要なくなった。炭坑がなくなったのだから。

坑内で死人があって炭車で運び出すとき要所要所で声をかけてここはどこだといいつつ上にあがる。亡魂を坑内にのこさぬためであった。

坑内には昔からネズミが多かった。坑内にはいるときは草鞋でもシキレゾーリ（尻切草履）でもかならず予備を持てといわれたものである。もし落盤があって坑道をふさがれたようなときには、それをちぎって食うても一日や二日は生きのびることができる。

もとは炭坑へはいるときは、みな六尺褌をしていた。これが命綱になって助かることもあった。

Ⅲ　石炭船

1)　小林長次氏（74歳）宇部市東本町1―9―15

居能という所はもとは北前船が多かった。阿知須もそうであった。下関の亀山の下に倉庫があって、そこへ秋田、山形の方から積んで来て入れておき、そこから大阪兵庫などへ運んだものであった。昔は一本柱のバイセンで、私も子供の頃見たおぼえがある。下関の米倉は明治四十三～四年頃まであった。

居能の船は明治時代には石炭を運ぶものはあまりなかった。したがってはじめは土船も見かけなかったし、みな石積《こくずみ》、斤《きん》積の船はなかった。宇部には塩浜があった。厚狭毛利家の開作でおこなっていた。その塩を焼くのに石炭をつかったかどうかについて私はきいたことはない。ただ、塩水をこすのに、宇部大派炭の焚きかすでこしていたという。そうするとゴミがよくとれた。

北前へ米を積みにゆかぬようになってから石炭を積んだ。そしてバイセンから黒船になった。黒船というのは胴を黒くぬって帆柱は二本か三本で片帆であった。黒船になりはじめたのは明治二十九年頃からであった。そして明治四十年頃にはみな黒船になっていてバイセンは見られなくなっていた。大正になると黒船のほかに土船もつくられるようになった。

宇部へ来た船は岐波、阿知須、三田尻、幸崎、音戸、伯方、波方、上関などが多かった。船の形もいろいろであったが、広島県から来た船には土船が多かった。上関は船乗の多いところで、ここからは二十隻も来た。新川の港にとまっている船は黒船と土船が半々くらいであった。

私は若いとき銀行に五〜六年つとめ、それから村の収入役を四年ほどつとめて、炭坑に二十年ほどつとめた。そして石炭輸送を強化する政策がとられることになって西日本石炭輸送株式会社のつくられたとき、その会社に入り、石炭の統制がとけたとき福正海運商事会社をつくった。しかし今石炭輸送がなくなって困っている。輸送できるまとまったものはセメントくらいしかない。

一方船をつくるにもいろいろ制限がある。いま木造船はゆるされず、すべて鋼船になっているが、それにしても古い船の権利を持ってないと新しい鋼船はつくれない。

居能にはもと船大工がいて船を盛んにつくっていたが、今は船大工がいなくなって木船の修理すらできなくなった。木船がすたれて鋼船にかわったのは大きな木材――とくに船材としての松がなくなったためである。そして木船よりは鋼船の方が安くなって来た。

居能の船がバイセン形であったのは北前の方へ米を積みにいったからで、瀬戸内だけを走っているのなら土船でもよかった。土船は胴が張って石炭をたくさん積むことができたけれども波によわい。しかし石炭輸送が盛んになって第二藤山商船組合が作られたときにはその中に土船が五十艘もあった。第一藤山商船組合の方は大きな船が五十隻で組合をつくっていた。だから宇部のあたりでも黒船と土船が半々になっていた時代があり、居能でも大正時代には土船を造っていた。

居能から新川のあたりには船をつくるところが三〜四カ所あり、大てい自然浜を利用してつくった。もともとこのあたりには港らしい港もなかったから、船を浜につけて、陸にろくろをすえ、それで船を浜に引きあげておいたものである。

黒船ははじめこのあたりで造る技術を持っていなかったので、広島県の木之江で造ってもらうことが多かった。また広島県幸崎でつくった者もある。宇部岬へは早くから幸崎の漁師が来て漁をしていたので、その縁によるものであった。中には中古船を買う者もいた。

宇部で黒船や土船をつくることができるようになって地元の船がずっとふえて来た。

舸子ははじめは地元の者が多かったが船がふえると地元の者だけでは間にあわなくなって、石見の方からたくさん人がやとわれて来て、地の者と他所者が半々くらいの割合になった。北前船時代には玄人の舸子が多かったが、黒船時代になると素人が多くなって来る。このあたりで黒船時代のことにくわしいのは宇部ドックの工場長の塩飽氏だと思う。この人は香川県塩飽島の出身である。

さて石炭は買積みと賃積みがあったが、はじめは買積みが主であった。買積みの船は宇部で石炭を買って塩田のあるところを売ってまわった。最後は赤穂、撫養がとまりであった。長府の東沖に宇部という塩田があり、吉見にも塩田があって、その方（つまり宇部から西の方）へも売ってあるいた。

大きな塩業組合はこちらへ石炭買入の契約に来て、地元から船を持って積みに来ることもあった。

大阪へ石炭が出るようになったのは宗像半之助の力によるものであった。宗像半之助は萩の人で石炭で苦労した人である。明治になったとき萩の士族たちは散々な目にあった。武士で安穏に暮していたのが、働かねば食えなくなったからである。文字を知る者は百十銀行につとめ、また小野田セメントをひらき、能のないものはナツミカンを植えて生活のたしにしたというが宗像半之助は下関に出て水産問屋で働き、後大阪に出て石油、石炭問屋につとめた。そのことから石炭の出る船木へ来て、沼地の中に立坑を掘った。土のくずれるのを竹を組んでふせいだ。そして掘り出したものを一カマス大阪へ持っていって売ると、非常に喜ばれて高く買ってくれた。それから宇部小野田の石炭が大阪で売れるようになったといわれている。

大阪積みの場合は石炭の格付けをして、宇部石炭鉱業組合の出張所を大阪につくり、それが販売を取あつかうことにした。そして宇部で買積みした場合でも大阪の鉱業組合の出張所が問屋に売ってくれ、その代金は小切手にして宇部の本部へ送り、宇部の方で受取ることができた。鉱業組合は坑木の買出しから賃金協定まですべておこなっていたが、大正時代の終頃四〜五万円の金をつかいこんで解散してしまった。

昭和七年に昭和石炭という会社ができ宇部の炭坑もこれに加入し、販売がこの会社によってなされるようになってからは石炭の輸送はほとんど賃積みになった。しかし中には腕のきく問屋などは三千箱〜五千箱の石炭を半金前金で買い、得意先へ運んで売った。この場合問屋が船を持っているものでこれは一種の買積みであった。

しかし全般的には賃積みが多く、船に働く舸子たちも歩合制でなく賃金になっていく。宇部大阪間の帆船の一上下（一航海）は一カ月で舸子の賃は八円であった（大正時代）。

こうして次第に近代化して来たのである。

（山口県教育庁社会教育課編『山口炭田の民俗――山口石炭産地民俗資料緊急調査報告書』山口県教育委員会、71・3）

わがこもる海辺の村は　かぐはしき　みかん　花さき　春ゆかむとす　――宮本常一

宮本常一傑作選●対談

現代民俗学の課題

宮本常一
谷川健一
Miyamoto Tsuneichi
Tanigawa Kenichi

体験の裏打ち

谷川　今日はこれからの民俗学ということで一席お話をうかがいたいと思います。宮本さんは昭和十年頃から、来る日も来る日も旅をなさり、採集調査に従事されてきたわけですが、その間時代も変わり、また民俗学も変わり、それは変わらずにはすまなかったわけですが、とくに大きく変わったなあとお感じになったのは、いつ頃のことでしょうか。

宮本　なんといっても戦後ですね。戦前歩いていた時には、まだ文字をもたない人に逢えた。字を知らないおじいちゃんと字を読めるおじいちゃんの話では、根本的に違っていましたね。字を知った人の話・語りは、本当の「話」になっていて、「語り口」ではなく散文ですね。それが、戦前の記憶のいい人というのは、自分の見聞したものでも、自分自身の語り口をもっていたでしょう。

谷川　自分自身の話のスタイルですね。

宮本　たとえば「土佐源氏」の話を聞い

た時には、文学書を読んでいるという感じがしましたね。

谷川　たしかにわれわれも、文学書、小説を読むように読ませてもらったのですが、あれはいつ頃のことでしょうか。

宮本　昭和十五年頃だったと思います。戦後にそういう人に出逢ったのは、たとえば対馬の浅藻の梶田富五郎で、この人は小学校も行った経験のない人ですね。こういう人たちは、記録を全然意識していませんね。戦後の人たちは、一方にはこういう記録があるんだとか、あるいは記録で読んだものが話の中に入ってきたりして、明らかに変わってきましたね。それから、戦前のお年寄りには、まだ、明治維新をその目で見てきた人、肌で感じている人がおりましたね。それ以後の人の話は、維新の噂ですね。

たとえば、それは今度塩業大系の「塩の民俗」をまとめた時にも強く感じました。東北は久慈の南の野田のあたりに、古い海水の直煎をした製塩法を聞きに行ったのです。以前このあたりを歩いて話を聞いているので、また聞けると思ったわけです。ところが、塩が専売制になったのは明治三十八年、そうしますと、塩作りを体験した人は、当時少なくも十五歳以上でないとだめなわけで、それらの人は明治二十年頃の生まれでもう九十歳近くなってるわけです。ですからほとんど逢えませんでした。したがって話は自然、また聞きになります。また聞きの話というのは、うすっぺらな話になりますね。

最近われわれの回りのフォークロアの資料の中には、今はなくなっているものを聞き出した本当の体験というものは少ないでしょう。かつてあったというのを、親やじいさんから聞いてとかね。また聞きのまた聞きなわけです。これは本物ではないし、これに満足するわけにはいきませんね。塩なら塩は、やはりどうして焚いたかということが分からなければ本物とは言えません。

谷川　そうですね。

宮本　伝承といっても、耳から聞くだけが伝承ではないでしょう。行為や技術も伝承でしょう。むしろその方が本物の伝承と言えますね。

谷川　それは、実際に体験した人でないと作り出せませんね。島根県の「菅谷たたら」も、堀江というムラゲがかすかな記憶を呼び起こして復元したのであって、これはムラゲとしてやっていたのでなければできないことですね。

発見の学問

宮本　さきの塩焚きの習俗の採集の時には、久慈の北の侍浜と野田に、昔、塩を焚いた一人のおじいちゃんがいるというので、武蔵野美術大学の田村君が行ってやっとたしかめられたんですがね。そして、「塩業全書」の記述と当事者の話をつき合わせることができたんですが、詳しいとされている「塩業全書」にも、ずい分おとされていることがあるんですね。たとえば、薪をどうして集めてくるのか、といった問題です。こうしたつき合わせによって、この侍浜一帯の製塩は何とか分かったのですが、しかし、もう二、三年もおくれたら永久に分からなくなり、噂だけの資料になったでしょうね。

ともかく明治三十八年以前のことでこの有様です。そういう噂を元にして物を復元してみるとどういうことになるかという一例として、どんぐり団子の製法があります。どんぐりはアクヌキをして食べたと言われていますね。ところが、京都の平安博物館の渡辺君が言うには、今までのそういったフォークロアの資料を集めて、それによって復元してみても食べられない。食べられないということになると、その伝承は本当に正しい伝承じゃないことになるわけで、これが実際に体験した人から聞いたものであれば食べられるはずですね。どんぐりについては、民族文化映像研究所の姫田君たちの奥日光での撮影フィルムを見て、はじめて、これなら食べられるはずだと、私自身納得がいきました。いずれにしても、正確に復元できないフォークロアの資料では、問題になりません。大事なことは、体験をもった人をいかにして探し当てるか、それをもとにして、実際に再現できるかどうかということです。もしそうしたものが基礎になければ、民俗調査といっても、噂話の寄せ集めで頼りないものですね。

谷川　少なくとも第一次資料とは言えませんね。最近は、実際の体験者はもちろん、噂を聞いた人すら段々少なくなっていますし、情況は、いわば第三次的とでも言うべきところにさしかかっているのじゃないですか。

宮本　そうです。一方で、みんながそのことをまず自覚しなければいけませんね。そして、また一方では方法を変えないといけないということがたしかにあります。先だって瀬戸内の魚島に出かけたのですが、ここは村役場もありますし、人も泊れるような宿泊設備もあって、よく大学生がフィールド調査をやる所です。これまで五、六冊その種の本が出ています。それらの本を読みますと、出身大学は違っても内容はどれも同じなのですね。フィールドワークとはどんなものかということはたしかに分かるけれど、それではフィールドワークによって何が分かるかというのは別問題なのですね。独自の発見がなくて、人のやったあとをなぞっている感じですね。現在フィールドワークというのは、発見の学問にはなっていないのではないかと思いますね。

谷川　そうしますと、その原因はきく側の問題、つまり方法あるいは対象の問題、それともその二つが一緒になったところですか。

宮本　やはり問題は、きく側が一体何を求めているかということにありますね。たとえきく相手が同じだとしてもですね。例の「日本の民俗」ですが、あらかじめきく項目を羅列して、それで一斉にきき取らせているようなやつ、あれが今の学問のやり方じゃないですか。発見にはなっていないと思いますね。

口頭伝承で出てこないもの

谷川　戦後、大学でもフォークロアが取りあげられるようになりましたが、こうした大学教育のせいもありますかね。

宮本　たしかにそうした一面もあっておもしろくなくなりましたね。ほとんどの民俗学関係の本は、一種の資料集としての価値はあっても、新しい方法論による発見の喜びみたいなものは感じられませんね。事実をどうみていくかということ、このへんに関して私自身の話をしますと、また魚島の話ですが、私が最初にそこへ行ったのは昭和十二年なんですが、それからたしかに変わってはいますが、やはり家の大きさがほぼみな同じで、しかもみな瓦ぶきで、小ぎれいに住んでいるのですね。つまり、ある安定がみられます。このことが私どもの関心をひくところです。で、そのことを村のお年寄りにきいてみますと、いったい同じ屋敷に五代以上住みつくというのはまれなんですね。たいがい一、二代で交代しているわけで、場合によっては、一代で三度も屋敷が変わっている例があるのですね。こちらからあちらへ、あちらからこちらへと。しかも借家ではなく、ちゃんと買うわけです。富裕と没落が屋敷の大小を伴い、それが相互に交代している。このことを最初に聞いたのは、萩の沖の見島の漁業部落なんですが、実はこれは漁村の特色なんですね。船を住いにしている人たちの。これが農業部落だとこうはいかず、一度住みつくとずっとそのままですね。

谷川　漁村と農村の家に対する執着の問題ですね。

宮本　そうです。こうした問題が、今までフォークロアで取りあげられたことがあったろうか。非常に大事なことです。それが今頃になってやっと分かってきた。どうしてそういうことになったのかというと、フォークロアが新しいものの発見のための学問でなく、でき合いの分類の中でしか、ものを見てこなかったからですね。それからまた見島の例ですが、漁業部落の民家はすべて田の字型ではなく並列型なんですね。ジカタと呼ばれる百姓部落とウラと呼ばれる漁師部落とは、たとえ密集してその境が分からなくても、その家の間取りを見ればすぐに分かります。ところが今までは、半農半漁とこれをとらえてきたわけですが、実はそうではないのですね。地域的にそれが分かれているのです。さらに興味があったのは、農業部落は戸がすべて引き戸なんですね。それに対して漁業部落はしとみ戸なんです。しとみ戸の全国分布を見ますと、大方海岸近くか商家なんです。そうしますと、商家と漁民との間に、ある大きなつながりが考えられるのではないかと思われてくるのです。さらに能地（広島県三原市）と呼ばれる漁業部落は現在ほとんどが陸上りして、実際漁業をやっているのは三十軒位しかなく、衰弱した漁村と呼ばれているわけですが、実は衰弱した漁村ではなく漁業なんですね。漁民自身が変わっていっているわけで、漁村と漁民（漁業）は違うのですね。陸上りした漁民は、それじゃまったく漁業から別れていったのだろうか。ここで彼らの住居の間取りを若い人に調べてもらったのですが、田の字型もあることはあるのですが、しかしほぼ共通してみられるのは、八畳の間が必ずあり、それを中心にして左右に部屋があるのですね。これは漁船が陸上りした姿ですよね。船住みの場合、釣漁と網漁では違うのですが、能地の場合は網漁なんです。網漁の場合は船の胴の間に住むのですね。一番大事な場所です。その前が表の間で、ここに網を置く。次に艫の間、胴の間と艫の間を使って炊事をしたり日常の生活をするわけで、胴の間が陸上り後の家の八畳間にあたるわけです。こうしたことは、実際に間取りを取ってみて分かることで、口頭の伝承じゃ出てきませんね。

谷川　能地のその三十軒の漁民には、もうエブネはないのですか。

宮本　ええ、一軒もありません。ともかく、このように変わってきているわけですが、もちろん言葉のうえの伝承はありません。しかし、慣習という形で残っているということが分かると、他地域の陸上り漁民のタイプみたいなものがおさえられてくると思っています。これもまた一つの伝承のはずですがね。聞き取りも大事ですが。その聞き取りを聞き取りだけでなく、見たり体験することのできる伝承が、これから先の民俗学では大切になるのではありませんか。漁業なら漁業をやる場合、「僕はタコ壺をやっている」「ハエ縄をやっている」ということについては聞いている。それからこういう伝承があるとか、ということについては皆さんがみな調べているんですが、それらがその人たちとどう関わるのかとか、漁村の家はどうして形成せられてきたのかということについては、どなたもやって下さらないですね。

分類の枠の外

宮本　こうしたことに気づくようになったのは、たとえば、瀬戸内の島々を歩いていますと、多くの地割に出会うのですね。畑がタテ割してある。しかし、明らかに陸上り漁民の村だと思われるところにそれが出てこないところがある。私自身、畑割のあるところだけ今まで問題にしてきたのですが、それでは、逆に、なぜ畑割の出てこない島があるのだろうか。これはどうしてだろうか。その見方は誰も教えてくれないし、口頭伝承じゃ出てきませんね。しかし、現実の姿ではこうして出ていますし、これが生活を規制しているんですから、やはり真剣に見つめていく必要があります。

谷川　話は少し違いますが、考古学の分野ですね。たとえば古墳などの場合、従来は古墳の集約したところだけの意味をもっぱら考えて、古墳がない地域、あるいは非常に少ないところのマイナスの意味ですね。このマイナスの意味を積極的に考えるということが欠けていたのではないかと思われてくるのです。それを淡路や五島や川内以南の薩摩半島を訪ねたとき感じました。おそらく権力構造の弱い、海人族支配の平等な社会の存在が考えられはしないかとも思ったりもしたのですが。お話のように、地割などは人々が大いに注目しますが、それがないことの積極的な意味みたいなものですね。

宮本　たしかにここらあたりでもう一度、方法論を検討しなければなりませんね。

谷川　分類というかパターン化の走りですね。それは柳田さんを中心とした「海村生活の研究」あたりから始まるのでしょうか。

宮本　柳田先生が『郷土生活の研究法』を書かれて分類を示されたけれど、報告書がなかったのですね。分類だけあって報告書がないのはおかしいじゃないかといって私が書いたものが「越前石徹白民俗誌」なんです。昭和十六年か十七年ですか。ところが、あとはみんなそれに右へ倣えで、分類に従って書くようになった。分類を抜きにして何をつかむか、ということがおろそかになるのですね。分類の間からこぼれたものが、いったいどれほどあったろうか。一つ一つの村の成り立ちが違うように、その真実を明らかにするには、一つ一つの角度も異なるはずだったんですがね。ある部分が厚く、ある部分が薄いというだけになって、それではなぜ薄いのか、という大事な問いは見落とされてしまいますね。ここらあたりが民俗誌の書かれるむずかしいところです。概念的にとらえ得ても、内面的にはできませんね。一ヶ所一ヶ所でテーマも変わり、捉え方も違えなければですね。

それに、民俗学という言葉にすらこだわりを感じます。これこれが民俗学で、これこれは民俗学ではないという枠をはずして、目につくすべてのものを人間にかかわるものとして、もう一度掘り起こしてみる。人間の科学としてですね。それによってまず素材としての学問が成立するので、そういう点で、今の民俗学は、素材としても成り立っていないと感じられます。

社会的・制度的な方法による解明

谷川　さきほどの陸上りの漁民の場合、その生活は大きく変わっているのですが、しかし、その変容の中に、変容しない古い慣習的なもの、一つの固有観念が残ることはやはりあるわけで、どちらか一方だけに片よって見ているということはありますね。たしかに。

宮本　その変わらない部分をどうとらえるか、ということが、一番の問題です。

谷川　ところが、その変わらない部分が、昔のように今は露出しているわけではなく、変容の中にかくされた形になっていて、それをとらえるのが、大変むずかしくなって、高度の技術を要するように思うのですが。

宮本　ただ、むずかしいのじゃないと思います。なぜ、むずかしく思えるのかといえば、それは重出立証法が災いしている。同じようなものが、どれほどの厚さで存在するか、といって量を問い、それで比較するわけですが、比較には量を問題にしないものもあっていいと思います。なぜ、ここはこうで、あちらはこうなのか、という問い、比較ですね。それから比較できない、ある一定の場所にしかないものもあります。たとえば、瀬戸内の柱島の地割は、タテ割になっていなくて屋根ごとになっている。しかしこれもやはり地割ですね。そしてその原因は、民俗的というよりも社会的、制度的な方法による解明がどうしても必要で、もしそれと似たものがあった場合、それを外から運んできたと考えるのではなく、やはりそれぞれの成立の事情を、それに即して解明しなければダメですね。

谷川　ちょうど柳田さんが「郷土研究」という雑誌を編集なさったとき、南方熊楠が苦言を呈して、村などの社会の仕組とか制度も研究しないと、本当の民俗学にはならないと述べた、最初の原点にもどるわけですね。

宮本　やはりもう一度、そこに帰らないといけないんじゃないですか。何だか、現在の民俗学は、宙に浮いて、いくらいろんなものを集めてみても復元にはならない。復元できなきゃ学問にはならない。全然別のものができ上って来て、これが復元だというのでは、大変おかしいことですね。

「対象」をまとめるということ

宮本　神の祀りや神の交流などいろいろ言われていますが、いろんな疑問があります。たとえば小さな神さまの問題が、これまでフォークロアの人々の間で、本当に真剣に取り上げられたことがあるだろうか。このことに関連して、これは『広島県史』のときの体験ですが、竹原の田地春江というこれらの問題に関心のある女性の方に、さまざまな小さな祠神の分布を、地図に落としてもらったわけです。そうすると、安芸藩全体に荒神様が出てきて、西の方には、カワチ神（河内神）という神様がでてくる。それから、東の方に行くと、地主神とか氏神とか山の神とか出てくる、そして土地によれば、五輪塔や古墳が荒神として祀られていて、一見すると祖神的というか氏神的というか、そういう性格をもっているように見え、これらが、ミョウ（名）ならミョウというものの中心になっている。現在、これらは、多く祖神というふうに概念づけられているようですが、もとはそうでなかったと思う。もし祖神であったなら、なぜその上に、それらを支配する鎮守神的なもの、いわゆる勧請神をもって来なければならなかったのか。むしろ、祖神とか氏神は、新しい勧請神の方にあり、彼らは、どこからどうしてやって来たのか。こうしたことがこの時の分布調査で分かったのですが、広島県に限らず、神々の詳細な分布を、全国的に調査してもらいたいし、また、それをやらなければ、神の性格なんて分かりはしないと思うのです。切り捨てをやるとき、きれいに見えるんですね。

それから、同じときの体験で「飛び地」の問題ですね。広島県の『芸藩通史』を丹念に読んでみますと、ずいぶん飛び地が多いのですね。近世初期の検地のとき、村切りが行なわれているはずなのにです。しかも飛び地の面積が一方里を越えるようなものが、ずっと整理がつかずに幕末まで、広島県の場合は現在までも続いているのですね。こうしたことが、一度調べ直されてみないと、村というものの本当の生活はあらわれてこないんじゃなかろうか。これら二例をみただけでも、今までの民俗学が、取り残してきた重要な問題はたくさんあります。これこれのことをやるのが民俗学だと型を決めないで、やはりもう一度、総合的にやる必要があります。そうでないと、他のものが一切解明できないというような一番大事な問題が見落されてゆきます。

谷川　そうした不安は、柳田先生のところに出入りされていた頃からお感じになっていましたか。

宮本　ちらちらは感じておりましたね。柳田先生のもとでは、たとえば『郷土生活の研究法』の分類にのっとって、いろいろまとめてはいたんですが、それは、そういう形でまとめた、というのであって、対象をまとめたことにはならないのですね。形をまとめただけですね。それが学問だと。こうした危険を一番警戒なさっていたのは渋沢先生ですね。当時先生の学問は、実はよく分からなかったですね。分かっていなかったということが分かったのは、この歳になってからです。それというのも今度、講談社の仕事で、渋沢先生の評伝を書いてみたのですが、その作業を通して、先生の素晴しさ、目のたしかさ、それは名人芸とかそういうものでなく、誰でもその方法なら学べ、しかも発展させることのできる普遍的な方法というものについて、深く教えられました。中に塩の話を先生がお書きになっているのですが、まず、人間が塩をどれ位必要とするかということを生理的に説かれている。塩の必要量は、決まっているわけですね。次に、塩が人間の体でどういう役割を果たすのか、つまり、エネルギーにはならないが、栄養保全の働きがあると述べられるわけです。そのためか、塩というものは、神に祀られていない。塩竈という神は、塩を作る神であって、塩そのものではない。穀霊や樹霊と違って、塩には、塩霊というものはないというわけです。このとらえ方ですね。

人間の限界――基本的な人間

谷川　シオトト（塩父）みたいなものはおりますけどね。鹿児島あたりには。

宮本　それは塩を売り歩く人で、塩そのものじゃないですね。ともかく、こうしたことが確かめられないと、本当の民俗というのは、捉えられませんね。まず、ものそのものの本質みたいなものがですね。しかも、これは、塩みたいなものだけではなく、人間自体の中にもそれがあるんですね。つまり、人間の限界とは何なのか、ということを突きつめていった上でないと、本当の伝承というのは、出て来ないんじゃないですか。

谷川　私も民俗学に興味をもち始めてから、いつも考えているのですが、自然としての人間、フォークロア的な意味での自然的人間とはなにかということ。たとえば、お墓を作ったり、死後のことを考えたりする自然的な人間ですね。こうした人間の限界に、たしかに民俗学は深くかかわっているのですね。

宮本　そのことをいっぺん決めてかからないと、人間の追求というのは、あいまいになりますね。そのことを、長い間渋沢先生についていて、気がついていたかどうか、それをいま反省しています。そこでですが、たとえばわれわれがアメリカに行って、博物館や大学の図書館で体験することは、どこにもアチックミューゼアムの書物はあるんですね。ところが柳田先生の系統の書物は、ほとんどない。それはやっぱり分からないからでしょうね。しかし日本人にはよく分かる。その理由は、基本的なものの捉え方の差から来ているのではなかろうか、という気がするのです。基本的な捉え方といえば、アメリカ人にしろ、イギリス人にしろ、それを必ずやらないといけないわけですね。それによってしか、一つ一つの民俗文化を浮かび上らせる所以、方法はないわけです。そこではじめて、共通のものが出てくるのじゃなかろうか。渋沢先生の考え方は、見落しのないよう、絶えずわれわれが注意することでしょうね。

そのことを反省する機会として、最近の沖縄での体験があります。出かける前に、沖縄に関する書物は、一通り読んで行ったのですが、それでも、今まで報告のなかった埋葬法について知ったときは、驚きました。かいつまんで述べますと、現在、沖縄各地で機械開墾が進むにつれて、無数といっていいほど陶器類が発見されるのですが、それがみな墓から出ていて、古く唐、元、明、清あるいは安南などの中国・南方陶磁などたくさん出てくるのですよ。つまり、従来の報告せられた二重葬といったような埋葬法の外に、土に死体を埋めて、その回りに陶器を埋める一重葬の習慣が、どうやら上限を一二〇〇年以前から、明治の頃まで続いていたらしいのです。しかも、こうした事例は、フィリピンやボルネオあたりにもあるらしく、遠く南から北上して、沖縄にも達しているのです。しかも、実はこちらの方が、一般民衆の埋葬法だったのですね。これはたしかに私もうかつでしたが、こうした新しい発見が、まだまだ、あるように思います。見逃している拾い落しがですね。

日本の神の祀られ方

谷川　民俗学に体系を求める声は、大きいですね。エスノロジーや歴史学に対抗する意味で。しかし、これは、今までのお話をきいていると、一面、危険な面もありますね。そんなに早く、自分の籠を編む必要があるだろうか。

宮本　僕は体系なんて必要ないだろう。一人一人が違った行き方でやればいいと思いますね。ただ、その根本に、さきほどの渋沢先生の人間の限界ですか、あるいは可能性みたいなものを踏まえていれば。しかしこれ自体は、何も民俗学に限ったことじゃありませんしね。一人一人の声をあつめていくところに、民俗学という学問があるのではありませんか。体系に縛られていくところから無数の見落しが生まれるのですね。

谷川　さきほどの小さな神さまの問題に関連しますが、私など地方を回っておりまして、どちらかというと、やはり式内社とか格式のある神社に、知識的にも感覚的にも糸口になるものとして強くひかれるのですね。他がもうすっかり変わりはてていますから、なおさらそうなんです。

宮本　たしかにそうだと思います。ただ、現在の神の祀られ方の問題ですね。私は、現在のわれわれの神信仰は、決して古いものではないと思うのです。日本人の住い方を見てみますと、縄文の早期はほとんど円形または楕円で、後期になると四角、それが弥生期になりますと、タテ穴式から平床《どこ》、それも西の方になると、床《ゆか》がつき始めます。大事なことは、床がつくかつかないかということですね。いったい、わが国に大きな影響を与えた大陸文化には住居に床はありません。平安初期までのお寺は、土間で、塼を敷き、そこに須弥壇を置いて仏を祀るのですね。床がないのですね。ところがお宮には、土間がありません。

谷川　信州上田の生島足島神社は、拝殿は板敷ですが、本殿が土間です。もっとも、これは、国土がご神体になっているという意味で、土間なんでしょうから、少し例外でしょうが。

宮本　それは珍しいですね。それを除くと、床のない神の祀られる場所、お宮の本殿はないでしょう。床をもつというのは、南方系でしょう。つまり、土間から床が出たのではないですね。二つはまったく異質のものです。床は稲作と結びついて、南から入ってきた。一方、貴族生活の本質は、床の上で生活するということですね。奈良中期以後です。稲作による国家統一、その中心になるのはお祭りです。そのときの神は、結局、東南アジアから来た神でしかない。古くは埴輪や銅鐸に見られるような二階屋など部分的には、散見していたものが、やがて弥生の中期あたりから定着し始める。国家統一を行なったのは、それらの神の祭祀者ですね。ところが、それとは別系に、つまり神祇官ではない、太政官みたいなものが、強力な権力をもって国家を統一し、平城京のような大きな都をつくるわけですが、彼らは北方系ですね。しかも彼らがそれを行なうには、やはり、日本では稲作の安定、そのための稲の祭りが不可欠だったのですね。その祭りの担当者は、米と一緒に南から来た人たちなんですね。日本の神には、こうした構造があったんではないですか。今までは、少なくも、小さな祠の神が抜けていますし、現在の勧請神や祖先神として祀られている神は、すべて床をもっているのですね。これはAからBが発展してきたというものではなく、外から異質のものが入ってきた結果なんですね。

谷川　床のない神ですね。

宮本　日本の貴族というのは、そうした米に伴う神祀りをした人たちじゃないですか。平安貴族の寝殿造りでの服装なんか、南から来た人間の、高床での寒さしのぎの服装なんですね。暖かいと言えば、タテ穴なんか余程暖かいですからね。

原始と近代の重層

谷川　現在、われわれの回りから、いわゆる残存文化と呼ばれるものが、急速に失われつつあるわけですが、そうしますと、これからは、今まで書かれた民俗誌、文献などに頼っていく度合いが益々増えていくように思われます。かつて柳田先生をはじめ、民俗学では、文献に対して懐疑的でしたね。

宮本　たしかにそうしたことは言えるとは思いますが、史学などと違って、それを絶対視しないことじゃないでしょうか。今の神の話やさきほどの沖縄の例なんかをはじめ、新しい今まで見すごされていた問題の発見など、従来のものを修正するのではなく、未知のプラスを加えていくということは、まだまだ可能じゃないでしょうか。

谷川　ただごはんを食べるのじゃなく、おかゆをすすっているような感じ、それが現在の民俗学には感じられるのですね。

宮本　方法によっては、まだ希望がもてると思ったのは、例の福井勝義君の書いた『焼畑の村』ですね。高知県椿山部落の非常にすぐれたレポートですが、これをきっかけにして、われわれのグループが三年がかりで映画を撮ったのですが、そのとき、チーフの姫田忠義君が、大変面白い報告をしてくれました。それによると、あの部落の人たちは、皆、一人残らず、高知に立派な家をもっているというのですね。子供はそこに行って勉強させている。親は両方を行き来している。そこの家の板倉には、みつまたの束があって、その奥にはひえの俵が何十俵も、今も備蓄のために置いてあるというのですね。各一軒一軒がみなそれをもっている。ここまでは、今までのレポートにはふれられていませんね。それから、映画をフランスの文化人類学者に見せたときの話ですが、そこには、電灯はもちろん、カラーテレビ、自動車、洗濯機、冷蔵庫、すべてそろっている。焼畑というもっとも原始的な文化と、文明の同時存在ですね。これは彼らには、大変な驚異であり、パリ人の生活と少しも違わないといったのですが、とても大事なことですね。山には焼畑を媒介にした植林もちゃんとなされて、蓄積もすごい。われわれは、こうした山村を見る場合、過疎とか何とかいう視点から見るのですが、実際はそうではない。伝統や伝承が、現在の生活を追いつめて行くのではなく、その重要な支えになっている例もあるのです。改めて、伝統や伝承の意味というものを考える必要がありますね。それからまた、静岡県西浦の田楽や神楽なんか、あれは山の中で不便でどうしようもないから残ったのだ、と今までの報告書は述べていますが、私は逆だと思いましたね。現地に行って、こんなに豊かなところはない、航空写真で見ますと、あの谷だけに実に見事な杉の植林がなされていて、もっとも近代化された山村なんですね。原始と近代の重なりですよ。だからこそ祭りも生きながらえて来たのですね。

「現実の話」として語る昔話

谷川　話は少し違いますが、私も遠野なんか辺境のように想像していましたが、実際は交通の要衝なんですね。これがあした豊かな昔話を育てたとも言えるのでしょうね。

宮本　遠野だけでなく、戦後になって全国からおびただしい昔話が採集されていますね。これをあの『遠野物語』の当時やっていたら、今の話者でなく、おじいちゃん・おばあちゃんから聞きとっていたら、相当感じも違ってきたでしょう。遠野に劣らない昔話が各地にあったはずです。

谷川　それに関連してですが、日本民俗学は、昔話にあんまり関心をもたなかったのでしょうか。

宮本　僕らなんかもあまり関心なかったですね。これには、柳田先生の影響もあるのですが、江戸時代の話や個人名、地名の入っている話は、学問の対象にはならないと思っていたのです。伝説や世間話ですね。つまり、それは昔話ではなく、今の話じゃないか、ということなんですね。民俗というのは、もっと古いもので、それが消えかかっているもの、というふうに考えていたんです。私個人は。

谷川　それは、柳田先生のまわりは、おおむねそうだったんでしょうが。それから、地名の入った民話は新しいように思うのですが、地名は後に消えることもあると言われていますが、その辺はどうですか。

宮本　ある村の西のはずれの◯◯峠で化けものに逢うた、とか話を本当らしくするため△△という個人が見た、と語る場合、それは、決して△△が実際に体験したというのではなく、そうした古い伝承を踏まえてその話を語っているわけで、決して個人の話じゃないのですね。その点では、こうした話は、無数にあったわけで、遠野どころじゃなかったはずです。しかも、みんなが、それぞれに、そういう話をもっていたのですね。ところが、個人の話として語られるものは、当時ほとんどマークされなくて、こうしたことが戦後になってあらためて気づかれたのではないですか。

谷川　柳田さんが昔話に興味をもたれたのは、佐々木喜善がいたからですか。

宮本　そうですね。私の母親なんかがきつねの話をする場合には、現実の話としてしか話してくれませんでしたね。奉公先の山口で聞いた、そこの誰それから、あるいは誰それがきつねつきに遇うた、という形でしか語りませんでしたが、それらを落としますと、動物説話ですね。

谷川　個人の体験として語られるものは、そうしますと、マークされなかったということですか。柳田さんには、民話はあまり土地と結びつかず、普遍的なものだという考えがありますが、少しこの考えは疑ってみる必要があるようですね。

宮本　いったい、柳田先生は、昔話の採集者として、土地の教育のない古老なんかに直接話をきかれたことがあるでしょうか。佐々木喜善みたいな学問のある人ではなくてね。おそらくなかったでしょう。先生は書物からはいられたのでしょう。昔話の定義も、もう一度考え直す必要があるでしょうね。

谷川　そうしますと、柳田さんにとっては昔話というのは、結局のところ何だったのでしょう。

宮本　やはり昔へさかのぼるための手段としての民話だったのではないですか。先生にとっては、それが一番大事な問題だったと思われますね。古い信仰のこととかね。たしかにそれは見事だったと思いますが、一面、問題もあったということですね。

世間話と昔話

谷川　宮本さんの発言に民話を民話として聞いてはいけないというお話、世間話の一つとして考えるというのがありましたが、それについて。

宮本　昔話じゃないか昔話じゃないかと追っていると、さきほどもふれた大事な問題が落ちてしまうのではないか、ということです。それを教えてくれたのは、山形の竹田正さんです。木小屋話の話し方ですね。人の名前が入ったりして、自分の体験として語られておりましょう。これは私の郷里のそれにもつながっていますが、こういう話し手というのがかつては無数にいたんじゃないですか。ところが、これらは邪道だ、として抹殺され、あるタイプのものだけが昔話とせられ、採られたのですね。ところが、「今昔」や「宇治拾遺」や「古今著聞集」などを見ても、あの時代には、世間話として語られていたんだと思いますよ。文字にされれば当然、人名も地名もはっきり入る。しかし、話される場合は、自分に縁もゆかりもない地名やむずかしい名前はまず落ちるでしょう。そうして落ちたものが口から口へ伝えられて、ああいう形ができてきたのではないでしょうか。文字化されたものとそうでないものの違いですね。今まで伝説として取り上げられてきたものを、子供の話として扱ったらどうだろうか。今、私は多くの人びとに年寄りのライフヒストリーを採るように言っているのですが、これをやると必ず、自分の体験として《不思議》というのがでてくるのですよ。この不思議に支えられたものが、ずいぶん多いのですよ。論理に合わないことに出会っているのですね。大体七十歳位以上のお年寄りは、これらは、昔は、世間話として捉えられていたのですが、今はそうではないですね。昔話が今は固定化せられて、あるタイプが問題にされるのですが、それをそのようなものとして温存させたもう一つ外側の枠の方が、実はもっと大切じゃないかと思います。典型的な話を集めた昔話集も大切なのです。そしてそれがずいぶんたくさん出ています。しかし話の語られた状況や環境について書かれたものは少ないのです。

それで思いつくことなのですが、近頃、絵馬だとか石仏だとかの写真集が出ますね。それを見ていて思うことはどういう人がどういう状況のもとで作成したのだろうか、どうしてそこに祀られているのだろうか。そういうことについて知りたいのですが、それについてはあまり分からないのです。昔話を必要とする社会というのはどういうものであっただろうか。またそれには変化はなかっただろうか。そういうことも気になります。それについてぜひ問題にしておきたいことは、昔話はどうして世界共通のものとして拡がっていったのだろうか、ということです。多くの昔話のしめくくりに出てくる、市がぽんとさけたというあの言葉ですね。人の一生を一期といいますが、いったい、この言葉を漢字に書けば分かりますが、その前に、どれだけの人が使っていたろうか。「一期栄える」とか「あの人の一期」などとはあまり使いません。これはどうしても〈市〉だったと思います。それでは、〈市〉とは、何だったのだろうか。たとえばバザールですね。中央アジアから朝鮮半島までずっと点々として存在しているのですね。そして〈市〉の特色は、人間がそこに集まってくることでしょう。

谷川　沈黙貿易なんかそうですね。

宮本　沈黙貿易に限りません。そこではお互いに、異なる土地のものどうし話が通じていたのではありませんか。〈市〉は、文化の伝播の場所として、非常に重要だったと思います。しかも〈市〉が海を越えて日本にも分布しているというのは、大したことではなかったかと思うのです、そして〈市〉では通訳なしに物が取引されています。

谷川　たしかに、「古事記」や「日本書紀」を見ましても、朝鮮との間には、通訳がいませんね。隼人との間にはいたようですが。いずれにしても〈市〉は、多くの人間が集まり、話を交すわけですが、そこで話された世間話が、世界中に昔話として拡がって行ったのでしょうね。

宮本　たとえば国内でも、中国山脈の牛市を見ても、あとで必ず手打ちをしますでしょう。一人一人の売買いだけじゃなく。そうした席へ出てみますと、いろんな話が出ますわね。最後は、シャシャン、シャシャンで別れるわけでしょう。あれじゃないでしょうか。また、私の子供の頃、鰯網を引きに浜に出ますと、引くまでの間、円座になって話をするのですが、ずいぶんいろんな話が出ましたね。違った人が入れば、必ず違った話が出る。それらの半分は、事実の裏付けがあって、たとえば大工なら、山の中の狼や狐や狸、あるいは化けものの話が出てくる。仕事先でのいろいろな話なんですね。こうした世間話のやりとりが、どこにもあったはずですね。

谷川　そうした世間話のやりとりの場合、さきほどの地名、人名のことですが、それはもともと付いていたものが伝播の過程で脱落し、また伝播の先で新たに付け加わるというふうに根が切られて、落ちたり付いたりしながら、行く先々でカッコにくくられて、次々と伝播して行ったと考えていいわけですね。

宮本　そうだと思いますね。

谷川　柳田さんの民話と伝説の区別も改めて問題になりそうですね。一方は普通名詞的なもの、一方は固有名詞という考え方ですね。

宮本　分け方そのものには反対はしませんが、もともとは、今言った通りじゃなかったかと思いますよ。少なくとも、狼の話はそうですね。これらは、採集者の側にではなく、伝承者の側に立って見ていくことによって、明らかになっていくんじゃないですか。

谷川　今日はどうもありがとうございました。

（『フォクロア』2号＝71／谷川健一対談集『民俗学の遠近法』東海大学出版会、81・4）

宮本常一傑作選●対談

日本の原点

宮本常一 Miyamoto Tsuneichi
水上　勉 Mizukami Tsutomu

学生の郷里くらいは

水上　先生は東京にお住まいですか。

宮本　目下府中です。

水上　ずうーっと昔からですか。

宮本　いえ、生まれは山口県です。小学校の高等科を出て、一年ほど郷里におって、それから大阪へ出て、通信講習所に入って、郵便局につとめ、ついで師範学校を出て、昭和十年に渋沢敬三先生を知ったのです。私は満州へ行こう思っておったのが、先生が東京へ出てこいというので、出てきたのがもとで、住民登録は大阪で、暮らすのは旅と東京が多く、本籍は郷里にあるということで、実に奇妙な生活を始めました。そういう生活が昭和三十六年まで続きましたかね。

水上　もうお歩きにならないとおっしゃるけど、それでもずいぶん歩いていらっしゃる。

宮本　いや、もうダメですね。去年はからだを悪くして、おおかた入院しておりましたからね。去年の一月までは歩いておったんですけどね。歩くというやつは、ただ歩いてそこらあたりを見たんじゃ、何ら意味ないのですから、どうしてもまとまって一週間以上旅をし、そこである地域を見なきゃ、見たうちに入りませんわね。汽車ポッポに乗ってぱっと出て、どっかの宿屋で飯食ってくるようなものは旅じゃありません。

水上　お書きになるものを拝見しますと、ずいぶん山の奥へ行かれて、たとえば鉄索に乗って山を越えてあっちの谷へ出るというような、そういう鉄索をごらんになっているとき、先生は江戸時代から明治、大正とうつりかわる荷駄賃までが頭に浮かんでいるようなところが……、経済生活の変遷におくわしい。

宮本　それは自分が歩いているんだから。

水上　すごい人だなと思って……。

宮本　すごいんじゃないですよ。それはだれだって同じことなんで……。

水上　私など鉄索で渡っていく商人を見ても、子供を置いてこんな高いところを登っていくかと、ロマン風に考えて酔うてしまうようなところがあるんですよね。ところが先生の場合は、歴史的にそういうものを一つ一つ確かめておられる。いまおっしゃる、そこに寝泊まらないとダメだということはわかりますけど、もう日本の隅々まで行かれましたですか。

宮本　そんなことない。ただこないだから学生の面接をやっていて思ったことだが、いま私の学校へ来ている学生の郷里くらいなら、全部歩いていますね（笑）。

水上　それはたいへんなことだ。

宮本　「どこを歩いた」なんて聞いて、「一番遠いところどこだ」「利尻です」「それなら利尻富士に登ったか」、それから四国の学生が大野ヶ原へ行ったというと、「そうか、どっちから登った」なんてことでね。

水上　そのどっちから登ったかということ……。

　ところで、どこが一番お好きですか。

宮本　日本中どこへ行っても好きですね。

水上　一番嫌いなところは?

宮本　東京だな。東日本はあまり好きじゃないです。好きじゃないという言い方が悪いのですが、たとえば大学の入学試験に親がついていくなんてのは西日本にはほとんどないでしょう。

水上　そんな勘定に合わんことしませんよ。

宮本　それを日本中のことのように新聞が書く、そういうことに抵抗を感じますね。そして家父長制がどうだこうだとよくいいますけど、一体家父長制は日本の人口の比重の中で何分の一だったんだ。西に行きゃそうじゃなかった。すでに若狭なんかそうでしょう。もっとお互い割り切って、女は女で、自分はどうして生きていったらいいかということを一人一人がみな考えていましたわね。ただそれが孤立しているということで悲劇も起こってくるけれども、しかし人間的な賢さははっきり持っておって……。

水上　ありましたね。

宮本　あなたにとってはそれがいじらしくて、いとおしくて、ああいう小説を書いているんだろうけど、ぼくらから見ると、そういうことがあたりまえだと思ってきた。東京というところはそこに住んでいる人たちが自分の思っているとおりに地方の人も思わねばいけないというような押しつけの考え方がある。役人の考え方にとくにそれが強く、役人の一ばん多いのが東京で。

水上　それもそうでしょうけど、もっと体質的なものも……。先生は山口にお生まれになったから、西になじめるというような面があるんじゃないですか。

　東でも村へ入れば似たところがありますからね。

宮本　村の中にあるんですかね、最初にいまいったようなことが抵抗になってくるんです。たとえば私は海鳴を見に行ったときにいちばん先に感じたことはそれだったんだけど、あの中で桑っ子の話だとか、女がほかの男とくっついているようなこと、あれをどういうようにして関東の人なら受け取るのだろうか。ぼくらだったら、うわさ立てられたといったらもうしめたものなんです。うわさ立てられるような場合には村八分になる気づかいはない。いわゆる公然の秘密ですわね。

　桑っ子の問題でも、間引きそこねられたということは、その気になっておりさえすれば、本人にはプラスなんですわ。自分が一段身を低くしてりゃそれですんでいくことでしょう。

　たとえば戦後新円切りかえのときですね。村で格式の高い家で五十万円以上の貯金をもっていたのはたった一軒しかなかった。ところがお宮やお寺へ寄付するのに、戦前ですと、一円以下の三十銭か五十銭かする層の中に、五十万円以上というのが十何人もあったのです。あれは大工のうちだからというので低く見られるということで、おつき合いはそれでできましょう、内実はみんな豊かなんです。だからそのほうからすりゃ低く見られたほうがいい。

水上　桑っ子の生きやすさに通じる。

宮本　それをみんな持っていますわね。あれをただ通り一ぺんの評価をしているなんて、ぼくらからみるとこっけいですわね。格式高く見られるということは一番つらいことなんです。何もそういうことを誇ってやっているんじゃないので、格式税はすごく高くつきますからね。

　関東へ来るとこれは違うのです。非常にはっきりすることは、本家というものがあり、本家から一の分家が一番古く分家したうちでしょう。最近分家したうちは格式が低い。そして本家を中心にピラミッドをつくる。

　ところが関西の、たとえば大阪のあたりを歩いて見て、その村の中で大きいうちは一軒しかない。そのうちがその村の中で分家をほとんど持ってない。たいてい孤立していましょう。遠い村に親戚関係がある。そしてむしろ、ごく最近分家したうちが大事にされているという形をとっていますね。だから大きいうちが関西はすぐつぶれますわね。

似ている僻地

宮本　ところでぼくが心ひそかに感じ入っているのは、『飢餓海峡』で下北半島の奥の畑《はた》のことなんか出てきますわね。あそこへ行ったら、「ここへ水上さんという人が来たに違いないのだが」と上山石蔵さんがぼくにいった。「あんたは会わなかったのか」といったら、「会わなかった」……。

水上　私はまだ行ってないんです。五万分の一の地図で書きました。

宮本　えらいものだな。
水上　五万分の一の地図を見ると、立木まで書いてありますね。松とか杉とか……。しかし、あそこらのことうそっぱちだろうと思って、恥ずかしい。
宮本　とにかく地元が感心している。ぼくも感心した。
水上　下北は行ったことはあります。しかし畑へは行かなかったんです。
宮本　また近いうちに行くから、われわれはだまされたぞというてこにゃならんな。しかし水上さんもたいしたものだな。僻地を書いてちっともアラが見えんというのは……。
水上　日本の谷間は似てますから。伊勢の名張のほうを歩いても、うちのおばあやおじいとそっくりな人がいましたよ。年とると山の姿に似てきて、顔も腰のまがりも……。だからこっちはそういう感じを受けるんでしょうけど。下北の畑へゆかなくともだいたい貧しい人のこころはわかりますので、地図を見てやってしまう。けど、小説はやはりそんなことをあまり得手にしてはならないと思います。このごろはなるべく旅をしてこの眼で見て、ちゃんと調べて書こうとしてはいるんですが。
宮本　行かないであれだけ書けたら、たいへんなんで、ぼくら行っても書けない。
水上　横着なものでして、電灯の引かれてないところだったのに、裸電球が……、なんてうそっぱち書いていても、それがほんとにともって見えたりするところがありました。ずるいことをやっていますよ。
　それに小説ですからそんなことで通るのです。ですから宮本先生のお仕事を見ていると、ほんとうに恥ずかしい気持ちがいつもして……。
　こないだ「朝日」に書いておられた文章をとてもおもしろく拝見しました。私らの若狭でも縁というのがありますが、これがホールですわね。垣根がないから、お客さんがのっそり入って来る。そこに連帯感というものがあって、それが実に美しいものを育ててきているでしょう。だんだんそういうものがなくなった。東京がいやだとおっしゃることにも触れるんだけど、東京には他人を拒絶したマイホームだけがあって、もう隣は何をする人ぞでしょう。私なんか若狭へ帰りますと、よお、六左《ロクザ》のぼんが戻ったなあといってのぞきにくるでしょう。それが実にあったかい。しかし来てほしくないやつもやってくる。どうにもならないんだな。だがこれもその人の連帯感であってね。黙ってむかえていなきゃならない。そういう辛さもありますけど、いい面がいっぱいでる。それがこのごろ失われてきたとおっしゃっていたわけですけど、そういう農村の変わり方についてお話しいただきたいのですが……。

日本人といろり

宮本　まだ幸いにして失われない世界がかなりあります。ただ非常に問題になると思うことは、やっぱりいろりのなくなったことね。これは日本人の性格を変えてしまうんじゃなかろうかと思う。
水上　これはプロパンと石油のせいですか。
宮本　いろりというものはむだもあるしする、草葺きがなくなりゃ、いろりがなくなるのはあたりまえのことなんですから。しかしいろりくらいみんなの心を解きほぐして、対話させる場というものはない。いまだって、水上さんといろりばたで火を見つめながらはなしてごらんよ。いいわな。火がちろちろ燃えている中で出てくる話はやっぱりすばらしい。その場なら昔話が話せますが、ここで昔話をしろったって、出てきませんわ。

戦前いなかを歩いていると、ほとんどランプだったのですが、いろりのある家じゃランプも使わない、いろりの火だけなんです。話を聞いていましょう。ノートを持っていって鉛筆で書く。三日もやっているうちに目やにがひどく出ちゃって、どうしようもないようになる。

水上 すすですね。

宮本 そういうときに、話をしてくれる年寄りも、聞いているこっちも、何の境もなくなるんですわ。そして時には夜が明けることがある。昼でもおもしろいんですよ。いろりでそうやって話を聞いていましょう。薄暗くなっちゃって、「曇ってきたのかいな」とじいさんがいう。「いや、晩ですよ」「そんなことはないだろう」そういう経験をたくさん持っていますね。なんか自分の持っている命を声とともに……。

水上 吸いこんでいるようなところがありますね。

宮本 ところがこのごろ話を聞きに行くと、がっかりする。「テレビ見にゃならん。テレビがすんでからにしてくれ」(笑)。それは同じように、自分らの命を燃え続けさせるものが消えてき始めているんじゃないかという感じがするのです。

水上 それは確かにおっしゃるとおりです。私の経験でも、父がいろりのはたで話したこと、すること、みな村の人たちの話やくせです。どこかに嫁取りがある。そうするとうちは招ばれていないのですけども、いろりばたでうちの家族はその宴会を想像できるのです。いまごろは太郎助のおじはこうやって腕組んでいるとか、それをまねてじじいが話す。独特な人間描写があった。こういう歓談の中で培われてきた。あくる日その人を見ると、ああああの人だなと子供心にみた。いろりというのはそういうふうに私を教えた。ところが京都へ出ると、もうそれはなくなった。ハタチから東京で暮らすようになりましたが、ああいう団らんはなくなったでしょう。なつかしいというのは確かにあの火です。東京の道路建築場なんかで、よく黄色い兜をかぶった工夫の人が火ィたいてる。あれはいなかの人ですな。確かに火ィたくくせがある。腹減っていてもまず火ィたいてあたる。うちの父は大工だったんで、とにかく木っ端を寄せて、まず火ィたかんことにははなしにも弁当にもならなんだ。私には個人的なつよい焚火への郷愁のようなものがあります。

宮本 いや、個人的じゃなくて……。だからあの体験を持たないということが、ある意味で人間が瞑想的なものを失っていった大きな原因じゃなかろうか。ぼくは本来人間というのは詩人だと思いますがね、散文的にしてしまったというのは何がもとだろうということね。魂を凝集させるものはああいう光りの中にのみあるんじゃないですか。結局地方を歩いておもしろくなくなってきたのは、それが大きい原因ですね。

水上　農村からも火がなくなりました。ぼくらのいなかは炭焼きでだいぶ食っておったけれども、もう焼かんようになりました。炭を焼くことで、山をかわいがったでしょう。けど山も荒れてきました。

宮本　すべてが荒れてき始めていますわね。人間は手をかけるから愛情を持つので、手をかけなきゃ愛情を持ちませんわね。そのことを一番痛感したのは、郷里で家内が百姓していたので、田植、稲刈りには必ず帰る。そうすると雨が気になってしょうがない。日和りが続くと困っているだろうなと思うし、東京におってもそんなことばかり気になる。あんまりどろんこにさせるのもかわいそうだと思ったから、田圃をつぶして全部ミカンにかえたら、五月が来ても平気、夏日照りが続いても平気なんですね。そういう形でわれわれはものにつながっていくわけでしょう。いなかの生活の中では自然がほんとうにいとおしいというのは、その自然にいなかの人たちはみんなそういう形で密着しているからです。

ぼくはいまでも立石半島の丹生《にう》へ行ったときのことを忘れられんのです。

だまされだまされ……

水上　若狭のあんなところへゆかれたんですか。

宮本　あまり大きくない家が一軒ありまして、そこの前を昼ごろ通りかかったら、いろりの横座にじいさんがどっかとすわって、こうやっているのです。家は開け放されているから、こちらから「ああ、じいさん」といったら、こっち向いて「だれじゃ」「よその者じゃわ。丹生というのはおもしろい名前だね」「何がおもしろいんじゃい」「じいさん何で一人でおるんじゃい」

というのは、そこへ行く途中に菅波というところがあって、そのはずれの小さなお堂でぺちゃくちゃ声がするものだから、行ってみたら、ばあさんたちが集まっている。

水上　何か講をやっておったんですね。

宮本　そうなんです。そこへ上がって、漬けもので茶をごちそうになって、ええ気になっておばあちゃんたちと話した。

水上　男も入れてくれた。

宮本　おばあちゃんたちぼちぼち帰らにゃいかんというので、それじゃといって歩き出したら、こんどはじいさんが一人ぽつんといるものだから、そういうことが非常に対照的、印象的だった。

「まあお入り」というようなことで入っていろりの客座へすわったら、「あんた礼儀知っとるな」それから話すると実におもしろいのです。そのうちに少し若いのが来て、木尻のほうへすわって、いろりにかかっている鉄びんをはずして、茶を入れてくれた。息子だろうと思っておった。すわって話しよったら、また別の知らんのが来て話し出した。これはどういう人なんだろう。よくわからない。そしたら次々に来る。どこの人かわからんのだけど、ぞろぞろすわって、おもしろい話をしてくれ出して、日が暮れるのも忘れちまった。

ぼくが白木に行くといったら、「白木は金持ちだ。ここに泊まるよりええ」という。行ってみても、もはや日は暮れているから、行き場はない。寺へでも行ってみようと思って行ったら、「まあ上がれ」ということで、そのまま泊まったのです。それから同じような話になって、実は丹生で白木から借銭したという話を聞いたといったら、そのとおりだ、ここは丹生にうんとカネ貸したんだという。

ぼくが行ったのは昭和八、九年だった。当時は大不景気のあとで、農村更正運動の起こったときで、借銭整理を政府がさせたわけです。あそこも福井県が農村更正対策を立てて、役人が白木へ来てあんたらカネを周囲の村に貸しているけど、あれをまけてやってくれないかといった。そこで村中の者が集まって相談して、こちらは余って貸したカネだ、貸すカネがありゃしあわせじゃないか、全部まけてやろうといって棒引きにしたんですね。

一体どうしてあんたのとこはそんなにカネができたんだといったら、丹生と白木は違うのだ、丹生は家をふやしたが白木は家をふやさない。跡取りを残して、あとは大阪のほうへ出す、そういうようにして財産を守った。丹生のほうは村の中で分家をさせる。

水上　あそこはほんとうに若狭でも陸の孤島みたいなところです。昭和十年に行かれた。たいへんですね。あんなところへ行くのは、よっぽど好きじゃないといけませんね。

宮本　あなただって歩いておったら自然に行きますよ。ああ、あそこ岬か、行こうかいということになってね。

水上　昔はだまされてだまされて遠くまで行くことがありましたね。白木へ行ってみたいとおっしゃいましたけど、行ってみたいと勝手にきめたことが、行ってみるとやっぱり行かせたでしょう。ところがいまはとば口で絶望してしまう。行きたくなくなってしまうような旅が私には多い。

宮本　それは非常にふえてきている。それから、行ったら失望するぞなんていわれることが多いですが、しかし……。

水上　それでもやっぱり行きますね。

宮本　行かざるを得ない。そりゃほんとうに白木なんていいところでしたね。いまはそうじゃないそうですが……。

水上　裏側に原子炉ができたしアスファルトの道ができて、こっちべたの河野のほうから見ると、政府のゼニでなだれよけの網が張られましたよ。その網がつまり人造緑。いやらしいことになってしまいました。昔はいいところでしたが。

宮本　いや、立石にしろ、丹生にしろ、白木にしろ、いいところだった。人もよかったしね。朝起きて……、寝たやら起きたやらわからんですがね、坊さんは暗いうちに木魚をたたき始めましょう。チーンと鉦たたいてやり出す。すると「ごめん」といって百姓がお初穂を持ってくる。それがブリ——夏のころだからまだワラサですがね、次々に持ってきよる。この坊さん生ぐさ坊主にならざるを得んなと思った。

それから一日中遊んで……。道を歩いていると、つい立ち話が始まる、縁側にすわるということで、楽しい。あそこでとうとう一日暮らしちゃった。

一軒のうちの人が「お風呂をたいたんだけど入りに来んか」「今夜寺に泊まるので……」「寺の風呂よりうちの風呂のほうがいい。いま大工が来ているから来なさい」

水上　おもしろいな。

宮本　行ったら、敦賀から大工が来ている。

水上　それ、いい言葉ですね。つまり自分らはもう相手している。普請が続いているのだから。仲間に入らせて話させたいという、話のごちそうですね。そういうあたたかさ。

宮本　それはいろりのあるところではまだ見られる。いろりがなくなってくると消えるわな。ふしぎなほど消える。

水上　いろりがなけりゃ、テレビと自分たちが始まる。来てもろうては困る。

宮本　あんなに楽しかったことはなかったですね。

水上　若狭も変わりました。

宮本　そうですか。しばらく行かんので……。

戸締まりをしなかった農村

宮本　また東京を見ると、町の中は練りべいですね。ぼくは渋沢邸に二十三年も居候しておりましたが、ここは板べいだった。板べいはふしぎに心をあたたかくさせるものであったのです。環状線の内側のもとの住まいはほとんど練りべいです。外へも出ている。ところが中野から西へ行って荻窪のあたりを見てごらん。ずっと生垣が多うなってくる。大正の震災で郊外へはみ出した人たちは生垣のうちに住んでいるのが多い。ぼくのいる小金井のあたりまでそれが続いている。こんどその外側へでき出したのはコンクリートブロックなんです。歩いてみると実にそれがはっきり出てくる。だけどやっぱり生垣がいいね。生垣なら「おい」と声かけられるような感じがする。地方を歩いてみると、生垣ならどこにもある。生垣もない家の方が多いが。

新しい家はへいを低くして、その上に木を出すタイプ、そうでなかったら、少しカネがあれば、土手をつくって芝生にして、その上にちょっぴりへいを乗せるという型が出てき始めている。こういうところに、古さが姿を変えて、ごく何でもなしに新しく広がり始めている。ああいうのを一つ一つとって見ていると、最初に農民たちがそういうものを持ったときには無意識だった。それが、形を変えながら、やはり郷愁とは非常に違った形で再生せられてきているという気が、このごろするのです。ずっと見て歩いていると……。

水上　いま東京では、その木が育つまで待てない。木がなくなったことと、植木屋にそれをやらせようと思うと、ブロックべいより高くつく。そして、せっかく植えても、はさみを入れるまで三、四年待たにゃならん。それまでに排気ガスでダメですね。だからついああいう殺風景なものになってしまう。

宮本　だから条件さえ整えば、われわれはどこかへ自然とのなれ合いといっていいか、そういうものを残さざるを得ないものを持っているんじゃないでしょうか。

水上　持っていますね。

宮本　それは単なる郷愁だけの問題ではなくて、そのほうがわれわれとしてはくつろぎがあり、やっぱり、理屈でなしに、あたたかなものでつながりたいという気持ちは、どんなに自分の生活を封鎖してみてもあると思うのです。いなかの住まいは本来それだったわけですね。
　日本の農村社会は封鎖的だというけれども、そんなばかげたことはないので、世界中どこの国だって、寝るときにはちゃんと戸締まりするのですが、日本の農村はごく最近まで戸もろくに閉めなかったんですね。

水上　夏なんか戸を閉めているとおかしかった。何か悪いことをしているように見えてねえ（笑）。

宮本　錠をかけないでも、どろぼうは入らなかった。閉めなくてすむ世界というのは、人間の住み方としては最高のものだったといっていいように思うのです。だから単なる郷愁ではなくて、われわれが理想を求めていったら、もう一ぺんそうなりゃしませんかね。

水上　それがひっくり返るまでにずいぶんかかるんじゃないでしょうか。

「山村は票にならぬ」

宮本　戦争がすんで幣原内閣のとき渋沢先生が大蔵大臣をやられた。ある日戻ってくるなり、「宮本、すばらしいじゃないか。こんどできる憲法は、軍備を持たない、戦争を絶対しないということを誓うのだ」と興奮して話された。ぼくは「一体軍隊がなくて国が成立するのですか」「いままではそうだったが、軍備をもたぬことがどんなにむずかしいことであろうとも、敗けたわれわれにだけ新しいこころみとしてできることだ。これほど誇らしいことはないじゃないか」
　なるほどそうなんだ。どんなことがあったって軍隊を持っちゃならない。戦争を仕掛けちゃならない。それでどうすれば平和が維持できるかということを考えて、努力すればいい。農民たちの生活の中にはそれがあったんですね。
　しょっちゅう戦争のあった戦国時代なんてめちゃめちゃだったけれど、農民の世界が侵されたかというと、そうじゃない。侵されたら、戦国時代はないはずなんです。なぜなら戦争をやっている連中は飯食わにゃならん。飯は百姓がつくったんでしょう。一緒になって戦争をやっておったら……。武士は武士、百姓は百姓という哲学を身につけたからこそ、戸締まりしなくてすむものができた。そういうものはやはり鉄則として、国の外へ向かっても押し出せるものでしょうね。

水上　だけど、戦争の通り道になったところはひどい目にあっていますね。秋穫れるやつはその殿さまが取っていく、次の麦はまた次の殿さまが取っていったでしょう。それは戸締まりどころじゃなくて、みんな山へ逃げて、しかもまたアリのように戻ってきて米をつくった。そういうところもありますね。大垣から近江へ行くあたりは、それの歴史ですね。

宮本　それでも彼らは戦争には巻き込まれなかった。逃げたんだから。あれだけのことを百姓がやることができたのなら、これから先もできそうな気がする。外に向かってもいえるような気がするのです。

水上　大正、昭和初期に農民たちが立身出世主義から息子を都会へ送りましたね。勉強させてみな官僚にさせた。佐藤栄作さんも山口から出ていますわね。宮本先生も山口ですね。そうして、いま日本の農村人口は国民の二十パーセントになってしまって、野菜まで外国から買ってたべています。何かしっぺ返しをいま農村が受けているんじゃないかという感じが、私には歩いていてするんですが……。

宮本　しっぺ返しもあるでしょうね。

水上　こないだ越前の上池田へ行きますと、村が町になって、名前だけ変わったんだけれども奥には十一戸、十二戸くらいあった部落が全滅していました。調べてみると、出て行った人は、地主として山村振興法の恩恵を皮肉なことに都会で住んでうけている。自分は福井へ出たり、金沢へ出たりして、日雇いになって村へ戻ってこない。田や家はほったらかしてある。昔は十二戸の連帯で蔵も建て、たんぼも持てたはずの人です、それが荒れるままにしている。いまの官僚国家がそういうふうに人間をつくりかえてしまったと私はいえると思うのです。どうして戻って百姓しないか。農民の心自体がそうなってしまっていることにもありますね。

宮本　心もそうなっているんだが、もっと大きい問題がある。何がそういうふうにさせているか、いろいろの原因がありますがね。その一つは、実は村というものはある一定の数がないと成り立たない。そこで暮らしていくためには、十戸なり二十戸なり必要な場合があるのです。たとえば家の屋根葺きをする場合には、茅を取ってきて葺きかえをしてというとそれだけで……普通の場合茅屋根だと三十年もつ。そうすると、一年に一戸葺きかえればよいということになると、だいたい三十戸くらいが組になってできている。お葬式をとってみても、これは自分のうちでするものではなくて、村がやってくれるものだ。そのときやっぱり一定の人数がいる。道路の修理も同じように人が必要である。それがどっかで破綻がきて家が減りはじめると、あとの戸数ではできなくなるのです。

水上　戸数が減れば、限界にきていた耕作地がたとえ不在地主の所有田を小作させてもらうにしろ、自分の収入源になる。買えない茅も谷越えた向こうから買う財力ができませんか。人数が減ってかえって篤農家はしあわせになるということはいえないんですか。

それとも兼業農家のほうがしあわせなんですか。

宮本　そうじゃない。ところが、これはただ官僚だけの問題だろうかというと、そうではないのですね。私あるとき先輩の早稲田の教授とその話をじっくりしたことがあるのです。その人は、これはやむを得ない、実は自分も同じことを考えておって、大野伴睦にその話をしたら、伴睦は吐き棄てるように「山村は票にならぬ」といったと。

水上　それですね。だが、農地は日本全体の相当なパーセンテージを占めるわけでしょう。山間地を殺しておいて、政治的に票数がある所だけ開発を、というのではおかしいじゃないですか。

やはり、ぼくは官僚国家の醜面が山間地の村に出ていると思います。

宮本　そういうようにしたものはやはり武家的な社会……。

水上　そうすると、日本はいま武家社会ですか。先生は、やっぱり山口出だから……。

（『風景』68・5月号初出、『水上勉対談集』毎日新聞社、78・9）

【評論】

辺境対策からみた宮本常一

平野秀樹
Hirano Hideki

かつて、一年間ほど仕事を休んで療養したことがある。

当時、役人の仕事から遠ざかり、少し距離をおいて俗世をながめてみることができたように思う。病院のベッドで一番しっくりとわが心情になじんだのが、辺境をテーマにする一冊だった。

人手の加わらない自然は、それがどれほど雄大であってもさびしいものである。しかし人手の加わった自然には、どこかあたたかさがありなつかしさがある。わたしは自然に加えた人間の愛情の中から、庶民の歴史をかぎわけたいと思っている。

――宮本常一『風土記日本（第二巻）』

その後、私は離島や深山に行くようになった。

週末を利用するだけの行脚だが、そういった場所には〈霞が関〉が意表をつかれる現実がある。よかれと思ってつづけている公共事業も、辺境社会では単なる失業対策でしかなかったりする。辺境の人たちが欲しいのは、ハードの立派な施設より、むしろ日々の安寧な暮らしであり、世間からの注目である。信頼できる医師が近くにいてほしいし、悩み相談に応じてくれる弁護士や税理士も身近であってほしい。

これらのプライオリティ（優先順位）に気づかず、〈霞が関〉は机上で最大公約数的な課題を想定し、政策化し、機械的に予算を配分する。住民の顔がのっぺらぼうで一人ひとりの顔が見えていない。

ところが、辺境に出向くと一人ひとりの顔がはっきりと見え、政策効果がわかる。おまけに何度も通いつめると、

震災直後の山古志村（'04）

これからのあるべき日本人の顔かたちや輪郭まで何だか分かってくる……。

辺境を歩くという行為によって、目線がそこに暮らしている人たちと同じになれるような気がするし、五感を働かせることによって、都市化されたものの見方は軌道修正され、リセットされるようだ。

宮本常一が著した辺境人の心根は、私がいちばん知りたいテーマである。

●「小ヒマラヤ」

山古志村に宮本常一が通ったのは、昭和五三年。日本観光文化研究所長として村の振興計画をつくるためで、翌年にはすべての集落を講演して歩いた。

当時の講演録が山古志村の広報誌に載っている。

草屋根の家々も、萱峠の牧場も、小松倉のみなさんが作ったトンネルも池谷の角突場も、各々自分の足で行って見る価値のあるすばらしいものでした。そうやっているうちに、こんなにも日本のふるさとを思い起こさせる景観を残している村は貴重ではないかと思うようになりました。

「小ヒマラヤ」という言葉もそんな中から出てきたものです。山の道を歩いてゆく、棚田が山腹にずっと拓かれている。点々と養鯉池がある。その向うには山がいくえにも連らなっている。遠くの棚田では夫婦で草とりか何かしている姿が見え隠れしている……いいなぁ。

本当に観光で生きていこうとするなら、あなた方はその初代となるのです。失敗を恐れてはいけません。百年の計を考えましょう。初めから完璧なものは作れないのです。小さな誤ちは後に続く者が正してくれるでしょう。はじめようではありませんか、美しい、理想の村づくりを。

——広報やまこし（昭和54年12月）

宮本常一はローカル・パトリオット（愛郷主義者）であり、卓越したアジテーターであったと私は思う。

——その山古志村を中越地震が襲った。

ムラは今、被災地として呻吟している。

● 梶金の少年

偶然なのだが、二年前の冬、山古志村を訪れたことがある。

きっかけは一枚の写真だ。懐かしい日本の写真集の中から、一枚の作品が目にとまった。時代は昭和四六年。巨大な山芋（自然薯）を掘り起こした少年が、得意気にその芋を掲げている。その写真の場所が、山古志村梶金だった。小千谷駅から乗ったタクシーで、厳冬期に雪下ろし料金が跳ね上がること、雪下ろしが自分でできなくなった時、離村を考えなければならなくなること……をはじめて知った。

雪とそこで暮らす人たちとは密接不可分。降雪というのは、いわば生活の一部であって、変えられない与件なのだ。ちょうど、島で暮らす人たちにとっての海がそうであるように……。

写真の場所（梶金）は最も山あいの集落で、高度成長期以前の暮らしが依然として残っているような風情があった。タイムスリップしたような私は幸運にも、ゆったりとした時間の中で、その少年のご両親に逢うこともできた。

私が少年（K君）の写真を見せると、お母さんは覚えておられ、懐かしげに手にとると、身をよじるようにはにかんだ。写真の少年は次男で、小千谷高校を卒業後、東京で板前の修業をし、今は店を任されているのだという。

遠来の見知らぬ訪問者に自家製の煎ったピーナッツが差し出された。小粒だが、味は濃かった。棚田で栽培したものだという。

春になると棚田耕作を老夫婦ではじめる。作業として一番辛いのは、収穫した後の稲穂の「はざかけ」で、高さ十二段に及ぶ〈はざ〉に稲穂を一束ずつかけていく。放り投げるのは老母で、受け取って掛けるのは老父。このいわば単純で、しかし繊細な棚田耕作をあの写真の時代から数えて三十二回。この二人は繰り返し、収穫をものにしてきた。現金収入は唯一、その耕作からだ。他にはこれといった仕事もない。

山古志村梶金の少年（須藤功撮影、’71）

集落内に店舗がなくなって四年。

「まあ、行商（移動店舗）での買い物で十分ですよ」

車をもたない老夫婦にとって、日々の買い物は不便なはずだ。しかし、それはそれで十分だという……。

● 辺境に必要なソフト対策

本を読むのが好きだというお父さんは寡黙で、人の話を静かによく聞いた。しっかりと私の眼をみながら。しばらく話し込むと一言。

「一つ相談があるんだが……」

小千谷市にちょっとした宅地があるという。住居用に買っておいたものだが、隣接する所有者から売ってほしいと依頼されているらしい。けれども、それにかかる税金や経費が心配で、売るべきかどうか思案している。

離島を旅したとき、こういった相談をしばしば受けることがある。

税理士や弁護士、公認会計士など、親身になってアドバイスしてくれる人が辺境では見つけにくい。政治や宗教、それに個人の利害を超えて奉仕してくれる有資格者に出会うチャンスが少ない。適任者を、しかも守秘義務を果たしながらやってくれるよき人が見つからない。

都会にしか存在しない職種に頼らなければならないときが辺境社会の人にはある。普段からそういうネットワークを持たない人たちに対し、きちんと紹介していけるサービスが用意されていない。

行政サービスがハードのハコモノ事業に偏ったツケや、成果検定主義のつけがこんなところに現れてきているように思われた。

●山あいの小さな村で

日曜日、はじめての家に上がり込むことが多い私は、テレビをつけながら雑談するケースがしばしばある。興に乗ってくると話が午前中で終わらず、昼時までずれ込むことも少なくない。

そろそろ、おいとまを告げねばと思う頃、何度も耳にする番組がある。ＮＨＫ「素人のど自慢」で、どの辺境の地にあっても、この画面はしっくりとその場になじむ。

芸達者な出演者の歌や連打の鐘を楽しみ、目を細めながら見入るお年寄りの姿を見るとき、ほっとする気持ちが半分、あと半分はちょっとしんみりなる。彼らの日々の孤独をその仕種から想像してしまうからだろう。

子どもたちは何処へ行ったのか？

盆と暮れには帰ってきているのだろうか……

そのことが気になってくる。

高齢者たちの孤独を解き、生き抜く力を与えるもの。それはやはり血のつながった子どもたちなのではないだろうか。

「春になったら、もう一度来ればいい」

別れを告げ、玄関の上がり框を下りかけるとき、何度かそう言って送り出してもらったことがあったが、ここ山古志村でもそうだった。
「雪がとける頃、また来ればいい」
私が子どもの世代に当たるからなのか……。

その山古志村梶金を震災直後に再訪した。

生活道路は集落の両端で崩れ、梶金は山古志村の中でも孤立状態になっていた。山越えの道をほぼ一時間歩いたが、ほぼ全壊の家屋が半数以上。養鯉施設もほぼ全壊で、小高いところにある墓所の墓石はほとんど倒れ、道路にまで転落していた。地震直後からほとんど手つかずの状態だった。その少年の家も全壊だった。

●辺境と日本の未来

都市に暮らす私たちは刺激され、煽られ、評判の人工的な環境空間に集まっていく。その活動が永続的でないことを知りつつも、そこで消費し、人生を楽しむことを覚える。しかも何ら確信もないのに、明日は今日と同じだと自分に言い聞かせながら生活をつづけている。

都市とは、そういった人類の欲望をエネルギーに変えつつ、形づくられてきたものなのだ。

世界情勢がボーダーレスになり、混迷の度合いを深める一方、数百年にわたって連綿と引き継がれてきた僻陬の集落が静かに立ち消えようとしている。高齢化が進み、小学校が無くなり、櫛の歯がこぼれるように辺境集落は撤退をつづけている。辺境社会に新しい血が入らず、集落の本格的な壊死がはじまっている。

辺境の離島や深山――それらの行き先に日本の未来が重なるようで不安である。

●宮本常一の教え

これまで訪れた島の人たちと、山の人たちを比べてみると、島の人の方がよりストレートで人なつっこい。愛嬌があり、外向的でとっつきやすいように思う。これに対して、深山の人は一見、ぶっきらぼうに思えるところがあり、愛想のよさはない。けれども一旦、懐の中に入っていくと、もうどこまでも親切である。情が深いという表現が当たっているかどうかわからないが……。

また、島の人たちは水平線の向こうの海に思いをいたし、波と風を見ながら漁ができる日を待つ。「一島共同体」は生き抜くための必然だ。一方、豪雪深山の人たちは、冬の空を見上げて愁い、雪の壁を見て、春が来て暖かくなり、稲とかかわれる日々がくることを待つ。ここでも「一郷共同体」は強かった。

そこで暮らす人々の思いに地理や気候が色濃く反映して

山古志村の棚田（小林花江撮影）

いる。

もとより、辺境の人たちに与えられた条件は、所与の運命の中でいかんともし難く、変えられない環境であることが少なくない。けれども、どの辺境社会に暮らす者たちも皆、与えられた条件の中で精一杯取り組み、そのときどきを懸命に生きている。

所作の良さや、かいがいしさ、仕事の虫、働き貧乏……といった風情、それに親切や思いやり、好意といった優しい心根は、思えば辺境社会に備わっている大きな財産ではないか。辺境の中にこそ、来し方行く末のお手本があるようにも思う。倣うべき生き方が辺境社会にはまだまだ残っているのではないだろうか。

宮本常一が僻陬の地をめぐりつづけたのは、この辺りにあったのだと思うようになってきた。人の暖かさや懐かしさ……探しである。

今もし、宮本常一が生きつづけていたなら、〈霞が関〉発の辺境対策は精度が落ちてきたと口酸っぱく言うことだろう。旅する巨人がもっていた辺境への想いに近づくため、また一つ新しい取り組みをはじめねばなるまい。

（林野庁研究普及課長）

宮本常一の戦後日記

中村鐵太郎
Nakamura Tetsutarô

『宮本常一　写真・日記 集成』
（全2巻・別巻1、毎日新聞社）

宮本常一が文献や聞き取り調査とならんで、おそらく同時代の民俗学者のだれよりも写真＝風景資料を重視し、みずからも相当数の写真を撮っていたことは知られていた。このほど刊行された『宮本常一　写真・日記集成』（毎日新聞社）では、その写真の多くがはじめて——現在期待しうるかぎり質のよいプリントから——まとめて見ることができるようになった。それらは、たとえば土地やテーマで章立てされるかわりに、ひたすら時系列にしたがってならべられているから、読者は、いままでのようにあらかじめ解釈され神話化された旅のひと・宮本常一ではなく、それらの風景が撮られた生に近い状態でこれらをみることができる。

そしてもうひとつ、この集成には著者の戦後日記が併載されていて、これが写真のためのいわば時間尺になっている。日を追ったこのスケールを当てていくことによって、写真を撮る宮本常一のすがたはいっそう鮮明にうかんでくるだろう。

この編集にはわたしも加わっていて、かつて日本観光文化研究所の末期にほんのすこし出入りして宮本所長の原稿に接していたこともあって、日記を文字におこす仕事はわたしの担当だった。作業をおえてのこまかい印象は本のなかに記してあるが、写真＝風景への持続的関心と、一万三〇〇〇日の記録への関心は編集部のだれにもすぐに重なってみえた。ほとんどは市販のビジネス手帳にインクのこまかい文字で記された三十数冊の膨大な日記には、概して行動だけが記録され、しばしば興味深い反省や感想が挟まれるとしても、全体からいえばごく一部にすぎない。来る日も来る日も人を訪ね、話を聞き、みずから語り、ひとりのときは原稿を書く。つづめていえば、ただそのことが書いてあるだけといっていい。その写真が徹頭徹尾自身の記憶のための道具であったと同様、日記もまた宮本常一にとっては記憶を反芻するための忠実な道具だった。そこからなにを汲みとるかは、読者にゆだねられている。

いつでもいいのだが、たとえばこんな風だ。昭和二十四年一月二十五日。

「はれ。朝、早朝作業とて開墾の手伝をなし、8時に朝食をとる。それより11時まで農政史について講義する。11時より竹中氏の講義。（中略）正午より2時まで。食事を共にしつつ山の青年たちと懇談する。全くうちとけて来た。山の一夜はみんなの上によい思い出になるであろう。午后2時山を下って来る。今日もよい日。私は松田さんの家まで―。そこで一寸休んで淀まで出かける。松田さんも一緒。淀へつくと全く日はくれはてている。そこから御牧の北川顔へ行く。長い橋をわたって会場はすぐ分る。お寺である。栽培の原論についてはなしをしてゆく。特に肥料の自給について―。12時近く終って藪内氏の家に至り、幹部の人々と夜あけ頃まではなす。全く古風な農法に終始していると言っていい。農業経営は今後大いにかえなければならない」。

　終戦直前から宮本常一は大阪府の嘱託となって、府下を中心とした地域で食糧事情の調査と増産、農業改革講習のために歩きまわっていた。郷里の周防大島と大阪と東京の三個所を行き来しながら、この日は大阪で、前夜から羽曳野のおそらく新自治協会系の農業修練施設ではじめ、柏原へ下り、京都府久世郡の御牧へ行ってついに翌日の明け方まで話しづめである。この日一日だけではない。こんな生活が二週間ほど続き、その足で休む間もなく兵庫県の鴨庄の調査に入り、とって返してまた大阪の各所を歩き、話し、その間ほとんど一日としておなじところに泊まらず、周防大島へかえるのが二月十八日である。

　昭和二十年代の終りに東京三田の渋沢敬三邸に本拠を戻して、もっと「民俗学者」的な生活をはじめてからでも、似たようなものだ。昼間は数カ所歩いて人を訪ね、話をし、かえってからかならず二十枚、三十枚と原稿を書く。調査に出れば、それがときには数週間から一月以上にもおよび、簡潔な記事を写しているだけで息苦しくなってくるほどだ。次は昭和三十七年六月の、熊本から鹿児島、種子島をめぐる三週間近い旅の日々の一部。

「朝5時におきて駅へ出て、山川行の汽車にのる。イブスキで芳賀君のる。山川にて魚市場を見、船で伊坐敷にわたり、役場で車を出してもらって佐多岬にゆく。そこから東岸をあるいて見る。22年前にあるいたところ。郡に出て1泊することにする」「朝、郡からバスで伊坐敷に出る。豪雨。役場へいくとすぐ大中尾へ車を出してあげようとのことで、それにのって大中尾の手まえでおりてあるき、学校へいって大中尾の歴史についてきく。校長室で昼食をごちそうになり、それより峠をこえて辺塚に下る。山下旅館にとまる」「朝、雨の中を辺塚を出て沢渡、折詰、大浦とあるいていく。林道が大分できている。大浦で大浦小之進氏をとう。それより峠をこえて内之浦辺塚に出る。小さな道になってしまっている。船間まであるいて宿をもとめるとダメとのこと。岸良まであるくつもりであるいていると道ばたにトラックあり。それにねる」。

　調査の現場はこんなものだといわれればそれまでのことである。平凡で静かな日々も、病に伏す日も、私事で悩んでふて寝する日も、むろんあるのだ。しかし、なにかに駆り立てられるようにして、また次の旅が来る。それがなにをもとめての生涯だったか、日記の教えてくれるものは大きいだろう。戦後の日本と日本人が経験した狂騒の三十年と、それは微妙にずれながら旅人の知られざる孤独をも語っているようだった。

（詩人）

周防大島での「宮本常一」継承

佐田尾信作
Satao Shinsaku

周防大島文化交流センター展示室

山口県・周防大島。最近ひどくなった岩国基地の米軍機の爆音を除けば、眼前の瀬戸内海は漁船のエンジン音が時折響く穏やかな世界だ。宮本常一を知ろうと、郷里のこの島を訪れる人が少しずつ、確実に増えている。

最近、定年退職で広島からUターンした島の人に「いずれボランティアガイドになっては」と勧めると、「私にゃ民俗学が分からない」という返事。その時、こう言えば良かったと思う。「食うため島から旅に出ていても、郷里を忘れず帰ってきた人こそ、宮本常一を語ってほしい。知識は後でついてきますよ」

宮本の長男宮本千晴は「父は祖父善十郎（一八七三—一九三二年）が背中で見せたことを自分流にやった人生だった。善十郎という物差しがあり、考えあぐねてたどり着く必要がなかった」と言う。家が貧しかった善十郎は二十代で南西太平洋のフィジーの甘藷農園へ出稼ぎに出たが、失敗。その後は郷里を良くするため働こうと心に決め、養蚕やミカン栽培などに新しい知恵を取り込む。頼まれると島中、接ぎ木して歩いた。それは無私の心、今で言えばボランティア精神。宮本もまた七十歳のころから帰省を重ね、七十三歳で「東和町郷土大学」を開学した。

日本の辺境を歩き続けた宮本の影響の「濃度」は、新潟県佐渡などに及ばない。しかし、宮本を生んだ大島はどんな土地か、どんな人たちが住むのか、人は再評価の中で関心を抱くだろう。その時、大島を再発見する「場」と人すべてが「資源」になると思う。その「場」の一つが自主講座「周防大島郷土大学」であり、そこに集う人すべてが「資源」になる。人はなぜ長い旅に出ていても、また郷里へ帰るのか。その意味が分かる島になり、日本を見つめ直すヒントにもなるだろう。

「周防大島郷土大学」は、「郷土から世界を見よう」という「東和町郷土大学」の精神を継承しようと、二〇〇三年六月に開講した。二〇〇四年の周防大島文化交流センター（宮本常一資料展示室）開館を見すえた、新山玄雄（浄土宗僧侶）ら島の在野からの動きだった。第一回講義は民族文化映像研究所（民映研）の姫田忠義が熱弁を振るい、民映研の初期作品「周防猿まわしの記録」（一九八〇年）を上映。「猿まわし復活は（東和町）郷土大学の創設と時代が重なる。宮本常一は、少数者であれ、その人の存在証明をしようとした時代の子だった」と語った。

開講から間もなく二年。講義は今年一月の民俗学者印南敏秀（愛知大教授）の「棚田と『民俗技術』」までで十九回。宮本常一ゆかりの研究者たちを招き、島びとを中心に毎回五十人以上の「学生」を集めている。

交流センター「応援団」の自主活動としては「東和ボランティア・ガイドの会」も誕生した。郷土大学学生である人が多いが、大島で生まれ育った年配の人たち中心。収集民具を見学し、「浜でイワシをかまゆでさせる時、沖からこの旗を振ったもんでえ」「瓦師という職人もいて、外へ稼ぎに出ちょった」などと互いに学び合う。

「宮本常一先生の本を読む会」も生まれた。宮本が郷里について書き残した紀行の一つ、「私の日本地図」（同友館）の周防大島編を読み込んだ。ガイドの会と読む会両方の世話人高田壽太郎（元教員）は「この本を読んで実際にその土地を歩いたり、同じ場所で写真を撮って比べよう」と提案している。

この島にやがて訪れるのが、二〇〇七年の宮本の生誕百年。交流センターは「宮本常一著作集」（未来社）を一巻ずつ紹介する「ブックガイド」の原稿の公募を始めた。著作集は六八年に「民俗学への道」が第1巻として発刊。中国新聞連載「草木染めをたずねて」（五九年）などを収録した一昨年の「民衆文化と造形」まで、別集二巻を含めて四十六冊が刊行されている。「私の日本地図」など未収録の著作はなお膨大で、完結の見通しは立っていない。

昨年五月に開館した交流センターは宮本の写真、著書、蔵書などを整理する一方、それを通じて宮本の視点や実像などを広く知ってもらうのも目的。このため、著作集を一冊ずつ案内する原稿を公募し、著作集編者である田村善次郎・武蔵野美大名誉教授らに監修を依頼して一冊にまとめる構想を打ち出した。交流センターの川口智は「郷土大学などで学んできた皆さんが、その蓄積を表現する機会にもしたい。応募原稿は一緒に練り直し、いいものに仕上げたい」と話している。

（中国新聞文化部記者）

傑作…………

「土佐源氏」（『忘れられた日本人』所収）ポルノ版

土佐乞食のいろざんげ

伝・宮本常一（?）Miyamoto Tsuneichi

「あんたもよっぽど酔狂じゃ。

乞食の話をききにくるとはのう……。

また誰があんたをわしの所へ寄越しなさったか……。」

はア那須の旦那か？　那須の旦那か。

あの方はえ、方じゃ。

わしがここへおちついたのもあの人のおかげじゃ、あの方は仏のようなお方じゃったから。

婆に手をひかれて、流れ流れてここまできたとき、あの旦那が、目が見えいではどこで暮すも同じやいうて、人様に迷惑をかけさせねば、かつえ（飢）させはせんものじゃいうて、親切にしてくださったのでこの橋の下におちついたが、ほんに人のあまり物をもろうて、食うてこの橋の下でもう三〇年近うなる。

しかし、わしはあんたのようなもの好きにあうのははじめてじゃ。八十になってのう、八十じじいの話をききたいというてやってくる人に会おうとは思わだった。

しかしのう、わしは八十年何にもえ、こと世間さまにしておらん。

人をだますことと、おなご（女）をかまうことですぎてしもうた。

かわいがって一緒に抱いたおなごのことぐらいおぼえているだろうといいなさるか？　かわいがったおなごがかづ知れんでのう……。

遠い昔のことじゃのう。

一

わしはてて（父）なし子じゃった。

母者《ははじゃ》が夜這いにくる男の種をみごもってできたのがわしで、流してしまおうと思うて、川の中へはいって腰を冷やしても流れん。

石垣に下腹をぶちあてゝもおりん、木の上から飛びおりても出ん。

あきらめていたら、月足らずで生まれた。

生まれりゃァ殺すのはかわいそうじゃと爺と婆が隠居へ引き取って育てゝくれた。

母者がそれから嫁にいったが、嫁入先で夜、蚕に桑をやっていて、ランプをかねって、油がからだ中へふりかかって、それに火がついて大やけどをして、むごい死に方をしなさった。

じゃから、わしは父御の顔も、母者の顔もおぼえてはおらん。

気のついたときは子守りといっしょに遊んでおった。

わしに子守りがついていたんじゃない、よその子守りをしているおなごの子のあとをついて遊んでおった。

昔は貧乏人の家の子はみんな子守り奉公したもんじゃ。

それが頭に鉢巻して子どもを負うて、お宮の森や村はずれの河原へ群れになって出てまゝごとをしたり、けんかをしたり、唄をうとうたりして遊うでいた。

わしら子守りのない男の子は、そういう仲間へ何となくはいって遊うだもんじゃ。

親はなくとも子は育つちゅうが、ほんにそうじゃな。

ただ、みんな学校へいくようになってもわしはいかなんだ。

子守りと遊ぶほうがよかった。

子守りにも学校へいかんのがえっとおった。

わしの子どものころはまだ学校へいくことをあまりやかましゅういわなかったでのう。

女の子と遊ぶほうがよかった。

それに十《とう》になっても学校へいかん男の子は少なかったで、守りたちの仲間と遊んでいると、かわいがってくれたもんじゃ。

ほかに学校へいかん男の子があっても、貧乏な家の子はみな家の手伝いをしたもんじゃが、わしはまつぼり子（私生児）で、爺婆に育てられたから、山へゆけ田へゆけということもなかった。

そのころから悪いてんごをおぼえてのう。

雨の日には遊ぶところがない。

子守りらはどこかの納屋に三、四人づつ集まって遊びよった。

そうして子どもがねむりよると、おろしてむしろの上に寝かして守りは守りで遊ぶのよ。

遊ぶといってもこれということもない。

積んであるわらの中へもぐったり、時には着物の裾を捲って、股の大きさをくらべあわせたり、前の道具をくらべあわせたり、股の付け根の穴へ指を入れたり、わしの道具をつかませたりしてキャァキャァさわぐ。

おまえのも捲って出せちゅうて、わしのまだ皮のむけちょらん道具を出させておもしろがっていよる。

そのうちにな、年上の子守りが「ぺこつく（交接）する」ちゅうのは男のちんぼを入れるのよ、おらこないだ、家の裏の茅のかげで、姉《ねえ》と若い衆が抱き合ってねているのが見たんじゃ。

ちんぼをねえのおめこに入れて、ウンウン声をたてゝ姉《ねえ》と若い衆が腰をうごかしていたじゃ。

お前もわしのおめこに入れて見い」というてな、わしの道具をつかんで自分の前の穴にわしの道具をはめようとして仰向けになり股をひろげてわしの体を腹の上に乗せて抱き込んだもんだよ。

「立てんとはいらんがなァ」とい、ながら、わしのなまえのちんぼをむりにおめこの穴に入れさした。

それがわしのおなごを知った初めじゃった。

別にええものとも思わなかったし、子守りも「なんともないもんじゃの」いうて、おめこを着物で拭きふき起き上り、「姉はえらいうれしがりよったが」、と不審がっておった。

それでもそれから遊びが一つふえたわけで、子守りたちがおらにもちんぼを入れていうて、男の子はわし一人じゃで、みんなに入れてやって遊ぶようになった。

たいがい雨の日に限って、納屋の中でそういうことをしてはおめこごっこにふけったもんじゃ。

みんなのおめこの穴にちんぼを入れてこすってみたんだが、あんまりえゝとも思わだった、それでもやっぱりいちばんころおもしろい遊びじゃった。

あんたは喜多郡の方からあるいてきたんなら、あのあたりの村の様子はようわかってじゃろう。

家は谷底の広うなったところに十軒もかたまったところがあろうが。

あとはたいがい山の腹に一軒二軒とポツリポツリある。

五十戸の在所というてもずいぶん広うにちらばっている。

雨が降らねば子どもらはおらびおうて（大きな声で呼びあって）お宮や河原へ集まってくるが、雨が降れば隣近所の四、五軒の子どもの集まるのがせいさい（せいいっぱい）じゃ。

女の子とおめこごっこするちゅうても、つい仲ようした三、四人のことじゃが。

そのうちにおめこにちょっぴり毛の生えた年上の一人が、わしを寝かした体の上に乗っかり、ウンウンうなってこすっているとき、おめこからえらい血を出してのう、わしの股ぐらは血だらけになっちゃった、たまげたなんの。

女はわしの体から飛びおりるなりいによった（帰った）。わしはその女の子が死ぬのじゃないかと思うておそろしゅうてその晩は飯ものどを通らだった。

あくる日、河原へいって見たら、その子がきてケロッとしている。

「どうしたんじゃ」いうてきくと「おらもうおせ（大人）になったんじゃ、あれは月のさわりちゅうもんで、大人になったしるしじゃ、じゃから、もう近いうちに子守りはやめるんじゃ」いうて急にえらそうにいいよる。

そしてのう「お前とは遊ばん」いいよる。

「どうしてじゃ」ちゅうと「もう大人じゃけん、二、三日うちにおばさん（主家の主婦）が赤飯たいて祝ってやるといいよった。赤飯たべたら、若い衆が夜這いにくるけえ気をつけんといけんと」。

わしはそういうもんかと思うた。

「わしとではいけんかの」ときいたら「お前若い衆じゃないもん」いいよる。

わしは早う若い衆になりたいもんじゃと思う様になった。

二

わしが十五になった年に爺が中風でボックリ死んだ。

伯父（母の兄）が、お前ももう大人になったんじゃ、爺も死んだことじゃし、百姓家へ奉公にいくか、うちの手伝いでもするとえゝが、爺が遊ばせて何にもできんなまくら者になってしもうたら、ばくろうの家へでも奉公にいけいうて、わしは家から三里ばかりはなれた在所のばくろうの家へ奉公にいった。

わしの仕事は親方のいいつけで牛市へ牛を追うていくことと、百姓家へ替える牛を追うてあるくことじゃった。

今日もくる日もあっちこっちへ牛を追うていく。

その牛がまた毎日替わっている。

あっちの牛をこっちへやり、こっちの牛をあっちへやる。親方は口上手でウソばかりついて、この牛はええ牛じゃというて、悪い牛をおいては、その家で飼うているええ牛をとりあげて外へ追うていく。

まァ、山の奥のほうの村へ仔牛を追うていって、そこの大けな牛を少し山から下ったところへおく、その家の牛をそれからまた少し下ったところへおく、というふうに大けなええ牛を下へ下へ持っていく。そしておとす牛（殺す牛）はたいがい宇和島へ出したもんじゃ。

このあたりの牛はみな大きゅうてのう。宇和島というところは牛相撲が昔から盛んじゃったからばくろうはええ牛をさがすのに血まなこじゃった。そこでええ牛を見つけると、これこれと目星をつけて百姓に念を入れて飼わせて、それを牛親方のところへ高うに売りつけたもんじゃ。

ばくろうにはまたばくろう宿というてな、家の少々かたまっているところには宿のあったもんじゃ。おおかたはちいとばかり小ぎれいな後家の家で、泊まるばかりでのうて、ときにはばくろうどうしで酒も飲む、ばくちもうつ。

後家も一緒に飲む打つ、後家が負けかけると、膝を割って毛むくじゃらの陰部をちらちらさしよってのう、わしの親方がそこに目が散ってすっからかんに負かされたこともあったじゃァ。

後家の負けた時は、隣の納戸で親方と一緒に寝るのが、ばくちの金替わりの穴埋めじゃよ。

そのうえ後家はばくろうの中のだれかとたいがいはねんごろになっておる。

わしの親方も方々にそがいな女がいた。

それがまた他の男と納戸の裡で抱き合っているのを見つかって大事がおこったことがあった。

まあそういうごたごたはしょっちうじゃったのう。

わしも始終そんな色ごとばかり見ておるんじゃから、自然とそういうこつもおぼえる。

わしの親方は助平じゃったので、なじみの家の前を通りかゝると、昼の日中《ひなか》でも座敷へあがって女をころがす、女も人もなげに親方の腰に両足をまいて腰をゆすって、わしにあっちへ行ってなと、目くばせしたもんじゃ。

わしは家の近くで牛をつれて待っておるのじゃが、牛をそこらの木へつないでおいて、ときおりはのぞきにいってせんずりをかきながら見たもんじゃ。

ある日中《ひなか》、親方の用事で、その後家の家へ宿賃をわしが一人で持って行くと、後家が一人居て、女が「こないだ、お前のせんずり掻きを見たが、もったいないことをするもんじゃけん、淫水を外へピュッと飛ばッしたりしてさ、何んじゃけそれほどおめこしたいかよなァ、無駄なことするもんでねえ」とわしに色目をつかった後家は「わしがえゝことをおしえてやるさかいな、まァこっちへ上りいな……」表の戸に後家はかんぬきをして、わしの手をとって座敷へ引き上げ「誰にもしゃべるでねえぞ」と小声でさゝやいてびょうぶの引き廻した薄暗い部屋に押込まれたぢゃ。

わしをそこに坐らした後家は、ハアと息をつめてわしの股の道具をつまみ出し、もうピンと突立った男のせがれを見て後家は「オヤオヤ、小僧のくせに、お前のものは親方のよりばか出《で》かいよ、」と、わしのおやかった道具を後家は手でしごきながら、わしの膝の上に腰巻をくるっと片手で尻までまくって股がっただ。

後家のあつい鼻息がわしの顔にかゝり、わしの雁首で自分のサネの頭をすこすこと五六ぺんこき上げて、もう淫水でずくずくになっちょる後家のおめこに一息に腰をおとしておし込むあたりは、させ上手の後家はわしのせがれの根元まできりきりともむように入れこんだもんじゃよ。

後家は目を白黒して口をあけっぴろげ「親方よりいっそう太くって、えゝよえゝよ、……お前もいゝかい、せんずりよりよっぽどええ気持じゃろが」。とわしの膝に腰をぶるんぶるんと上げたり下げたりしよったもんだ。

わしの体をしっかり抱きしめくらいつき、旦那笑うでねえよ、居茶臼ってかっこうでよ。

ゆいたての髪をさんばらにしてせいさいをつくして腰をゆすっただ。

助平の後家はしまいに「えゝよ、えゝよ」と泣きだしよって、その日はわしの腰骨ががたがたする程、五回ばかりやらされたじゃ、気をやる度に生たまごをふるまわれてよ、ほんとうの女の味をおぼえ、おめこってほんまにえゝもんちゅうこと、この後家によっておそわったじゃが、ついぞ親方にめっかったこともない。

どうも助平話ばかりじゃあいそがないのう。

しかしわしは女と牛のことよりほかは何にも知らん。ばくろちゅうもんは袂付きをきて、にぎりきんだまで、ちょいと見れば旦那衆のようじゃが、世間では一人前に見てくれなんだ。

人をだましてもうけるものじゃから、うそをつくことをすべてばくろう口というて、世間は信用もせんし、小馬鹿にしておった。

それでも、そのばくろうにだまされては牛のかえことをしておった。

悪い、しようもない牛を追うていって「この牛はええ牛じゃ」いうておいてくる。

そしてものの半年もたっていって見ると、百姓というものはその悪い牛をちゃんとええ牛にしておる。

そりゃええ百姓ちゅうもんは神様のようなもんで、石ころでもじぶんの力で金にかえよる。

そういうものから見れば、わしらは人間のかすじゃ。

ただ人のものをだまってとらんのがとりえじゃった。

それにまアばくろうのうそは、うそが通用したもんじゃ。

とにかくすこしべえぼう（ぐうたら）な百姓の飼うたしようもない牛を、かっせいな（よく稼ぐ）百姓のところへ引いていって押しつけてきても、相手がみごとな牛にするんじゃから、相手も、あんまりだまされたとは思っておらん。

うそがまことで通る世の中があるものじゃ。

十が十までうそつけるもんじゃァない。

まアうそが勝つといっても三分のまことはある。

それを百姓が、八分九分のまことにしてくれる。

それでうそつきも世が渡れたのじゃ。

ときにはうそばかりもついておれんことはあった。

げんに、牛市へ牛を引いていけば、悪い牛はだれでもわかる。

人はだましておれん。

そのうえ牛の品評会がある。

あれにはかなわん。

牛相撲で勝つほどの牛なら十人が十人とも見てわかる。

そこでわしらみたいな小ばくろうはなるべくそういう所へは出んようにして、山の奥ばかりあるくようにしたもんじゃ。

三

二十の年じゃった。

わしの親方が死んで、わしは一人立ちすることになった。

親方はまだ若うて、かっぷく（体格）のええ男じゃったが、女の出入りが多くて、うらみを買うことがあったのじゃろう。

あるばくろう宿で後家と一緒に寝ているところを殺されて、家へ火をかけられて、風の強い日で家は丸焼けになった。

　こたつの火の不始末で火事になり、焼け死んだということになったが、それにしては、焼けただれた二人の死がいが並うで出てきたのが不思議じゃった。

　あれほどの人が、家が焼けおちるまで気がつかずに寝ているはずがない。

　山の中のことで、そのまゝすんだが、わしには思い当る節があった。

　その後家はええ体とええおめこをしておって、男のものをくわえきるようなきんちゃくを自慢じゃったから、始終男どもがせりおうておった。

　それを最後はわしの親方がくどきおとしてものにしておったが、それを恨んでいるばくろうがおった。

　村の中の者どうしならすぐわかるが、わしらはばくろう仲間はその村の者ではない。

　それでわしらは何をしているか、案外気がつかん、また、気がついておっても、かかわりあいになるのは面倒で、とくにもならんことはだれも口をつぐうで何もいわん。

　それでわしは親方の得意先のあとを貰うて、一人前のばくろうになった。

　それからはおもしろかった。

　わしはこれという家もない。

　生れ故郷も婆が死んで、あとは伯父だけじゃで帰っても家がない。

　親方のなじみの後家の家をあっちこっちと渡りあるいて、かわいがってもろうてそれで日がくれた。

　その間、さまざまのおめこをやらかし、女の喜ぶこつもおぼえた。

　色んなやり方もおさわった。

　わしらみたいに村の中にきまった家のないものは、若衆仲間にも入れん。

　若衆仲間にはいっておらんと夜這いにもいけん。

　夜這いにいったことがわかりでもしようものなら、若衆たちに足腰たたんまで打ちすえられる。

　そりゃ厳重なものぢゃった。

　親方の同じ仲間の一人じゃったが、或夜夜這に忍び込んで、娘っ子の腹の上に首尾よく乗っかって、おやかったえて吉を押入れたまではよかったが、その娘っ子にえらうばたつかれ（騒ぐ）わめかれ、親達に押さえられ、村の若衆たちに半殺しに打ちのめされよった。

　じゃからわしは子どものときに子守りらとよくおめこしたことはあったが、大人になって娘と寝たことはない。

わしの寝ておめこをいらいしたのはおゝかた後家じゃった。

一人身の後家なら、抱かれようが、一緒に寝ようが表だってだれも文句をいう者はない。

このあたりは案外後家の多いところじゃ、どうしてか、わしにはようわからんが……。

それで小ぎれいなのが旦那衆の妾になっているのが多かった。

妾は多いぞね。

村の旦那衆なら、おおかた持っておる。

あんたは神主のところへいったというが、どっちのうちじゃ、下のほうかの、四十過ぎの色白なぽっちゃりした人がおりなさったろう、その人が神主の妾じゃ。

どういう顔かわしには見えんが、村で名うての美人じゃそうだが噂ではしもに毛がなうてのう、じゃが神主はえろうそのかわらけをありがたがってかわいがってるそうじゃ。

その女ちゅうは亭主と二人で大阪のほうへ出ていたのが、亭主が死んでもどってきて、それから神主がのりとを入れて通いはじめた。

六十半ばのじいさんがのう。

家を建ててやって、上の本宅と下の妾の家に一日交代でひねまらおったてゝゆきゝしなさる。

よっぽどかわらけぼぼがええとみえて。

わしはこの年までやっちょらんが。

この村にも四、五人は妾を持つ旦那がいる。

甲斐性のある者はそうして女を囲うておる。

甲斐性のない者は後家遊びをしたり。

よそのかかのぬすみ取をこっそりやらかしたり……。

それでものう、百姓ちゅうもんはかたいもんぞな。

昼は二人で働き、夜はまた夜で夫婦で納戸で寝るから間男なんかできっこない。

そういうなかで浮気をするのは、よっぽど女好きか男好きじゃで……。

わしらみたいに女をかまうもんは、おおかた百姓しておらん人間じゃ。

みんなにドラといわれた人間じゃ。

それに村の中へはいれば村には村のおきてがあって、それにしたがわねばならん。

村のおきてはきびしいもんで、目にあまることをすれば八分になる。(村八分)

しかしのう、わしのように村へはいらんものは村のつきあいはしなくてもええ。

そのかわり、世間もまともな者に見てくれん、まともなこともしておらんで……。

それでけっく（結局）だれにも迷惑をかけん後家相手に遊ぶようになるのよ。

それも親方のお古の後家を抱くことが多かった。

新しいなじみをつくるのはたいへんなことじゃで。

それもまア親方のように女を我がもの顔にあつかうことはできん。

第一わしは体もこまいし、親方のようにかっぷくも貫禄もない。

また親方のように金まわりもよくない。

こそこそと人のかげでたのしむよりしようがない。

それでどうして女がついてきたかって……女を喜ばせることを心得ておれば、女ちゅうもんはついてくるぞね。

女の喜ぶつぼをめっけりゃいゝのじゃ。

わしの婆（妻）を見なさい。

このへんしょうもん（屑物）のような男にもう六十年もついているわな。

わしの婆は、ばくろう宿の娘で、おっかァは親方のなじみやった。

わしも親方が死んでからそのおっかあの世話になっていた。

はじめはそのおっかァからよくおこられたもんよ。

おっかァはわしに「親方はよかった、親方はよくわしを喜ばせてくれた、お前はこまかいくせに道具が大《で》かいわりにたよりない」ちゅうてな。

それで、わしはおっかあを喜ばせようと思うて一生懸命にいろいろのことをしたぞね。

サネをもんだり、乳をすったり、おめこの穴を指でいろうたりしてのう、それも二、三べんもやってからじゃァ。

わしがどないしても女の精の強いのには勝てん。

そのうえおっかァはわしより二十も年上で、わしはいつも子ども扱いじゃ。

わしが親方について、おっかァのところへ泊めてもらいはじめたころ、わしの婆はまだ十にも足らん子どもじゃったが、わしがおっかァと関係するようになったころには、もう娘になって、村の若衆が目をつけはじめていた。

おっかァはじぶんがじるい（みだらな）くせに、娘に若衆の手のつくのを恐れて夜はいつもじぶんのそばへ寝せよった。

そこで自然わしとおっかァのすることを見らァね。

わしもまた娘の一から十まで知ってきてのう。

わしも下心があったから、ちょくちょく丸裸になっておっかァの腰巻をへそまでまくり上げ、二人のちんちんかもかもを見せつけ娘にじるい気を起さしたもんじゃァ。おっかァもおっかァだ、娘のそら寝も知らず声をあらげて泣きよがるでのう。

娘もへんなじるい気になるのも無理なことなかろうというもんじゃ。

あるむし暑い夜だってのう。

おっかァと一丁すんで、おっかァがくたびれていびきをかきはじめたので、わしはおっかあが寝込んでいる間に、娘のふとんの中にもぐり、娘の体をわけもなくものにしてしもうた。

それからわしは娘を連れて逃げた。

冬じゃった。

雪の降る山を越えてはじめて伊予からここの隣村まできた。

わしも一人前の人間になりたいと思うた。

隣近所のつきあいもし、世帯をはって子どもをもをけて——。

しかしのう。

わしは子どもの時からまともに働いたことがない。

若衆仲間にはいったこともない。

村の中へはいって見ると、何ひとつ村のおきての守れる人間ではない。

それでも、土地で小さい納屋を借りる、婆と二人で世帯をはって、わしは紙問屋の手先になって楮《こうぞ》を買うてあるいた。

三年ほどの間じゃったが、わしがまァいちばん人間らしい暮しをした時じゃった。

四

そのままおちつけばよかったのを、つい魔がさしてのう。楮の中にガンピというのがあって、それはお札《さつ》の原料になる。

そのガンピは官林の中にえっとあって、百姓衆は官林で払い下げてもろうてそれをとる。

官林の番は小林区署の役人がやっておった。

わしも楮買いのことから、担当の役人によくおうた。

役人は一軒ええ家を建ててもろうて、そこに夫婦で住んでおった。

高知の城下の者であったが、その嫁さんが、ええ人じゃった。

土佐の女じゃから、色はあんまり白うはないが、眉の濃いい、黒い目の大けえ、鼻すじの通った、それでまた気のやおい（やわらかな）人でのう。

行くといつも茶を出してくれた。

はじめは楮の用事で旦那に逢いにいきよったのじゃが、いつの間にか、嫁さんに心をひかれていくようになった。

それもまったくひょんなことからじゃった。

旦那を尋ねていったら旦那が留守で、嫁さんは裏で洗たくをしておりなさった。

しゃがんで膝を割ってたらいをまたいだ嫁さんの股から桃の割ったような赤い陰部が目についた。

わしは悪《わる》い物を見たとおもって目をそらした。

嫁さんはビックリしたような、そして顔を赤うしてすぐ前掛をおろしなさった。

すぐ帰ろうかと思ったが、茶をごちそうになって、嫁さんの洗たくを見ながら、つい話しこんでしもうた。

話というても、わしは牛のことしかわからんから、人をだまして牛を売買する話をして聞かせた。

洗たく物をしぼって、すすぎの水を井戸からくもうとしなさるから、わしがくんであげた。

たらいの水も捨てるのを手伝うてあげた。

ただそれだけのことじゃったが「あんたはほんとに親切じゃ」とお礼をいわれた。

わしがこれほどの身分の人に一人前にとり扱われて、お礼をいわれたのはじめてじゃった。

それまではあんた、役人は官員様というて、わしらみたいに悪いことばかりしておる者には、いちばんおそろしいもんじゃった。

それに小林区署の役人は山へ見まわりにいく時は巡査と同じような服を着て、腰へサーベルを下げて、それだけ見てもわしら尻の穴がこもうなったもんじゃ、その嫁さんからお礼をいわれて何ともいえんうれしかった。

それからは旦那のいなさらん時を見はからっては、ちょいちょいいくようになった。

家がおくまって少し高い所にあるので、たずねていってもあまり人目につかん。

それでわしは駄菓子を買うて持っていったり、町へ出たついでに珍らしいものを買うて持っていった。

そりゃァ婆には気づかれんようにしてのう……。

いってもたわいもないことを話してくるのじゃが、よそからきた人で話し相手はないし、旦那は留守が多いし、そこでいったついでにちょいちょい手伝うてもあげた。

それでも相手は身分のある人じゃし、わしなんぞゆるす人じゃないと思うとったが、洗たく物をほしている手伝いをしたら、つい手がふれて、わしが嫁さんの手を握ったらふりはなしもせず、わしの顔をじっと見てうつむいたきりじゃった。

秋じゃったのう。

わしはどうしてもその嫁さんと寝てみとうなって、その家へいくと、嫁さんは洗たくをしておった。

わしが声をかけるとニコッと笑うた。

わしは「上の大師堂で待っとるで」いうて、逃げるようにして、その家の横から上へ上がる小道をのぼっていった。

家のすぐ上のところから小松がはえていて、その中を通っている急な坂道を一丁近くも上ると、四角な大師堂が大きな松の木の下にある。

毎月廿一日にはお参りがあるが、常日頃はだれも参る者はない。

わしは息せきって、そこまで上がって「えらいことをいったもんじゃ」と思うて、半分後悔しながら、松の木にもたれて下のほうを見ておった。

秋のいそがしいときでのう、小松の間から見える谷の田のほうでは、みな稲刈りにいそがしそうにしておる。

そういう時にわしはよその嫁さんをぬすもうとしておる。なんともいえん気持じゃった。

このまま逃げて帰ろうかとも思ったが、やっぱり待たれてのう。

もう小半時も待ったろうか。

夕方じゃった。

夕日が小松を通してさしておったが、下のほうから嫁さんが上がってくる。

絣の着物を着ていて、前掛で手をふきふき、ゆっくりと上がってきなさるのよ。

わしは上からじっと見ておった。

なんぼか決心のいったことじゃろう。

わしはほんとにすまんことをすると、思うたが……。

四、五間のところまできて上を見あげたから、わしがニコッと笑うたら嫁さんもニコッと笑いなさった。

それから上がってきた嫁さんの手をとって、お堂のところ連れていって上がり段に腰をおろした。

そしたら嫁さんがあたりをみまわして、ちっちゃな声で「人の目につくといけんから」いうて、嫁さんはわしより先にお堂の中へはいっていった。

わしの腰のものはもうふんどしを突きやぶるほどおやか

って嫁さんの体に当たらんばかりじゃった。

嫁さんはきものをお堂の中へ入れて、格子をしめなさった。

そうして板の床の上へすわっての、わしの手をとって、その手をじぶんのみずおちのところへあてて「こんなに動悸がうっている」というてわしを見てほんのり笑いなさった。

何ともいえんかわゆい顔じゃった。

困ったような、たよりにしているような。

わしはおなごからそないにせられたことはなかった。

わしは嫁さんの手から手をほどいて片手で嫁さんの肩を抱いてその手を膝の間をかきのけて陰部のあたりに持っていった。

嫁さんはピクッと体をふるわしてわしの体にしがみついたじゃ。

わしのおやかったものをふんどしからぬき出して嫁さんの手ににぎらせると、おずおづと嫁さんはそれをにぎってほてった顔を横むけた。

「わしのようなもののいうことを、どうしてきく気になりなさったか」いうてきいたら「あんたは心のやさしいええ人じゃ。女はそういうものがいちばんほしいんじゃ」といいなさった。

みぶんの高い女で、わしをはじめて一人前にとり扱ってくれた人じゃった。

嫁さんは「はづかしいよ」と言ったが、わしは嫁さんのおめこに指二本をのぞませると、腰をもじもじふってわしの肩に顔を押しつけてくるけん。

こまい毛をしょり〳〵といらい、オサネをつまみ、ふっくらとしたおめこのもりあがった穴はぽかぽかと熱く、もう嫁さんはたえられなさそうにお尻までつるつるにぬれていたじゃ。

その淫水でオサネの頭をわしは指でねれつけてやると、嫁さんはハアッハアッといってヒョイヒョイと腰を浮かしてのう。

指を二本さしいれて子つぼをいらいらいろってやったら「もう、あんた、アア……」と腰を思いきりピクッと動かしてわしにくらいついてきたじゃ。

嫁さんは膝をにじらせ、にぎったわしの動悸うつ男のものをつよくしごいて……。

わしは頃を見て、かっかっとほてった嫁さんの顔を見ながら、わしは嫁さんの赤い腰巻を左右にお尻の上へまくりあげ、わしの膝の上にまたがらせた。

嫁さんは片手で前掛をもってじぶんの顔をかくした。そうしてじぶんのからだをわしの思うまゝにさせだ。つばきもつけず雁首をぬっと嫁さんのものに突きあげると、ぎちぎちと根までぬめりこんでのう、嫁さんは「ウウッ」とうめいて思わず顔から前掛をおとしたぞいな、わしはこゝぞとて腰をふんばって、嫁さんの子つぼを雁首のさきでつき上げてはせゝりあげてやった。

嫁さんは顔をしかめて、きれいな歯を口から見せっ放しにしてフウフウうめき声をたてゝ「えゝぞいな、えいぞいな、」とお尻をえんりょぶかそうにゆすりおろしてのう「あんたとなら、どうなっても、ええ、もうどうなんても、ええ……」わしの顔に嫁さんはあついあつい息をはいてのう、さゝやくのじゃ。

わしは嫁さんに「しんどないけん、痛たかないけん」というと「えゝ気持、ええ気持、いゝのよ、いいのよ」と大きな目から嫁さんは涙をぽろんぽろんおとしてのう、両脚を突張った道具にたらたら淫水をへりかけたじゃ。

わしもたまらなくなって、嫁さんの腹の中え、嫁さんのお尻をきつう抱きひねって、どっとため淫水をはじき飛ばしたわな……」嫁さんは体中ぶるぶるふるわして二人が気をやっても、嫁さんはじっとわしに抱かれてうっとりとながいこと居茶臼のままだったよ。

「ええあんばいだったかな」とわしは嫁さんを抱いたままいうと、だまって嫁さんはこっくりした。

わしが、嫁さんの体を膝からそっとおろして、ふんどしのはしで嫁さんのぬれたおめこを拭いてやろうとすると、嫁さんははずかしがって、股倉を腰花ではよはよおさえて「こんなところ男のあんたが拭くもんじゃない」と、嫁さんはふところから半紙を出し、わしのものをやわらかうふいてくれたじゃ。

そして嫁さんはくるりとあちらをむいてじぶんのを始末しだした。

うしろむきに丸髪をうつむけて、お尻をちょっぴりほったてた嫁さんのそのかっこう見て、わしのものはまたむくむくとおやかってきたじゃでのう。

で、わしはまた、嫁さんの腰巻をうしろからさっとせなかまでまくりあげ、丸いお尻の割目にわしのおえた奴をどきんどきんとあてがったら、そのはずみで嫁さんは四つ這いになってのう、嫁さんの「アッ」という声といっしょにおめこの穴に、ブウと音を立ててわしの道具がきんだまの付根まで押込んじゃったじゃ。

めんくらった嫁さんは別にいやがりもしなかったが。

それでその初めての日は、お堂のせまい中でとうとう三回も、嫁さんとしてしもうたじゃァ。

髪や着物をなをして嫁さんの立ち上った時は、もう秋の陽はとっぷりと暮れていたじゃ。

それからなァ、四、五へんもおうて、旦那の留守の日にしたじゃろうか。

嫁さんは決して自分から、わしにほれていたんじゃないが、そいでもわしにいつもニコッと笑うてわしの言うがままに股をあけてくれてのう。

目に泪をためてわしのようなへんしょうもんの体を抱いてくれたじゃ。

ほんまにむさがり（汚ながり）もせず口も吸わせてくれたじゃ。

二へん目のときは、嫁さんが大師堂では罰があたるかもしれんというて、台所の戸を嫁さんはじぶんからしめてのう。

「夕方、主人が出張《たび》から帰るよって」いうて、その隅で、田植ぼぼのかっこうで、わしは嫁さんの白い尻をほったてさせてやらかしたら、嫁さんは、たたきの板に丸髪の前をこすりつけて「ええわ、ええわ……」と泣きよがりに気をすぐやっちやったじゃ。


もう一ぺんわしが抜かずにすこすこ抜差ししていたら、嫁さんは「抱いてあんばいして。こんなかっこう。いやらしいから。いやだ。」

というて、部屋に這入り、畳の上に嫁さんの体をはよはよ仰向けにし、わしは直ぐ淫水でぬるぬるの嫁さんの下腹え、わしのものを押し込んで二へん目をやらかしたのじゃ。

嫁さんは、ヒイ、ヒイいうて大きな目ひきつらしてあんたのもの（精液）もはよう出して、えゝわ、ええわ、ちゅうて、嫁さんは腰をわしの下腹にこすりつけ二人一緒にながいことかかって何べんも気をやってのう。

旦那の帰るのも忘れてやらかし、婆のもと帰ったのはもうおそい夜だったじゃ。

三べん目は井戸端で嫁さんの片足をたらいにかけさしてのう、立ちぼぼでやっちやったじゃ。

嫁さんは「こんなかっこうしんどい」いうたが、わしのおやかったもの嫁さんの股にあんばい入れて、嫁さんのお尻を両手で抱いて嫁さんがくたくたになるまでとぼしたら「あんたはほんまに工合よく女をよろこばす」ちゅうて顔をまっかにして、たらいの水で嫁さんはじぶんのおしものよごれをしまつしてのう、わしのもニコッと笑うて水をチャブチャブとかけて洗ってくれたじゃ。

旦那がこの嫁さんをあんまり可愛がらないのか、嫁さんの体をあんまりかわいがらなかったのか、嫁さんはわしとするとき、腰のつかいかたも、男を抱くこつもあんまりしっちょらんから、わしのいいなりに、前向き、後向き、横ざしと転がって「こうかえ、ああかえ」と、するたびにわしの手をかりるんじゃ。

嫁さんはきりょうはよし、おめこも上玉だし、もったいないほど、わしにすなをに体を自由にさしてくれたじゃ。

それから、わしはこの嫁さんや旦那に迷惑をかけてはいかんと思うて、しかしこの土地にいるかぎりはとても縁のきれるものではないと思うて、この人にも内緒、婆にも何にもいわんで、四年目にまた雪の降る道を伊予へもどった。

わしは一代のうちにあの時ほど身にこたえたことはなかった。

半年というものは、何をして暮したかもおぼえてはおらん。

気のぬけたように、暮したのう。

何べん峠の上までいって嫁さんのあの姿が見えやせんか、ぼんやり峠の上にのぼってらちもないことを考へ考へのぼったかわからん。

婆にも逢うのがいやで、半年ほどはかくれておった。

半年ほどたつと、やっとこらえられるようになった。

五

わしんはそれからまたばくろうになった。

それからのわしはこれと思う女は、みなかもうて喜こばした。

しかし、あの嫁さんのような人にはあわだった。

いや、一人あった。

話してええかのう。

あんたはほんとに女にほれたことがありなさるか。

また女の股倉《まえ》をなめたことがあり、ほれた女の小便《しし》をのんだことがありなさるか。

わしゃァ、この話はいままでだれにもしたことはないんじゃ。

死ぬるまで話すまいと思うておった。

あの人にすまんでのう……。

人に話されんような話がわしにもあるかって？　あるくらいな、しかしの、わしが死んでしもうたらだれも知らずじまいじゃ。

八十すぎの盲目人《めくら》が話したからって、もう罪になる人もあるまい。

わしは庄屋のおかた（奥さん）に手をつけてのう。旦那は県会議員をしておって、伊予の奥ではいちばんの家じゃった。

何かの折に道ばたでおうたら「博労、ええ牛を世話してくれ、おとなしい牝牛がええ、家へいったら、おかたがいるで、よう相談しておいてくれ」と人力車の上からいわっしゃる。

これから宇和島へゆきなさるということじゃった。旦那には道でよく逢うことがあって、いつでもていねいに頭を下げてはおったが、声をかけてもろうたことはない。それにわしは旦那の村からずっと離れて住んでおったで、御縁もなかった。

それにあのあたりはりっぱな博労が何人もいたところじゃ、どうした風の吹きまわしか、わしに声がかかってのう。おそるおそるいったもんよ。

昔の一領具足の家で、庄屋になったということで、前は高い石垣で、石段があって、お城のような家じゃった。石段を上ると門があってのう、長屋門になっておった。

勝手口へいって「いま旦那様におうてこれこれの話じゃで、おかたさまに相談せえっていうことでありました」というとのう、おかたさまが出てきなさった。

わしらまた、ああいう美しい女におうたことはなかった。まだ四十になっておりなさらんじゃろう。

色がめっぽう白うてのう、ぼっちゃりして、品のええ、観音様のような人じゃった。

ああいう家じゃから何もかも下女や下男にまかせていなさるかと思うたら、そうじゃなくて、おかたさまじぶんで牛の駄屋までいきなさって、長い間飼うてきて、仕事もようする牛じゃがコットイ（牡牛）で気があらいで、オナミ（牝牛）にかえたいといいなさる。

「はァ、田に使うなら牛はコットイに限ります。男衆が使うんじゃから牡牛のほうがようござりますで……。これほどの牛がありましょうかい」ちゅうと「いやもう旦那が留守がちで、女が家をきりまわすのでは、とても骨が折れるけに、田は小作にあづけることにしたから、牛も大きなのはいらぬ。しかしわたしは牛がすきだからこれからも飼うてみたい」といいなさる。

「へえ、さようでござりまするか」ちゅうことになって外へ出たのじゃが、ああいう、ものいいのやさしい人にはおうたことがない。

始終家の中におりなさるで、それまでおうたことも見たこともなかった。

別嬪でおとなしいおかたさまじゃというわさだけは、きいておった。

それでまァわしも一生懸命になって、これならほんとに気に入られるじゃろうという牛をさがし出して追うていった。

そしたら喜びなさってのう。

ところがあんた、こんどは今までいた牡牛を引き出そうとしたら、赤飯をたいて食べさせるやら、酒を飲ませるやら、人間を扱うのとちっともちがわん。

はァ上つ方《うえ》の人というものはこういうもんかと思うてのう、わしもちっとあきれておった。

酔狂じゃのう。

普通の百姓はあそこまではせん。

ところがあんた、いよいよ牛を引いて出かけるときに、ポロポロ涙をおとしなさって「ええとこへいって大事に飼うてもらいや」いいなさる。

なんとまァやさしい人もあるもんじゃと思いましたなァ。

わしらのような出たとこ勝負のやったりとったりとは、てんでものがちがうんぞな。

なにもかもたまげることばっかりよのう。

それからまァ時々牛を見がてらに旦那の家へいって見たが、旦那のいるちゅうことはめったになかった。

夫婦仲はよかったようじゃが子ども衆がのうてのう。

それがさびしかった。

旦那には宇和島に妾がおいてあって、そのほうには三人も子があるちゅうことじゃった。

旦那もおうようでまァ似合の夫婦ちゅうもんじゃろう。

ところがあんた、いつじゃったか、八つ下り（午後三時）ごろじゃったろう。

いって見ると女子衆も男衆もおらん。

はァてと思うて大きな声で「ごめんなされ」ちゅうとたすき掛けでおかたさまが裏のほうから出てきた。

「何をなさっておいでで？」いうてきいたら牛の世話をしていなさるというんじゃ。

わしゃ、またたまげてのう。

こういうしとやかな、大けえ声もたてんような人は、座敷にばっかりいて、そういうことはせんのかと思うていた。

牛の駄屋へはって見るとなァ、牛をきれいにこすって……。

「そういうことは男衆にさせなされませ。おかたさまのような方のするもんじゃありません」ちゅうと「わたしは牛がすきで、八つ下りになると、下女に茶を持たせて畑仕事をしている男衆のところへやって、その間にこうして牛の世話をするのじゃ」という話で、またたまげて……。

それからのう、八つ下りの時にゆけば、おかたさま一人でいなさることも知った。

悪いこととは知りながら、ついその時刻にいくようになってのう、わしら世間のことはあんまり知らんで、話といえば、牛のことだけでほかに話の合うこともなかったが、おかたさまのわきにおるといっちええ気持でのう、八つ下りにゆけば、おかたさまひとりだし、そりゃァもう、いつも一緒になって手伝っておった。

わしが牛の講釈してきかせた。

するとおかたさまはいちいち感心してきいてくれて……。

かなしいことじゃが、わしら学問も何ものうて言葉づかい一つできないので、下手《へた》をいうとなァ、そりゃこういうのじゃって、笑いながらおしへてくれなさる。

そんなときに、役人のお嫁さんを思い出すかといいなさるか。

あんたも悪い人じゃはァ、こういうことが浮気というものかと思うてのう。

お嫁さんのことは片時もわすれたことはなかった。

それにおかたさまにまたほれて……。

一緒に手伝っておる時はちょくちょくわるいことじゃが、わしの前のものがおえてしようがなかってのう。

それでおかたさまに手をかけちゃァいかんと思うてせいいっぱいほかのことを考えてしんぼうしたが、おかたさまの髪がわしの顔にさわりたり、手が手にさわられたりしておかたさまがわしのはたにいる限り、それもつらいこっちゃったじゃァ、たいがい女をかもうてからいくんじゃが、どうもならん。

お嫁さんにすまんように思うて……。

それでいて、だんだんおかたさまをわなにかけるようなことをしたわい。

「おかたさまおかたさま、これほどせっかくの牛じゃから子をとりましょうや」いうて、とうとう種をつけることにして、わしはええ牡牛を借って追うていったぞね。

そうしたらおかたさまは、小屋をきれいになさって、敷わらも換えて、牛をぴかぴかするほどみがいていた。

どこの牛でも百姓家の牛は糞の中に寝て、尻こぶたへ糞をべったりつけているものじゃ。

「おかたさま、おかたさま、あんたのように牛を大事にする人は見たことがありません。どだい尻をなめてもええほどきれいにしておられる」というたら、それこそおかしそうに、おかたさまは片手で口をおさえ「あんなこといいなさる。どんなきれいにしてもお尻がなめられようか」といいなさる。

「なめますで、なめますで、牛どうしでもなめますで。すきな女のお尻ならわたしでもなめますで」いうたら、おかたさまは顔をまっかになさって、あんた向こうを向きなさった。

　わしはいいすぎたと思うて、牡牛を牝牛のところへつれていきました。

　すると牡牛は大きなへのこをおっ立てて、牝牛の尻の上え乗っていきよる。

　わしゃもうかけるほうに一生けんめいで、おかたさまのほうへ気をとられることはなかったがのう。

　おかたさまのほうを見たら、ジイッと見ていなさる。

牡牛が一物をずるずるっと抜いてすましたあと牝牛の尻をぺろぺろとなめるので「それ見なされ……」というと、おかたさまは「人よりも牛のほうが愛情が深いのか知ら」と顔をまたまっかにしなさってためいきをつきなさったじゃァ。

　わしはなァその時はっと気がついた。

「この方はあんまりしあわせではないのだなァ」とのう。

「おかたさま、おかたさま、人間もかわりありません。わしなら、いくらでもおかたさまをかもうて、おかたさまのお尻でも、サネでもなめて、ほんまの情《じょう》をうつすのじゃが……」おかたさまは何にもいわだった。

　わしの手をしっかりにぎりなさって、眼へいっぱい涙をためてのう、体をふるわしておかたさまは顔をうつむけたじゃ。

　八つ時で女中衆も男衆も、わしとおかたさまいがいは誰も居なかった。

　おかたさまの早い胸の動悸がわしにはわかった。

　わしは牛の小屋の隣の納屋の中へはいると、おかたさまもだまってついてきて納屋の戸をじぶんでしめた。

　おかたさまと寝るのに工合のよいわらが積んであった。

　おかたさまは娘のように体をふるわしてのう。

　わらの上にわしが坐ったらおかたさまも行儀よく膝をそろえて坐りなさったが、あぐらをかいたわしのものはいたいほどおやかってふんどしの横から飛びでていたじゃ。

　おかたさまは、それかえったわしの大けえ道具を見て、また顔をまっかにしてのう。

　わしのものを握らそうとおかたさまの手をきんだまに当てがったら、はづかしがりながらも恐る恐るやわい手でにぎってくれたじゃ、わしのものはおかたさまのやわい手の中でドキンドキンおどってのう。

さすがのおかたさまもちょっとじるい気がおこったのか、いきをスウスウしながら行儀のよい膝を少うしあけたから、わしはおかたさまの膝の間に手を入れ、腰巻をかきわけて指を股の付根にのぞませたら、おかたさまはピクッと腰をうごかして両股をしめつけてのう。

持っていたわしのおやかったものをおかたさまははなして、わしの膝の上に丸髷をすりつけ胸を膝小僧に押付けてきたじゃァ。

おかたさまの髪のええにをいと美しい襟《えり》あしの肌のええにをいがぷんぷんわしの鼻さきにきて、わしはごくらくにいるような気がしてのう、生つばをゴクンとのんで夢中におかたさまの体を仰向けに寝かしたじゃ。

おかたさまはアッと叫ばれたようじゃったが髪のくずれも気にせんですなをに寝てくれたじゃ。

わらの上じゃから工合ようふとんがわりになってのう。

腰巻をまくりかけたら、おかたさまはそれを両手でおさえてひざをぴったりあわせなさるから、わしは「ごめんなされや、おかたさま、ごめんなされや、おかたさま、その手をどけんと、おかたさまをかもうことも、おかたさまのきうじをなめることもでけんよって」いうて、おかたさまの両手を腰からのけさし、腰巻をくるっとおへそのあたりまでまくりあげたら、おかたさまは何かいわれたようじゃったが、こんどは顔を両手でかくしなさった。

まァ、ぽっちゃりとしてまっしろでつるつるとしたお腹や、そのおめさんの上にほどよく生えそろった黒い毛並、つんむりした豆（陰核）が赤うぬれて、股を押しひろげたらおめさんの穴の肉が、落したての牛肉色のように赤うて、おかたさまのおめさんは、いままでかもうて見てきたぎょうさんな後家衆のおめさんとくらべものにならないええおめさんじゃったよ。

あんた笑いなさったが、ほんまのことじゃ。

あの年の女ご衆のおめさんはたいがい紫色にふじゃけて、わるいにをいをするもんじゃで、とってもなめられたもんじゃないが。

このおかたさまのものは、ほんまにおはつのようにきれいな、それでいて指二本を付根まできゅっと吸《すいっ》くほどなええおめさんじゃったのう。

おかたさまの豆《サネ》の皮をこき上げてほんざねを、わしが舌でなめあげ、なめさげ、穴の肉を、そのびらびらを、舌を丸めてそのおめさんのきうじきうじを押じなめしてやったら、おかたさまは、すすり泣くような声をたてて、腰をあちらこちらよじってわしの顔におしつけてきてのう、おかたさまのおめさんからじくじく汁がわき出てくるじゃが、おかたさまは「いい、いい、えゝわ、えゝわ、……あああ、お前さん、困《こま》った、こまった、わたしのものからお小用《こよう》が、あああ……」わしは、ますます、指二本と舌でくじりまわして、おかたさまのおめさんの生汁《きじる》をのみこみ「おかたさま、遠慮なさらず、どんどんお出しなされ、お出しなされ、お出しなさると、もっと、もっとええあんばいにしてあげまするで。」

　ちゅうと、おかたさまは「それでもお前さんの顔をよごしてては、ああっ、ああっ、おまえさん！　お前さん！」ちゅうてどくどくとおかたさまのおめさんの奥からすきとをった先き走りの淫水がわしの口の中え流れこんでのう、わしは、それを、かんろのようにのみこんで「おかたさま、もっと、もっと、お出しなされ」ちゅうて、わしはせいいっぱい、おかたさまのかたく赤うなったおさねや、ねれついたおめさんの穴の中に指二本でこねまわして「ええ、おめさんだ、ええおめさんだ、もっと、もっと、お汁を、しょんべんでもなんでも、ええあんばいほどお出しなされ、お出しなされ、おかたさま、ほれッ、ほれッ」ときつう舌でおめさんを押っあげ、指でこねまわしてあげたじゃァ。

　おかたさまは、うんうんいわっしゃってのう、たまらなそうに、わしの顔を白い股にはさみ込んでしめつけしめつけ、わしの道具をおかたさまのおめさんに入れぬまえに一ぺん気をやってのう、しまいにがっくりとおかたさまは脚をわらの上におとしたじゃ。

　おかたさまはもうすうすう息をはいて、何にもいわしゃらなかった。

　おかたさまはそれから、わしにからだをまかしきりぢゃったから、わしは、じぶんのふんどしをまるめて、おかたさまの、丸いお尻の下に敷き、おかたさまの両足をとってわしの肩へかかえあげておかたさまのおめさんを天にむけ、わしの雁首で五、六ぺんおさねや穴のぐるりをせせりあげて、ころはええ工合と、おかたさまが、もづもづと腰を動かすもかまわず、ぬっとおかたさまの腹のなかに押し入れたじゃ。

　おかたさまは「ハアッ」とうめいて、美しいかをしかめ、腰をうしろにひきずったがの、おやかったわしのものが、おかたさまのあついおめさんの肉のなかに根っこまでくわえこましたじゃ。

　こまいわしがからだじゃったが道具が大けいので、おかたさまは、わしのでかいものがおしこんじゃったものだから、おかたさまのおめさんのびらびらがまくれこんで、おかたさまは前をひいて後へ後へのけぞらしていたそうにかをしかめさっしてのう、着物の袖をくわえてこらえさっしゃったじゃァ。

おかたさまは眼をつむって肩でいきしてのう。

わしが、おかたさまに、「つらかろうが、ごめんなされや、……」ちゅうたら、おかたさまは、かぶりをふって「ええのよ、ええのよ、」というたので、わしは、おかたさまの着物のえりを片手でひらいて、乳をむきだし、指でくりくりもんでやると、おかたさまは体をもがいて、わしの肩をだこうともがいたじゃ。

おかたさまには子がなかったから乳も娘のようにかたく丸丸《まるまる》してのう、おめさんとおんなじええかっこうじゃった。

わしは、それから、ゆっくり、またはやく、乳をもみ、おさねを、つまみ、わしの道具をおかたさまの子つぼめがけておんなじように抜きあげ、押しこみ、淫水でぶっすんぶっすんおとをわかして腰をつかったじゃ。

おかたさまは、丸髷を横ざまに、わら床にこすりつけ「ええわ、ええわ、お前さん、モウ、モウ、わたし、モウ、アアアア、ええわ、ええわ、アアアア……」ちゅうてつつしみぶかいおかたさまも、わしのかもうかたにえろうとりみだして、淫水をとろとろとおめさんのおくからだして、手足をぶるぶるふるわして、何べんおかたさまは気をわしのためにやったか、かずしれなんだ。

わしももうおかたさまのとりみだしかたに、こらえきれずなってのう、はりさけそうになった道具に、せいいっぱいの馬力をかけて、おかたさまのやわい体をいっぱいに抱きしめおさえ込んで、おめさんのおくのおくまで突きあげ、押しまわし、ゆるゆるついたり、つよう抜いたり、ぶっすんぶっすん、くちゃり、くちゃりと、おかたさまがヒイヒイうめき、汗をだして、あぶらっこい丸出しの白いお尻を、前後左右にわらどこに、わしのふんどしをずらしてうごかしてよがってのう。

おかたさまがわしの首をいきのつまるほどきつうしめ、「ああアアア……お前さん、わたしモウモウモウ、アアッ、また、そそうする、そそうする、そそうする、ああアアア」「おだしなされ、おだしなされ、おだしなされ、おかたさま、おかたさま、わしも出します、おかたさまの子つぼに、わしも出します、それ、ほら、でました、ツウツツウッと、ウオッ、いくいく、おかたさまの子つぼのおくに、ウオッ、いくいくいくいく……」おかたさまにこれほどの力があるかと思うほど、わしのくびとかたをひきしめるうちに、わしもおかたさまといっしょになってしたゝか気をやったじゃ。

おかたさまのからだのなかにわしのからだがとけてゆくようなええ気持じゃった。

おかたさまも眼をつむって、汗の顔のままうっとりと、わしにだかれたままじゃった。

わしは、おかたさまのそのかわいかをにこらえきれず、おかたさまの顔に頰ずりして、おかたさまに舌をださせて、わしがくちに入れてなめまわした。

抱いたままでのう……。

ことをすましたわしは、ふりちんのまま、おかたさまの股の間に顔をおしつけて、ぬれて赤びかりのおめさんに舌をもって、ぴたぴたとなめまわした。

おかたさまは、ふところからふき紙をとり出し「お前さんのものに、そそうしたから、さきに（前に）ふきましょう」というたが、わしはかまわず、「おかたさまのなら、おめさんでも、お尻でも、こんなに喜こんでなめますじゃ」ちゅうて、おかたさまの紙をとりあげ、おかたさまのいゝきみづをおめさんの穴にとゞくかぎりなめまわし、おかたさまの手をはらいのけてお尻の穴まできれいになめてあげたら、おかたさまは美しい目をとろんとなさって「ほんとの夫婦の愛情というものは、お前さんのように、そそうもかまわず、いたわってくれるのが、男の実意というものじゃ、わたしはいま、うちの旦那さんにもしてもらえないことをしてもらって、おまえさんにすまないとおもっている。しかしお前さんによって、わたしは、はじめてほんとの女の喜こびをおそわった」といって黒い丸髪のほつれ毛をなをし、腰巻を股におろして、わらの上に行儀よく、もとのつつしみ深いおかたさまの姿に戻って坐りなをした。

それからまァ、どんなことがあっても、わしはおかたさまを守ってあげねばならんと思うた。

わしはおかたさまのいわしゃる通りのええ子になりたいとは思わだった。

おかたさまには極道した話もした。

お嫁さんと大師堂で寝た話もしたぞな。

わしはな、「人間の屑じゃ、屑じゃが何ぞの役にたつかもわからんから、えんりょなく、用立ててつかァされませ」いうたら、おかたさまは、わしのごつい手をやわい手で握りしめて、眼へいっぱい涙をためてのう、わしの胸に顔をおしつけて娘のようにしくしくと泣きじゃくったじゃ。

しっかりとわしの手をにぎったまま涙を流して喜ばれた。

はん月ほどたって、おかたさまをたずねたら、熱があるのでといって寝ておられた。

あくる日、見舞いになしをもっていったら、おかたさまは「もう、ええのよ」と、またあの納屋の中え、おかたさまと二人でそっとはいって一緒に寝たら、おかたさまの体にまだ熱があるのか、顔色もすぐれず、おかたさまの体はぬくかった。

「体にわるいから今日はなめるだけに」と、おかたさまのものをなめて立上ったら、おかたさまは、わしの手をきつう引きよせて、「お前さんのもなめさせて」とまがをな顔付に、わしはたまげて、「めっそうもない、おかたさまに、こんなむさいものをなめさせることでけん。罰があたる、ばちがあたる」ちゅうと、おかたさまは、「男のお前さんばかりに、わたしのむさいところをなめてもろうのが、わたしはこゝろぐるしいから、どんなにしたらええか、お前さんおしえておくれ」ちゅうもんだから、わしは「ふんどしがきたないし、わしのものを見たら、おかたさまは一ぺんにいやになって、きらわれるから」とことわると、おかたさまは、「でわ、なんで、わたしのものをお前さんがなめたの、わたしもお前さんのものをなめて、情をつくしたいから」ちゅうて、わしのものを、おかたさまは口一ぱいほをばってくれたじゃ、そして、おかたさまは「こうかえ……」というてのう、舌をわしの胴にまきつかせてのう、わしのおかたさまのをなめるようにしごいてくれたじゃ。

わしの体はもうもてんようになって、おかたさまの口え、いんすいを出すちうことは、いけんことだと思うて、おかたさまの体を仰向けに引き倒し、おかたさまを手荒らにしては体に毒だと思ったが、もうこらえ切れずにおかたさまの腹のなかに押し込んで、すかすかと二、三度こしをつかって気をやってしまったじゃ。

おかたさまは「もっと、もっと」ちゅうて腰をわしの腹にすりつけて、わしの体をなかなかはなしてくれなかってのう。

すんだあと、わしはおかたさまの体のことがしんぱいでしようがなかったじゃ。

しかしのう、人目をしのぶちうことはむずかしいことで、かえってそれまでほどにいけんようになったが、もうわしのほうですすうで手出しはせなんだ。

おかたさまと最後に寝たのは、暑い日の、皆の衆がひるねをしている留守中の八つ時だったじゃ、おかたさまの離れのおもやじゃったが、せみが前の庭でやかましう鳴いておったじゃ。

わしは、おかたさまがえろうはづかしがったが、おかたさまを腰巻き裸にしてのう。おかたさまの体はほんまにまっしろで艶々《つやつや》としてのう、こんなきれいな女の肌ちゅうもんを見たのは、わしは生まれてはじめてじゃった。

わしは魂が天にのぼるけもちでのう、はづかしがってくねくねなさるおかたさまの股をひろげて、おめさんやまめをつまんでなめあげまたびらびらをかろくかんだりしていじくったら、おかたさまは「けがしてもいゝから、もっとつようして」と、お汁をだして「ええのよ、ええのよ」と、わしの顔に股をこすりつけてのう、ハアハアスウスウとおかたさまは息をはやめなさったじゃ。

つんむりしたとこ（陰阜）がもりあがって、そこのやわい毛が、わしの鼻に、こしょこしょとあたってええけもちじゃ。

わしは、また、おかたさまのお尻の穴に指を入れてこそぐったら、おかたさまは「いやだ、いやだ、あんた（お前さんといわだった）の手がよごれるから、いやだ、いやだ」とちゅうたが、わしは「なんの、なんの」と、おかたさまのおめさんいっぱいなめつづけながら、こしょこしょとお尻の穴ふかう指をつっこみかきまわしたら、おかたさまは、白い体をむしょうにまるう、股をちぢめ、足をつっぱり「フンウウフンウン」うめいて「モウモウ、アアアアア」と汗して、胸や腹をへこまし、せりあげしてよがって、わしの腰をひきつけようと、おかたさまは、裸のわしの腰を抱いて「ほんとのもの、アア……お前さんのものいただかして……お前さんのもの、はやく、はやく……」おかたさまは、えろうとりみだしたから、わしは、おめさんやお尻のてんごをやめて「おかたさま、ごめんなされや」ちゅうて、おかたさまの体を、うつぶせにころがしたら、おかたさまはめんくらって「お前さん、どうすれば、いいの」息をあろうしてとまどらっしゃった、おかたさまのお尻を、わしは両手でもって抱きおこし、「おかたさま、牛のつるむようにするのじゃから、ごめんなされ」ちゅうと、おかたさまはがてんなされて、丸いお尻をつき出して四つ這いになってのう「人様も、けだもののようなかっこうで、情をうつすのかえ、……うちの旦那さまにも、こんないやらしいかっこうをしたことないのに、わたしは死ぬほどはづかしい……あァァ、お前さん、どうするのよ……」わしは、おかたさまのほったて尻の割めに、おやかったものを、なんべんもすべらしては、おめさんの穴をちょこちょことかり首だけいれては、抜き出し、おかたさまのぽっちゃり尻を両手でかいぞえして、わしはゆすってやってのう。

おかたさまは、畳のへりにつめたてるほど、両手をつっぱって、じぶんのお尻をささえるに、けんめいじゃったじゃ、ふうすうふうふういうてのう。

　身分が高うて、学問のあるお方さまというものは、とんとこんないろごとのわざはうとうてじゃが、そこが、なまみの悲しさというものじゃけん、ばかずをふんで、後家衆や女《いろ》んな女をかもうてきた、わしの道具じゃて、上品につつしみ深いおかたさまのものといえど、そこからは、じゅくじゅくと淫水がふき出てきてのう、お方さまのお尻はじぶんからつようおしつけて、わしのきんたままでいれんばかりじゃ。

　あれこれとおかたさまのおしもをせせってると、お方さまはもうすすり泣き泣きからだをよじったから、わしもこらえきれず、うんとこさわしの道具を根元まで、お方さまの子つぼにいれて、ずかりずかり、ぶっすんぶっすんと、ぬきさしやらかし、おかたさまが丸髪のくろかみをふりふり、お尻を動かし「アアッァアッ、お前さん、お前さん、いただかして、いただかして、いただかして、アアッー」わしも、びゃくんびゃくんと道具の先がそりうってぶっぱなしたじゃ、めっぽうこくてあつい子種のいんすいをな、おかたさまの子つぼのおくのおくえのう……。

お方さまは体ごと重いお尻をわしの膝にがばがばとおとしてのう、わしの道具をすっぽりまるのみにくわえこんで、ああ、その時のええけもちのよさったら、はだかのお方さまはせなかをまるうちぢめてぶるぶるぶるふるわしてのう、しくしく泣いておじゃった。

　きをやってからわしは、気をうしなったようにぐったりなさったお方さまを仰向けにやわところがし、お方さまのぬれぬれの股をふくようになめつくしたのじゃが、お方さまは眼をつむって手をにぎり股をひろげたままじゃった。

　わしは、おかたさまのものを始末して、腰巻をむすんでやり、わしはふんどしをしめて立ち上ると、ようようお方さまも夢からさめたような顔をなさって、衣物をてばやにおめしになり、びんのほつれを掻きあげ掻きあげ、あかい顔をわしにむけ、ニコッと笑いなさった。

　ふるいつきたいほどええ顔なさった。

　その時のお方さまのうつくしいかっこうが、わしはいまでも忘れられないじゃ、婆と一緒に寝ててもちょくちょく、おかたさまのその笑顔を夢にみたもんじゃ。

　わしは、ただこういうけだかいじょうひんなお方さまから一人前に情をかけてもろうたのがうれしかった。

　お方さまとはじめて関係したのは春じゃった。

秋になるまで二、三べんこっそりおかたさまと、はなれで一緒に寝た。

いつもおかたさまはわしのいうとおりに体をあづけてくれたが、なんちうか、させ方にもひかえめで品位があったじゃ、わしがおかたさまの股をひろげると、いつもきまったように両手でかくしてその寝顔をわしに見られるのがいやがった。

ええあんばいになってきて、わしがむたいにおかたさまの顔の手をおしのけると、眼をつむり唇をきっと結んでおじゃった。

じぶんの顔をそむけてのう――。

最後におかたさまの寝た折は、すこしやつれて、元気がなかったようじゃった。

それから秋もくれて冬にかかる前《まえ》じゃったろう。

おかたさまは風邪をひきなさってのう。

それがもとで肺炎になって、それこそボックリと死んでしもうた。

わしは三日三晩、めしもくわず、ねこんだまま男泣きに泣いたのう。

ひと月ほどたってお方さまの墓えまいり、こっそり、おかたさまの好きじゃった野菊の一枝を水いれの竹つつにさして、おかたさまの墓をゆすってまた男泣きに泣いたじゃ。

六

どんな女でも、やさしくすればみんな肌をゆるすもんぞな。

それから、わしも元気をとりもどして、とうとう眼がつぶれるまで女をかもうた。

そのあげくが三日三晩眼が痛うで見えんようになった。

極道のむくいじゃ。

わしは何ひとつろくなことはしなかった。

男ちゅう男はわしを信用していなかったがのう。

どういうもんか女だけは皆わしのいいなりになった。

わしにもようわからん。

しかし、男がみな女を粗末にするんじゃろうのう。

それで少しでもやさしゅうすると、女はついてくる気になるじゃろう。

そういえば、わしは女の気に入らんようなことはしなかった。

女のいうとをりに、きいてやりしてやり、女の喜ぶようにしてやったのう。

婆とのことか。

わしが伊予へ逃げもどったら、またあと追いかけてもどってってきて、それからはわしはねぐらの定まらん暮しじゃし、婆さんはおっかァの所へもどって、ときどきわしが寄るだけじゃったが、おっかァは別に男ができて、わしはおっかァとは切れたままじゃった。

女房と名がつきゃァ、婆さんも、わしのような男にようを辛抱したもんじゃ。

はじめの三年いっしょに暮しただけで、あとはわしが目をつぶれるまで、ろくに家に寄りつかだった。

目がつぶれてからいく所もないので、婆さんの所へいったら「とうとうもどってきたか」ちゅうて泣いて喜こんでくれた。

それから目が見えるようにというて、二人で四国八十八ケ所の旅に出たが、にわかめくらの手をひいて、よう世話してくれた。

結局目も見えるようにならず、そのまま乞食に身をおとしたが、わしはとうとう人なみの家も持ったことがのうて、一代をおわった。

それほど極道をして子ができなかったといいなさるか。できたかもわからん、できなかったかも知れん。

わしはなァ、村のおきてにそうて生きたのではない。


女と関係してもそれで女が身のもてんようなことがあってはならんから、人のうわさのあがらんまに、わしから身をひいた。

それにわしの商売にさしさわりがあってもいけんから……。

銭ものう、もうけるはしから、そのとき関係しておった女にやってしもうた。

別にためる気もなかったで……。

それでいちばんしまいまで残ったのが婆さん一人じゃ。

あんたも女をかもうことがありなさるじゃろう。女ちゅうもんは気の毒なもんじゃ。

女は男の気持になっていたわってくれるが、男は女の気持になってかわいがる者がめったにないけえのう。とにかく女だけはせいいっぱい、じぶんをほっていたわってあげなされ。

かけた情はけっして忘れるもんじゃァない。

わしはなァ、人をずいぶんだましたが、牛はだまさだった。

牛ちゅうもんはよくおぼえているもんで、五年たっても、出会うとかならず啼くもんじゃ。なつかしそうにのう。

牛だけはうそがつけだった。

女もおなじで、だいてだかれてかまいはしたが、だましはしなかった。

しかしのう、やっぱり何でも人なみなことをしておくもんじゃ。

人なみなことをしておけば乞食をせえずすんだ。

そろそろ婆さんがもどってくるころじゃで、女のはなしはやめようの。

婆さんはなァ、晩めしがすむと、百姓家へあまりものをもらいにいくのじゃ。

雨が降っても風が吹いてもそれが仕事じゃ。

わしはただ、ここにこうしてすわったまま。

あるくといえば川原まで便所におりるか。

水あびにいくくらいのことじゃ。

ああ、目の見えん三十年はなごうもあり、みじこうもあった。

かもうた女のことを思い出してのう。

「どの女もみなやさしいええ女じゃった……」

＊本稿は、宮本常一『忘れられた日本人』（岩波文庫）所収の「土佐源氏」のポルノ・ヴァージョンで、著者は宮本常一本人と伝えられるが、収録書物では著者名は記されていない。出典は、青木信光編『好いおんな・6』（図書出版美学館、一九八二年十月刊）による（同氏編『幻作珍籍・10 美学文庫』ダイナミックセラーズ出版、二〇〇九年四月刊、にも収録されている）。また、文中いくつかの伏せ字があったが、これは編集部で補った。

●宮本常一著書目録

（二〇〇五〜二〇一三）

『宮本常一写真・日記集成（上）1955-1964』（毎日新聞社、'05・3）

『宮本常一写真・日記集成（下）1965-1981』（毎日新聞社、'05・3）

『宮本常一写真・日記集成（別巻）1945-1954』（毎日新聞社、'05・3）

『農漁村採訪録・1（大阪府下漁村・漁業調査ノート）』（田村善次郎監修・校閲、周防大島文化交流センター、'05・3）

『農漁村採訪録・2（広島県下漁村・漁業調査ノート1）』（田村善次郎監修・校閲、周防大島文化交流センター、'05・10）

『日本文化の形成』（講談社学術文庫、'05・7）

『炉辺夜話　日本人のくらしと文化』（河出書房新社、'05・8）

『宮本常一著作集・45　民具学試論』（未來社、'05・8）

『辺境を歩いた人々』（河出書房新社、'05・12／元・さえら書房）

『南の島を開拓した人々』（河出書房新社、'06・1／元・さえら書房）

『宮本常一著作集・48　林道と山村社会』（未來社、'06・1）

『農漁村採訪録・3（兵庫県淡路島漁村・漁業調査ノート）』（田村善次郎監修・校閲、周防大島文化交流センター、'06・3）

『日本人を考える』対談集（河出書房新社、'06・3）

『宮本常一著作集・46　新農村への提言・1』（未來社、'06・4）

『宮本常一著作集・47　新農村への提言・2』（未來社、'06・7）

『日本の宿』（八坂書房、'06・7）

『農漁村採訪録・4（広島県下漁村・漁業調査ノート2）』（田村善次郎監修・校閲、周防大島文化交流センター、'06・7）

『旅の民俗学』対談集（河出書房新社、'06・8）

『農漁村採訪録・5（愛媛県忽那諸島漁村・漁業調査ノート）』（田村善次郎監修・校閲、周防大島文化交流センター、'06・11）

『日本人の住まい：生きる場のかたちとその変遷』（田村善次郎編、農山村漁村文化協会、'07・3）

『農漁村採訪録・6（対馬調査ノート1）』（田村善次郎監修・校閲、周防大島文化交流センター、'07・8）

『農漁村採訪録・7（対馬調査ノート2）』（田村善次郎監修・校閲、周防大島文化交流センター、'07・8）

『宮本常一写真図録・第1集　瀬戸内海の島と町：広島・周防・松山付近』（宮本常一写真、周防大島文化交流センター編著、森本孝監修、みずのわ出版、'07・8）

『なつかしい話』対談集（河出書房新社、'07・9）

『私の日本地図・9　瀬戸内海3（周防大島）』宮本常一著作集別集（香月洋一郎編、未來社、'08・3）

『調査されるという迷惑：フィールドに出る前に読んでおく本』（宮本常一・安渓遊地著、みずのわ出版、'08・4）

『私の日本地図・10　武蔵野・青梅』宮本常一著作集別集（香月洋一郎編、未來社、'08・7）

『宮本常一著作集・50　渋沢敬三』（未來社、'08・12）

『農漁村採訪録・8（対馬調査ノート3）』（田村善次郎監修・校閲、周防大島文化交流センター、'09・1）

『農漁村採訪録・9（対馬調査ノート4）』（田村善次郎監修・校閲、周防大島文化交流センター、'09・1）

『宮本常一写真図録・第2集　日本人の暮らし：昭和37〜39年』（宮本常一写真、周防大島文化交流センター・東京写真月間実行委員会編著、森本孝・高橋延明監修、みずのわ出版、'09・2）

『農漁村採訪録・10（対馬調査ノート5）』（田村善次郎監修・校閲、周防大島文化交流センター、'09・5）

『農漁村採訪録・11（対馬調査ノート6）』（田

村善次郎監修・校閲、周防大島文化交流センター、'09・6）

『宮本常一が撮った昭和の情景・上　昭和30年―昭和39年』（毎日新聞社、'09・6）

『宮本常一が撮った昭和の情景・下　昭和40年―昭和55年』（毎日新聞社、'09・6）

『私の日本地図・7　佐渡』宮本常一著作集別集（香月洋一郎編、未來社、'09・8）

『宮本常一離島論集・1』（宮本常一著、森本孝編、全国離島振興協議会・日本離島センター・周防大島文化交流センター監修、みずのわ出版、'09・10）

『私の日本地図・14　京都』宮本常一著作集別集（香月洋一郎編、未來社、'10・2）

『和泉の国の青春』（田村善次郎編、八坂書房、'10・5）

『私の日本地図・11　阿蘇・球磨』宮本常一著作集別集（香月洋一郎編、未來社、'10・7）

『宮本常一離島論集・5』（宮本常一著、森本孝編、全国離島振興協議会・日本離島センター・周防大島文化交流センター監修、みずのわ出版、'10・10）

『宮本常一旅の手帖・村里の風物』（田村善次郎編、八坂書房、'10・10）

『宮本常一旅の手帖・ふるさとの栞』（田村善次郎編、八坂書房、'11・1）

『宮本常一旅の手帖・庶民の世界』（田村善次郎編、八坂書房、'11・2）

『私の日本地図・6　瀬戸内海2　芸予の海』宮本常一著作集別集（香月洋一郎編、未來社、'11・2）

『ダムに沈んだ村の民具と生活：広島県高田郡八千代町土師』（田村善次郎・香月節子編、八坂書房、'11・7）

『宮本常一歳時習俗事典』（田村善次郎編、八坂書房、'11・8）

『私の日本地図・3　下北半島』宮本常一著作集別集（香月洋一郎編、未來社、'11・9）

『宮本常一旅の手帖・愛しき島々』（田村善次郎編、八坂書房、'11・10）

『宮本常一写真図録・第3集　宮本常一と芳賀日出男があるいた九州・昭和37年』（宮本常一写真、周防大島文化交流センター・東京写真月間実行委員会編著、森本孝・高橋延明監修、みずのわ出版、'11・10）

『宮本常一聞書　忘れえぬ歳月・東日本編』（田村善次郎編、八坂書房、'12・1）

『宮本常一聞書　忘れえぬ歳月・西日本編』（田村善次郎編、八坂書房、'12・1）

『民俗のふるさと』（河出文庫、'12・3／〈日本の民俗〉1、河出書房新社、'64）

『私の日本地図・8　沖縄』宮本常一著作集別集（香月洋一郎編、未來社、'12・4）

『宮本常一日記・青春編』（田村善次郎編、毎日新聞社、'12・6）

『宮本常一　日本の年中行事』（田村善次郎編、八坂書房、'12・12）

『宮本常一離島論集・2』（宮本常一著、森本孝編、全国離島振興協議会・日本離島センター・周防大島文化交流センター監修、みずのわ出版、'12・12）

『生きていく民俗　生業の推移』（河出文庫／〈日本の民俗〉3、'65）

『宮本常一著作集・51　私の学んだ人』（未來社、'12・7）

『飢餓からの脱出　生業の発展と分化』（田村善次郎編、八坂書房、'12・8）

『周防大島昔話集』（河出文庫、'12・11／元・瀬戸内物産出版部）

『山と日本人』（田村善次郎編、八坂書房、'13・5）

＊宮本常一の文章を含むシリーズ――

〈あるく みる きく双書〉『宮本常一とあるいた昭和の日本』全25巻（田村善次郎・宮本千晴監修、農山漁村文化協会、'10・9〜'12・10）

宮本常一編著『伊勢参宮』増補改訂版（八坂書房、'13・3）

●宮本常一関連本一覧

長浜功『彷徨のまなざし』（明石書店、'95）

長浜功『日本民衆の文化と実像』（明石書店、'95）

佐野眞一『旅する巨人』（文藝春秋、'96／文春文庫、'09）

毛利甚八『宮本常一を歩く』上下（小学館、'98）
佐野眞一『宮本常一が見た日本』（NHK出版、'01／ちくま文庫、'10）
さなだゆきたか『宮本常一の伝説』（阿吽社、'02）
佐野眞一『宮本常一のまなざし』（みずのわ出版、'03）
佐野眞一『宮本常一の写真に読む失われた昭和』（平凡社、'04／平凡社ライブラリー、'13）
佐田尾信作『宮本常一という世界』（みずのわ出版、'04）
須藤功『山古志村：宮本常一と見た昭和46（1971）年の暮らし』写真集（農山漁村文化協会、'05）
田中慎二・荒木肇＝写真、佐田尾信作＝文『宮本常一　旅の風景』（みずのわ出版、'05）
木村哲也『『忘れられた日本人』の舞台を旅する』（河出書房新社、'06）
読売新聞西部本社編、全国離島振興協議会・日本離島センター・周防大島文化交流センター監修『旅する巨人宮本常一：にっぽんの記憶』（みずのわ出版、'06）
山古志村写真制作委員会編著『ふるさと山古志に生きる：村の財産を生かす宮本常一の提案』（農山漁村文化協会、'07）
佐野眞一・藤本浄彦・礒井巧・小泉凡・立松和平『宮本常一のメッセージ：周防大島郷土大学講義録』（みずのわ出版、'07）
佐田尾信作『風の人：宮本常一』（みずのわ出版、'08）
中澤さかな『宮本常一が見た萩：旅する民俗学者』（萩ものがたり、'08）
斎藤卓志『世間師・宮本常一の仕事』（春風社、'08）
小松正之『宮本常一とクジラ』（雄山閣、'09）
周防大島文化交流センター・高永茂編『宮本常一文庫目録・書籍1』（広島大学地域連携センター、'09）
長岡秀世『知行合一の旅人：宮本常一——その済民思想の伏流水』（梓書院、'11）
坂野徹『フィールドワークの戦後史：宮本常一と九学会連合』（吉川弘文館、'12）
網野善彦『宮本常一『忘れられた日本人』を読む』（岩波現代文庫、'13）

＊周防大島に泊まるなら——。
周防大島の中央部すぐ南に、橋で結ばれた小さな島・沖家室があり、その民宿が「鯛の里」。

ご主人の松本さんは、宮本常一に関する活動も、活発に行われています。善根宿の役目も担う。

１泊２食は10000円コースと7500円コース。

１泊朝食付きは4500円と格安。

海の幸は、珍しいウチワエビをはじめ充実。

T&F:0820-78-2163（現在休業中）

www.d3.dion.ne.jp/~shouji/tainosato.htm
（詳細はHPでご覧ください）

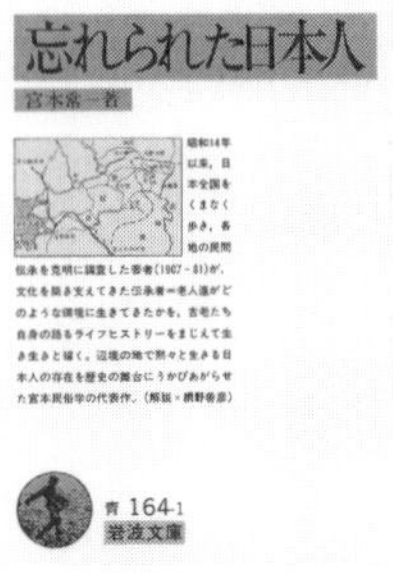

宮本常一ブックガイド

木村哲也
Kimura Tetsuya

＊文庫を中心に入手しやすいものをセレクトした。

1『忘れられた日本人』

（岩波文庫、84・5）

みなが納得のいくまで幾日もかけて話し合う寄合いを描いた「対馬にて」。自由奔放な女の旅やエロ話を通して描く「女の世間」。盲目の元馬喰の女性遍歴の独白「土佐源氏」。瀬戸内の漁民が対馬にひとつの集落を拓いて定住するまでの物語「梶田富五郎翁」。旅から持ち帰った経験や知恵を伝え広める役割を担った「世間師」。日本近代において文字を持つということの意味を問う「文字を持つ伝承者」。歴史の表舞台から姿を消した人々の存在を、決して忘れてはなるまいとの意をタイトルに込めて送り出された宮本常一の代表作。

私はこの本を一九九〇年、高校卒業と同時に高知県への帰省の電車の中で読み、「土佐源氏」に衝撃を受けて、電車を途中下車して舞台となった檮原を訪ねた経験をもっている。当時、宮本の評伝は書かれておらず、この人物について知りたい、舞台となった土地の現在を知りたいと、文庫を旅行鞄につめて登場する土地を全て歩く旅に学生時代を費やした。宮本常一の著作が過去への回顧趣味にあるのではなく、読み手を旅へと煽る力を秘めていることを、身をもって教えられた一冊。

（未来社、60）

2『家郷の訓《おしえ》』

（岩波文庫、84・7）

近代教育が浸透してゆく以前、家庭や地域にはどのような子どものしつけが根付いていたのか。祖父母、父、母それぞれの孫や子に対する役割がすべて異なっていたことを克明に記録。後半では、子どもの遊びや子ども仲間、若衆組・娘仲間など、子どもをとりまく横のつながりがいかに豊かなものであったのかを描き出す。

現在私は宮本の故郷・周防大島に移り住んでいる。宮本常一というと、これまで旅する人のイメージばかりが強かったが、島で暮らすことを始めていま、宮本にとってひとつの場所で暮らしつづける意味とは何であったのかを考えている。それにはまず、子どもたちが生きいきと暮らせる場であるかどうか。六〇年前、この島を舞台に書かれた本書を読み返してそう思う。

（三国書房、43）

3『宮本常一、アフリカとアジアを歩く』

（岩波現代文庫、01・3）

日本列島ばかりを歩いたかのように理解されるきらいのある宮本だが、晩年、東アフリカ、韓国済州島、台湾、中国西南部と、四回の海外調査に出かけている。

東アフリカでは人類の農耕の起源に思いをめぐらせ、済州島では日本と共通する海人による潜水漁の広がりをたどり、台湾や中国西南部では和船や日本の農耕のルーツを確かめている。数少ない海外調査地の選定は心憎いばかりである。

アフリカのモンバサにある博物館には十七世紀に東南アジア経由でたどりついた日本の有田焼が陳列され、また明治時代には沖縄糸満の漁夫たちが小さなサバニという漁船に乗ってザンジバルまで魚をとりに来ていた事実が明かされる。「アフリカは決してわれわれに無縁の世界ではない。（略）平和な交流は目立たないものである。しかし根づよいものがある」。

これまで単行本・著作集未収録だったこれら海外調査のレポートを、すべてこの一冊で読める。

4『空からの民俗学』

（岩波現代文庫、01・4）

「空から見下す地上の風景は私に無限の夢をさそう」。冒頭の一文である。文献からでも聞書きからでもなく、景観からその土地の歴史や生活を読みとることは可能か？　一枚の写真から、宮本常一はこの難題に楽しそうに挑んでみせる。選ばれた三二枚の写真は、すべて宮本が撮影したものではない。いきなり他人の写した写真を目の前にぽんと置かれて、どれだけのことが読みとれるか。

例えば神奈川県三浦半島の航空写真。まず宮本は、海から吹き上げてくる風の強さを指摘する。にもかかわらず海辺に家があるのは、古代人にとっては岩場が海藻や貝類を拾うに適しており、海の幸が大きな魅力だったから。目を岬の上に移せば、強い海風を除ける林に囲まれて畑があり、水田がある。これは海辺に住んだ人たちが後に丘の上に上って来たのではなく、もともと農耕を主にした別系統の人たちによって拓かれたのではないか。その農地も次第に住宅地に変わり、コンクリートの近代的な建物も出現している。家を結んで見える広い道は農道ではなく、住宅から外の世界へ通ずるためのものであろう。

……一枚のささやかな景観写真から、なんと古代から現代までの人の暮らしの変遷を読み解いて見せるのである。宮本常一の景観論の魅力を伝える。

5『女の民俗誌』

（岩波現代文庫、01・9）

女性の生活史の掘り起こしは、柳田国男以来なによりもまず民俗学によって開拓されてきた。しかし宮本は、海女、娘宿、月小屋といった従来の民俗学の範疇にとどまらず、女中奉公、女工、行商、人身売買…等々、女性の生活の光と陰にひとつひとつ温かいまなざしを注ぐ。

宮本の故郷・瀬戸内地方では、女性が結婚相手を見切って離縁して里へ帰ってくることを「テボをふる」といった。決して暗いイメージはなく、明るい語感で語られる言葉だったという。また、行商は古来、女性が担ってきた固有の領域であり、広島県三原市のある女性は、「行商をしている間にずいぶんだまされたことはありましたが、人をだましたことはおぼえておりません」と毅然として語った。山形県酒田市の沖合いが舞台の「飛島の女」は、日本海を往来する船の男たちを相手に商売をする女性が主人公。盲目の元馬喰の女性遍歴を描いた「土佐源氏」に匹敵する、一人の女性をめぐる数奇なドラマ。

6『民俗学の旅』

（講談社学術文庫、93・12）

晩年に書かれた自伝。山口県周防大島に生まれ、大阪での郵便局員・学校教員を経て、民俗学に目覚め、全国をあるく旅の人となる。その長い道程の回想に登場する人物を数えてみると、じつに一〇一人にのぼる。人との出会い、仲間づくりをいかに大切にした人生だったかがわかる。宮本の生涯を知るには恰好の入門書。

「若い人たち・未来」と題された終章の末尾で宮本は、長いあいだ歩くその中で考えつづけたこととして、「いったい進歩というのは何であろうか」、「失われるものがすべて不要であり、時代おくれのものであったのだろうか」、「退歩しつつあるものをも進歩と誤解し、時にはそれが人間だけでなく生きとし生けるものを絶滅にさえ向わしめつつあるのではないか」と問いかける。

私など、宮本の生きた時代をほとんど知らない世代に属するが、ここ十年、ことにインターネットを中心としたコミュニケーション手段の発達と、顔を突き合わせての人づきあいの能力の衰えについては思うところが多い。コミュニケーションの達人でもあった宮本が遺した言葉を反芻しながら、人に出会う旅に出よう。

（文藝春秋、78）

7『民間暦』

（講談社学術文庫、85 12）

近代に入り新暦が制度化されても、庶民のあいだには昔ながらの生活暦が生きつづけていた。戦時中、日本列島をひととおり旅に歩いた時点で書かれた、年中行事についての見聞の集大成。

年中行事はけっして日本全国一様ではなく、地域や職業、宗派、貧富などによっても異なっていた。またそれらは固定したものでもなく、他所との交流によってかたちを変えてきた。師でもある柳田国男の『民間暦小考』『歳時習俗語彙』に拠りながら、自らの見聞をもとに、先学の見解からは微妙にはみ出るこうした見聞も散りばめられていて興味深い。

他に戦後に書かれた「新耕稼年中行事」（一九五一～五二年）、「亥の子行事」（一九五一年）を併録。

（六人社、42）

8『庶民の発見』

（講談社学術文庫、87 11）

一九五〇年代後半～六〇年にかけての宮本の問題意識を鮮明に伝える。

特に注目したいのは、「農民の発見を」と題された一文である。木下順二が主宰する民話の会編『民話の発見』（大月書店、一九五六年）の書評として、雑誌『文学』一九五六年五月号に発表されたもの。「民話の発見は農民の発見でなければならない」にもかかわらず、「しかしこの書物ではまだ農民を外側からながめて、それぞれの立場から物を言っている」にすぎないと、宮本の評価は厳しい。

この直後、宮本は民話の会から誘いを受けて、雑誌『民話』創刊メンバーに加わり、「年よりたち」と題して連載を開始する

（未来社、一九五八年～）。これがやがて『忘れられた日本人』と題する一冊にまとめられるのである。

この他、出稼ぎ、村の民主化、東日本と西日本の相違、文字の教育、伝承者の系譜…等々のテーマは同時期刊行の『忘れられた日本人』を別の角度から語った姉妹編としても読める。両者が互いに響きあうのをぜひ味わってほしい。

（未来社、61）

9『塩の道』

（講談社学術文庫、85 3）

古来日本には、どんな山奥の孤立したむらにも海とつながる塩の道が存在した。今では消えてしまった道を、宮本は丹念にたどってみせる。

新潟県の山中では塩を焼くために伐った木を川に流し、海岸部の人がそれを受け止め、出来上がった塩が再び山中に届けられた。長野県では牛で塩を運ぶのに中仙道のような大街道はわざと通らず、草の生えた細道を歩き、道草を食わせて餌代を浮かした。塩漬けの魚が山中まで運ばれたのは魚が食べたいからでなく、塩がほしかったから。山中では豆腐をつくるためにわざとニガリのある悪い塩を買った。……塩をめぐる庶民の知恵、塩を介した地域間交流をたどる。

この他、「日本人の食べもの」「暮らしの形と美」を併録。「塩の道」を含め、いずれも晩年の講演記録なので、読み手に語りかける文体が読みやすい。

10『ふるさとの生活』
（講談社学術文庫、86・11）

11『日本の村・海をひらいた人びと』
（ちくま文庫、95・5）

戦後まもなく、「社会科」の創設にともなって、民俗学の成果を学校教育に生かす試みがなされた。宮本によって子ども向け読み物として書かれた三作品がこの二冊ですべて読める。

「世の中が今のようなありさまになるまでには、ずいぶんたくさんの人の、目に見えない努力がつまれているのではないでしょうか。その目に見えない努力が少しでも知りたいのです」（『ふるさとの生活』）。

村の生活を調査する目的を、宮本はこのように語りかけている。どんなに平易な子ども向けの文章でも、話の水準を下げたり、読者に媚びたりすることをせずに、その時点で得た自らの見解を、正面から叙述してゆく姿勢にうたれる。

『ふるさとの生活』では、「旅と文章と人生」と題された柳田国男の跋文が読める。「この本を書いた宮本先生という人は、今まで永いあいだ、もっとも広く日本の隅々の、だれも行かないような土地ばかりを、あるきまわった旅人であった」。

（『ふるさとの生活』朝日新聞社、50。『日本の村』筑摩書房、53。『海をひらいた人びと』筑摩書房、55）

12『ちくま日本文学全集53 宮本常一』
（筑摩書房、93・5）

宮本の死後出版された著作の多くは、宮本の弟子筋にあたる人たちの地道な編集作業によって刊行がつづけられてきた。しかし聞くところによるとこの本は例外で、筑摩書房の編集者によって独自に編集されたものらしい。そのため、「土佐源氏」などお馴染みの作品以外にも、従来の編集にはない意外な組み合わせの文章が並んでいるのが印象的だ。

「すばらしい食べ方」では、昨今のグルメ本にはない筆致で、宮本が旅ゆく先々で味わった郷土食が紹介される。生まれてまもない我が子を病気で亡くした日のことを淡々と綴った「萩の花」では、夫が旅で不在のおり、残された妻が瀕死の我が子を前に右往左往する姿が胸を突く。体験者からの聞書きをもとに庶民の視線で明治維新を描いた「御一新のあとさき」は、当時、著作集未収録だったものを初出誌から採っている。こうした隠れた名編に光をあてた編集者の慧眼が光る。

13『日本文化の形成』上・中・下
（ちくま学芸文庫、94・2〜4）

一九七九年〜八〇年にかけて日本観光文化研究所で行われた講義の録音記録から起こされた「講義1・2」と、並行して執筆されていた未完の「遺稿」の三冊からなる。

宮本が設定する空間のスケールは大きく、東シベリア、朝鮮半島、中国南部など、日本列島をとりまく東アジアを広く視野におさめる。これらさまざまな地域から流入した文化の複合をひとつひとつ解き明かしてゆく。

時間のスケールもまた大きい。一人の人間が結婚して子どもを持つ二五歳前後を一世代とすると、縄文時代の七八〇〇年間は三一二世代、と宮本は言う。近世に入って今日まで一五世代。この間、移動制限の厳しかった江戸時代でさえ、凶作のたびに列島の北から南へ、南から北へ人の移動があったのだから、縄文時代・三一二世代の間には、列島を超えてどんなに大きな移動が見られたであろうか。そう思いをめぐらすのである。

孤立した島国、均質なひと色の日本文化、というイメージを打ち壊す、宮本最晩年のスリリングな挑戦。


（そしえて、81・12）

14 『日本残酷物語』1〜5

（平凡社ライブラリー、95・4・8）


乞食や女工や炭鉱夫など、社会の底辺で黙々と生きる庶民の人生をルポルタージュの手法で描いたアンソロジー。ルポルタージュという言葉がすっかり忘れられ、ノンフィクションという言葉がとってかわった現在、この分厚い五冊に詰め込まれた事実の重みは読み手の胸にこたえる。

宮本（民俗学者）の他、山本周五郎（作家）、楫西光速（経済史家）、山代巴（民話研究者）が監修者として名を連ねた。すべて無記名の文章が並ぶが、延べ一一六名が執筆協力者に挙げられており、宮本の「土佐源氏」は「土佐檮原の乞食」と改題して収められたりもしている。

タイトルは当時平凡社の編集者だった谷川健一がつけたという。しばしば物議をかもす「残酷」という語について宮本は、逞しく生きる庶民の人生が、「忘れられてゆくことこそが残酷」なのだと、世評とは異なる見解を示していることも付言しておこう。

この五冊は新装版で再刊されたが、被差別の問題などを扱った「現代編」二冊は絶版のままである。

（平凡社、59・60）

15 『イザベラ・バードの「日本奥地紀行」を読む』

（平凡社ライブラリー、02・12）


明治初期に日本を旅した英国人旅行家イザベラ・バードの紀行文を読みつつ、宮本が自らの旅の見聞をふまえて行った講義の記録。

例えば、同行した通訳・伊藤という男に対しイザベラは「彼の率直な言葉は、人を驚かせるものがある。どんな話題についても、彼は遠慮というものを知らない」と評する。たったこれだけの記述から宮本は、日本人は目上の者に対しては非常に遠慮深いことが世間の常識となっているが、同僚に対してはむしろ非常に率直にものを言う習慣が古くからあったのではないかと指摘する。さらにそこから、縦の主従関係を超えて幕末に相次いだ、仲間同士による脱藩についても話を展開してゆく。この読みの背景には宮本がそれまで旅先で見聞した年齢階梯制の民俗事象があろう。これは年齢を軸とする縦社会と、同世代による横社会の複合的な制度であり、どちらか片方だけでは説明できない。

イザベラの観察眼の緻密さに、宮本の旅の蓄積にもとづく読みが火花を散らす。東西の大旅行家が時間を超えて向き合った対話の書。


（『古川古松軒／イザベラ・バード』未来社、84・10）

16 『絵巻物に見る日本庶民生活誌』

（中公新書、81・3）

トイレットペーパーの無い時代、庶民は用便の後始末をどうしていたか。土間住まいと床住まいの違いの背景にあるものは何か。船を操る櫂と櫓の違いは何故起きたのか。文献資料・景観・民具・聞書き…と、あらゆる人間の営みの痕跡を手がかりとしてきた宮本が、ここでは絵巻物を通して庶民の生活の実相を読み解いてゆく。

絵巻物の研究は、渋沢敬三が主宰するアチック・ミューゼアム（後の日本常民文化研究所）において戦時中から進められていたが、戦況の悪化によって中断。戦後再開され、『日本常民生活絵引』（五巻）として結実した。絵巻物を資料とする宮本の発想は、明らかに渋沢の影響を受けたものである。これによって日本人の生活や文化を知る手がかりが一気に拡大した。

現在では歴史研究（主に日本中世史）の分野でも絵画資料を対象にした研究は定着してきたが、宮本による本書は、その対象の広さ、細部への目配りの確かさ、叙述の平明さにおいて古典的位置をなす。

17『日本の離島』 著作集四、五巻

（未来社、69、70）

宮本の足跡は単に民俗研究にとどまらず、全国の農山漁村振興など広く実践の領域にも及んだ。こと離島振興についてはパイオニアといえよう。過疎三法（離島振興法・山村振興法・過疎法）のなかで離島振興法のみが一九五三年と飛びぬけて早い段階で制定されたのは、離島に暮らす人々や宮本ら支援者が、国会を「廊下トンビ」となって振興法制定運動に尽力した成果である。

宮本が離島振興に込めた思いや島の文化に向けたまなざしは、この二冊でまとめて読むことができるが、離島振興法制定の余熱さめやらぬ時期に書かれた第一集（一九六〇年）と、法制定から一〇年余を経て編まれた第二集（一九六六年）との間には、明らかにトーンの違いが見られる。

前者では、離島の暮らしの立ち遅れを克服するためには全国の経済機構に平等に接続することが必要だと説き、補助金を使った港や道路の整備が島にバラ色の未来を約束すると考えていた節がある。しかし後者では、振興法が補助金の分捕《ぶんど》り合いしか招かなかったことに、落胆や憤りを隠さない。この二冊は、島嶼国家に暮らす私たちが離島をどう認識してきたか、してこなかったのかを映す壮大な自画像である。

（未来社、60、66）

18『瀬戸内海の研究　島嶼の開発とその社会形成』

（未来社、65）

一九六一年、五四歳の宮本は、この研究によって東洋大学から文学博士の学位を受ける。三二歳で小学校教師を辞め、五七歳で大学教授になるまでの二五年間、金にならない原稿を書いて糊口をしのいだと言われる宮本は、唯一この本だけは自分から進んで書いたと告白している。

原著タイトルには「1」と巻数が付されており、全三巻の構想が練られていたという（逝去によって未完に終わった）。

中心資料になっているのは、戦後まもなく水産庁の委託で日本常民文化研究所が収集活動をおこなったさい、宮本が集めた瀬戸内海各地の古文書で、宮本の著作にしては珍しく、聞書きがほとんど出てこない。そのためたいへん読みづらく、宮本の著作の中では最も読まれていない作品の一つではないだろうか。

しかし自治体の境界によって分断してしまうと見えにくくなる空間を、「瀬戸内海」と設定してその歴史や文化の全体像を提示しようとする宮本の姿勢は、今もって古びていない。ブローデル『地中海』の紹介以前に、同じ試みを宮本が自力で達成しようとしていたことに驚く。多くの読み手を得ることが待たれる一冊。

19『渋沢敬三』 日本民俗文化体系3

（講談社、78 6）

日本近代における資本主義の父ともいわれた渋沢栄一の孫・渋沢敬三（一八九六〜一九六三年）の評伝。日銀総裁、大蔵大臣などを歴任するかたわらアチック・ミューゼアム（のちの日本常民文化研究所）を主宰し、多くの民俗学者を育てた。

大阪で小学校の教員をしていた宮本は二七歳のときに初対面。以後、渋沢の誘いを受けて三二歳で教員を辞め、妻子を大阪に残し単身上京。渋沢邸に居候しながら、全国を旅し、民俗調査をつづける。その間渋沢は、物心双方から宮本への支援を惜しまなかった。

稲作を中心とした農村における民俗文化の研究を切り拓いた柳田国男とは対照的に、渋沢は漁村の研究を精力的に進める。聞書きのみによらず、古文書、民具、絵巻物などを駆使した宮本学の形成に、渋沢が与えた影響は大きい。「決して主流になるな」、「人の見残したものを見て歩け」、「学者になるな、資料の発掘者になれ」、「失敗史は書けぬものか」…、含蓄にあふれた師・渋沢の言葉の数々は、学問にとどまらず、宮本の生きる姿勢すら方向づけた。

なぜこの作品が長いあいだ絶版のまま放置されているのか、不思議でならない。

20『甘藷《かんしょ》の歴史』日本民衆史7

（未来社、62）

今年はサツマイモの日本伝来から四〇〇年。中南米原産のサツマイモがコロンブスによってヨーロッパに持ち帰られると、中国を経由し一六〇五年に琉球に伝わった。以来、サツマイモは課税の対象から外れたために、またたくまに日本列島に伝播し、度重なる飢饉から多くの人々を救った。それは後世に名を残す偉人によってのみなされたのではなく、名も無い庶民どうしの交流の産物だった。終戦前後の食糧難の時代、国策によって普及がすすめられる一時期もあったが、あっという間に国家によって見捨てられた作物でもある。古い品種や栽培法は記録に残りにくく、全国をたずね歩き聞書きによって伝承をたどる以外に方法が無く、現在、このテーマの本を書こうとしてももはや不可能であろう。それを宮本は各地の伝承をたどれる最後の時期に、自力でやってのけた。出身地の島から出ると「大島の芋喰い」と馬鹿にされたと回想する宮本には、この作物の復権にかける執念があったはずである。まさに空前絶後のサツマイモ文化史。サツマイモというたったひとつの作物を通して知ることのできる世界が、途方もなく広く深いことを教えられる。

21『宮本常一著作集』

（未来社、68‐）

二〇〇五年三月現在、四六冊（四四巻＋別巻二）が刊行され、今なお完結していない。

第一期二五巻は宮本が生前自ら編集し、一九六八年に刊行が始まり一九七七年に完結した。これによって今和次郎賞受賞（日本生活学会）。受賞の挨拶の席で宮本は、「飯を食うために書いた。腹にたまっている糞をなめているようなものだから、読まないでほしい」とスピーチしたことは有名。

第二期は宮本の死後、弟子筋にあたる田村善次郎氏（現・武蔵野美術大学名誉教授）らによって現在も編集の作業が進められ、順次刊行がつづいている。

宮本の著作は、宮本の故郷・山口県周防大島町に設立された周防大島文化交流センターがそのほとんどを所蔵しているが、雑誌掲載のものも含めると二五〇〇点余にのぼる。今後著作集に収めていくとなると、全てを網羅するには一〇〇巻を超えるのではないかと思われる。

それらをできる限り読者に供するためにも、未来社にはぜひとも息の長い出版活動をつづけてもらいたいものである。

（歴史学・民俗学）

宮本常一　略年譜

1907-1981

1907（明治40）年
八月一日、山口県大島郡東和町（旧家室西方村）大字西方に父・善十郎、母・マチの長男として生まれる。生家は浜辺の農家。

1922（大正11）年　15歳
郷里の小学校高等科を卒業。祖父、両親について農業をする。翌年四月、大阪にいる叔父の世話で、大阪逓信講習所に入所。

1924（大正13）年　17歳
四月、大阪高麗橋郵便局に勤務。市の内外を歩きまわり、乞食の社会に興味を持つ。一九二六年、大阪府天王寺師範学校第二部に入学。文学書を乱読。

1927（昭和2）年　20歳
四月、大阪第八連隊へ短期現役兵として入営、八月末退営。九月、祖父・市五郎、死去。大阪府泉南郡有真香村修斉尋常小学校に就職（訓導）。翌年、四月、天王寺師範学校専攻科（地理学）に入学。古代・中世文学書を乱読。

1929（昭和4）年　22歳
四月、泉南郡田尻小学校に赴任（訓導）。子供たちと周辺を歩きまわる。

1930（昭和5）年　23歳
一月、肋膜炎から肺結核を患い、帰郷し療養。この頃から古老の聞き書きをはじめ、『旅と伝説』に「周防大島」の発表がはじまる。

1932（昭和7）年　25歳
三月、健康回復し、大阪府泉北郡北池田小学校に代用教員として就職（翌年一月訓導となる）。山野や各集落を歩く。八月、父・善十郎、死去。

1933（昭和8）年　26歳
三月、帆船日天丸にて播磨高砂より豊後佐賀関にいたる。海への関心深まる。小旅行、きわめて多くなる。小谷方明らと和泉郷土研究会談話会をはじめる。ガリ版雑誌『口承文学』を編集刊行。短歌を詠む。雑誌『郷土研究』『上方』に採集報告などを執筆。

1934（昭和9）年　27歳
三月、泉北郡養徳小学校に転任（訓導）。九月、京都大学の講義に来た柳田國男と会う。沢田四郎作らと大阪民俗談話会（のちの近畿民俗学会）を結成する。

1935（昭和10）年　28歳
二月、泉北郡取石小学校に転任。三月、大阪民俗談話会に出席した渋沢敬三に会う。八月、柳田國男の還暦記念民俗学講習会が開かれる。それを契機として、全国組織「民間伝承の会」の設立と、機関誌『民間伝承』の発行が決まる。渋沢敬三に、郷里の漁村生活誌をまとめるようにすすめられる。十二月、玉田アサ子と結婚。

1937（昭和12）年　30歳
十二月、長男・千晴誕生。『河内国滝畑左近熊太翁旧事談』を刊行。

1939（昭和14）年　32歳
十月、上京し、アチックミューゼアム（一九四二年、日本常民文化研究所と改称）にはいり、民俗調査に全国を歩きはじめる。渋沢の強い影響を受ける。十一月、中国地方の旅に出る。

1942（昭和17）年　35歳
二月、胃潰瘍で倒れ、療養。七月からまた歩きはじめる。『出雲八束郡片句浦民俗聞書』『民間暦』『吉野西奥民俗採訪録』などを刊行。

1943（昭和18）年　36歳
三月、長女・恵子誕生。この年、保谷の民俗博物館所蔵の民具整理を宮本馨太郎、吉田三郎と共に行う。『屋久島民俗誌』『家郷の訓』『村里を行く』などを刊行。

1944（昭和19）年　37歳
一月、大阪に帰り、奈良県郡山中学校の教授嘱託となる。奈良県下を精力的に歩く。

1945（昭和20）年　38歳
四月、大阪府の嘱託となり、生鮮野菜需給対策を立てるため、府下の村々をまわる。七月、空襲によって、調査資料（原稿一万二千枚、採集ノート百冊、写真その他）一切を焼く。十月、戦災による帰農者をつれ北海道北見へ行く。道内開拓地の実情をたずね歩く。十二月、退職。

1946（昭和21）年　39歳
一月、百姓をするため郷里に引きあげる。二月、大阪府下の村々を農業指導に回り、あわせて、技術、習俗、社会組織などを調べる。四月、新自治協会の嘱託（農村研究室長）となり、食料増産対策のために全国を歩く。二男・三千夫誕生（夭折）。

１９４７（昭和22）年　40歳

農業の手すきの折を利用して農業指導に各地を歩く。十月、公職追放で暇になった渋沢と関西、瀬戸内、九州各地を歩き、地域リーダーたちに逢う。

１９４８（昭和23）年　41歳

十月、大阪府農地部の嘱託となり、農地解放と農協育成の指導にあたる。「大阪府農業技術経営小史」「篤農家の経営」を書く。『愛情は子供と共に』『村の社会科』などを刊行。

１９４９（昭和24）年　42歳

六月、リンパ腺化膿のため危篤、命を取り留める。十月、農林省水産資料保存委員会調査員として、瀬戸内海漁村の調査にあたる。この年、民俗学会評議員になる。

１９５０（昭和25）年　43歳

八学会（翌年から九学会）連合の対馬調査に民族学班として参加。帰途、壱岐調査。翌年も継続。学問上大きな刺激を受ける。

１９５２（昭和27）年　45歳

五月、長崎県五島列島学術調査に参加。漁民の移動を調べる。十二月、三男・光誕生。翌年、五月、肺結核が再発し赤坂前田病院に入院。十月、全国離島振興協議会設立、事務局長となる。『日本の村』を刊行。

１９５４（昭和29）年　47歳

十二月、林業金融調査会を設立、理事として指導と山村の社会経済調査にあたる。翌年、『海を開いた人々』『民俗学への道』などを刊行。

１９５７（昭和32）年　50歳

五月、『風土記日本』（全七巻）の編集執筆（～一九五八年十二月）。

１９５８（昭和33）年　51歳

十月、木下順二らと雑誌『民話』を創刊。「年寄りたち」を連載、後に『忘れられた日本人』にまとまる。『中国風土記』を刊行。

１９５９（昭和34）年　52歳

十二指腸潰瘍で長期療養を命ぜられる。九月、「瀬戸内海島嶼の開発とその社会形成」（「瀬戸内海の研究Ｉ」）によって、東洋大学より文学博士の学位を受ける。『日本残酷物語』の編集・執筆にとりくむ（全5巻＋現代篇2巻、～一九六〇年七月）。

１９６０（昭和35）年　53歳

『忘れられた日本人』『日本の離島』（第1集）などを刊行。

１９６１（昭和36）年　54歳

『日本の離島』によりエッセイストクラブ賞受賞。中国文化賞受賞。『庶民の発見』『都市の祭と民俗』などを刊行。

１９６２（昭和37）年　55歳

三月、母・マチ死去。四月、妻子上京、一緒に住む。八月、柳田國男逝去。『甘藷の歴史』を刊行。

１９６３（昭和38）年　56歳

十月、渋沢敬三逝去。この年、若い友人たちとデクノボウ・クラブをつくり、雑誌『デクノボウ』を出す。「日本発見の会」をつくり、雑誌『日本発見』を出す。『民衆の知恵を訪ねて』『村の若者たち』『開拓の歴史』『日本民衆史』（全六冊）などを刊行。

１９６４（昭和39）年　57歳

四月、武蔵野美術大学非常勤教授となる。『離島の旅』『日本の民具』（全4巻〈渋沢敬三先生追悼記念出版〉）などを刊行。

１９６５（昭和40）年　58歳

四月、武蔵野美術大学専任教授（民俗学、生活史、文化人類学担当）となる。この頃から民具の調査研究に本格的に取り組む。『絵巻物による日本常民生活絵引』全5巻（共著）、『瀬戸内海の研究Ｉ』などを刊行。

１９６６（昭和41）年　59歳

一月、日本観光文化研究所開設、所長として姫田忠義、長男・千晴らと研究に従事。四月、武蔵野美術大学に生活文化研究会をつくる。『日本の離島』（第2集）を刊行。

１９６７（昭和42）年　60歳

三月『宮本常一著作集』（未來社）の刊行始まる。四月、早稲田大学理工学部講師となり、民俗学を講ずる。七月、結核再発し、北里病院に入院。

１９７０（昭和45）年　63歳

横浜市緑区霧ヶ丘遺跡調査団長として発掘に従事。八月、佐渡で「日本海大学」を開く。新潟県佐渡小木町などを歩く。

１９７２（昭和47）年　65歳

九月、日本生活学会設立、理事就任。

１９７５（昭和50）年　68歳

七月、日本観光文化研究所アムカス探険学校に参加。アフリカのケニア、タンザニアで民族文化調査を行う。十一月、日本民具学会設立、幹事となる。

1977（昭和52）年　70歳

三月、大学を退職。三男・光が郷里で農業に従事、しばしば帰郷。村崎義正らに猿まわしの復活をすすめ応援する。十月、済州島に渡り、海女の調査を行なう。十二月『宮本常一著作集』（第一期25巻）完成によって、日本生活学会より今和次郎賞を受賞。

1978（昭和53）年　71歳

九月、今西錦司、四手井綱英、河合雅雄、姫田忠義らと猿の教育研究グループを結成。『民俗学の旅』を刊行。

1979（昭和54）年　72歳

周防大島久賀町の棚田の石組みの調査。福島県飯坂温泉再開発調査に参加。土佐へ長州大工の調査に行く。七月、日本観光文化研究所において「日本文化形成史」講義をはじめる（没後、『日本文化の形成』3巻に）。

1980（昭和55）年　73歳

三月、郷里山口県大島郡東和町に郷土大学をつくり、学長となる。七月、志摩民俗資料館をつくる。九月、中国を歩く。「海から見た日本」（日本民族とその文化の形成史）の構想かたまり、執筆準備にかかる。十二月、都立府中病院に入院。

1981（昭和56）年　73歳

一月、再度入院。一月三十日、胃癌のため死去。

周防大島へ

＊本書では、2005年初刊時のサブタイトル
〈旅する民俗学者〉を変更致しました。

佐野眞一責任編集

宮本常一 忘れられた日本人と民俗学〈新装版〉

二〇〇五年 四月二〇日初版発行
二〇一三年 七月三〇日増補新版初版発行
二〇二四年 五月二〇日 新装版初版印刷
二〇二四年 五月三〇日 新装版初版発行

発行――河出書房新社
東京都新宿区東五軒町二-一三
電話 〇三-三四〇四-一二〇一（営業）
〇三-三四〇四-八六一一（編集）
https://www.kawade.co.jp/

発行人――小野寺優
本文組版――KAWADE DTP WORKS
印刷・製本――三松堂株式会社

Printed in Japan
ISBN978-4-309-25758-7